T0169719

ÉMILE
ROUSSEAU ET LA MORALE EXPÉRIMENTALE

BIBLIOTHÈQUE D'HISTOIRE DE LA PHILOSOPHIE

Fondateur Henri GOUHIER   Directeur Emmanuel CATTIN

Céline SPECTOR

ÉMILE

ROUSSEAU ET LA MORALE EXPÉRIMENTALE

PARIS

LIBRAIRIE PHILOSOPHIQUE J. VRIN

6 place de la Sorbonne, V e

2022

Ce livre, sans prétention à l'érudition, est destiné aux étudiants en philosophie. Il est issu d'un cours d'agrégation dispensé en Sorbonne en 2020, année où *Émile, ou de l'éducation* était au programme des épreuves orales. Il doit beaucoup aux séances du Groupe Rousseau, qui a consacré un cycle de travail au Manuscrit Favre (2015-2019) dont est issu *La Fabrique de l'Émile. Commentaire des Manuscrits Favre*, édité par L. Guerpillon et F. Brahami, également à paraître en 2022 à la Librairie Vrin. Nous tenons à remercier vivement tous les membres du Groupe animé par Bruno Bernardi, au sein duquel nous travaillons depuis l'an 2000. Faute de place, les apports du Manuscrit Favre n'ont que rarement pu être intégrés ici. Nous sommes particulièrement reconnaissants à Johanna Lenne-Cornuez de ses suggestions. Les lacunes de cet ouvrage sont de notre seul fait.

© *Librairie Philosophique J. VRIN*, 2022
ISSN 0249-7980
ISBN 978-2-7116-3075-2
www.vrin.fr

ABRÉVIATIONS ET ÉDITIONS DES ŒUVRES DE ROUSSEAU

OC	*Œuvres complètes* de Rousseau citées dans l'édition de B. Gagnebin et M. Raymond, Paris, Gallimard, Bibliothèque de la Pléiade, 5 vol., 1959-1995.
CG	*Œuvres complètes* de Rousseau, t. I à XX, éd. J. Berchtold, F. Jacob, Ch. Martin et Y. Séité, Paris, Classiques Garnier, 2011-…
DSA	*Discours sur les sciences et les arts* (*OC* III)
DOI	*Discours sur l'origine et les fondements de l'inégalité parmi les hommes* (*OC* III)
DEP	*Discours sur l'économie politique* (éd. B. Bernardi, Paris, Vrin, 2002)
PDG	*Principes du droit de la guerre. Écrits sur la Paix Perpétuelle* (B. Bachofen et C. Spector (éd.), B. Bernardi et G. Silvestrini (éd.), Paris, Vrin, 2008).
EOL	*Essai sur l'origine des langues* (*OC* V)
Ms G	*Manuscrit de Genève, Du contract social ou Essai sur la forme de la République* (B. Bachofen, B. Bernardi, et G. Olivo (éd.), Paris, Vrin, 2012)
CS	*Du contrat social ou Principes du droit politique* (*OC* III)
NH	*Julie ou La Nouvelle Héloïse* (*OC* II)
Ms F	*Émile, Premières versions (Manuscrits Favre A et B)* (B. Bernardi, J. Swenson et B. Gittler (éd.), tome XI A 1758-1759 des *CG*, 2021).

Émile	*Émile ou De l'éducation* (*OC* IV ; voir aussi l'édition annotée par A. Charrak, Paris, Garnier-Flammarion, 2009)
PF	*La Profession de foi du vicaire savoyard*, éd. B. Bernardi, avec une annexe de G. Radica sur « Le mal »
Beaumont	*Lettre à Christophe de Beaumont* (*OC* IV)
LEM	*Lettres écrites de la montagne* (*OC* III)
PCC	*Projet de Constitution pour la Corse* (*OC* III) ou *Affaires de Corse* (C. Liwin et J. Swenson (éd.), Paris, Vrin, 2018)
CGP	*Considérations sur le gouvernement de Pologne* (*OC* III)
Confessions	*Les Confessions de J. J. Rousseau* (*OC* I)
Dialogues	*Rousseau Juge de Jean-Jacques* (*OC* I)
Rêveries	*Rêveries du promeneur solitaire* (*OC* I)
Lettres	*Lettres philosophiques* (éd. H. Gouhier, Paris, Vrin, 1974)
CC	*Correspondance complète de Jean-Jacques Rousseau*, éd. R. A. Leigh, Genève, Institut et Musée Voltaire, puis Oxford, The Voltaire Foundation, 52 vol., 1965-1998.

Pour les œuvres publiées, l'orthographe et la ponctuation sont modernisées.

INTRODUCTION

*Notre véritable étude est celle
de la condition humaine*[1].

Il y a un mystère dans la parution simultanée, en 1762, du *Contrat social* et de l'*Émile*[2]. Non que les deux œuvres de Rousseau soient sans rapport : le livre V d'*Émile* comprend un long résumé du *Contrat social* destiné à l'éducation politique de l'adolescent. Mais entre les principes de l'art pédagogique et les principes du droit politique, un gouffre existe. L'ouverture d'*Émile* pose une disjonction radicale entre l'éducation publique et l'éducation domestique dont les modernes doivent se contenter. Non seulement l'état de nature n'est plus, mais l'institution publique n'a plus de raison d'être : « ces deux mots *patrie* et *citoyen* doivent être effacés des langues modernes » (p. 250). Rousseau oppose l'éducation domestique à

1. Rousseau, *Émile*, I, 252.
2. Comme le suggèrent B. Bernardi et J. Swenson, *Émile* a été rédigé entre l'automne 1758 et l'automne 1761, après la *Nouvelle Héloïse* : « L'*Émile* m'a coûté vingt ans de méditation et trois ans de travail », écrit Rousseau (*Confessions* VIII, p. 386). L'écriture du *Contrat social* a commencé avant celle d'*Émile*, mais *Émile* a été achevé avant le *Contrat social*. Entre 1758 et 1762, Rousseau a donc rédigé l'*Émile* et la version finale du *Contrat social*. Voir l'introduction de B. Bernardi et J. Swenson à *Ms F*, p. 52-61.

l'éducation publique de type spartiate et au modèle dépeint dans la *République* de Platon, envisagé comme « le plus beau traité d'éducation qu'on ait jamais fait »[1]. Analysée dans le *Discours sur l'économie politique* et d'autres œuvres de Rousseau postérieures au *Contrat social*, l'éducation publique est congédiée dans l'*Émile*. La parution simultanée des deux ouvrages ne témoigne-t-elle pas d'une forme de schizophrénie?

En réalité, Rousseau livre dans ces deux ouvrages majeurs un précis de sa philosophie politique et de sa philosophie morale : la première théorise une forme d'État légitime qui préserve la liberté et l'égalité en faisant des lois l'expression de la volonté générale ; la seconde dévoile les principes de formation d'un sujet moral dans une société civile corrompue, où les hommes ne sont ni libres ni égaux. Le *Contrat social* élabore un étalon à l'aune duquel juger de la liberté et de la justice des États ; *Émile* prétend seulement préserver l'individu des préjugés en vogue et sanctuariser sa moralité face à la corruption du siècle. Les deux œuvres feront scandale, mais *Émile* plus encore que le *Contrat social*, du fait de ses critiques acerbes des miracles et de la religion révélée[2].

1. *Émile*, p. 250. Sur l'édition utilisée par Rousseau (traduction latine de Marsile Ficin, revue et corrigée par Simon Grynaeus), voir D. El Murr, « Rousseau lecteur du *Politique* de Platon », *RFHIP*, n°37, p. 5-33 (en partic. 22-33 pour les annotations de la *République*).

2. L'ouvrage publié en mai 1762 suscite l'indignation des autorités politiques et ecclésiastiques, tant en France qu'en Europe. Une condamnation de la Sorbonne arrive dès le 7 juin ; un décret du Parlement de Paris contre Rousseau sera pris le 9 juin 1762, son auteur déclaré de prise de corps ; un autre décret sera pris à Genève le 19 juin. Berne décide le 1er juillet de chasser Rousseau de son territoire. Le 10 août paraît le Mandement de l'archevêque de Paris, Monseigneur Christophe de Beaumont, adressé à ses fidèles. De très nombreuses réfutations seront publiées dans les mois qui suivent.

Il faut donc poser la question préjudicielle du rapport entre philosophe morale et philosophie politique : sont-elles compatibles dans l'œuvre de Rousseau et dans son « système » ? Comment se concilient – si conciliation il y a – le *Contrat social* et l'*Émile* ? Peut-on défendre de concert une éducation morale universaliste et une éducation publique particulariste, qui conduit les citoyens à aimer leurs lois, leurs mœurs et leur « physionomie nationale »[1] ?

Traité d'éducation d'un genre nouveau, *Émile* offre une alternative à la *République* de Platon[2]. Dans *Émile*, Rousseau entend éduquer, non une élite exceptionnelle consacrée à la philosophie et à la politique, mais plutôt un homme ordinaire voué au travail et à la vie de famille, appelé à se faire le porte-voix des opprimés. L'éducation ici envisagée n'a pas pour but d'éduquer un citoyen au sens fort, ni de forger un chef. Elle est destinée à former un homme pleinement humain qui sera aussi un citoyen moderne, car sans participer à l'exercice de l'autorité souveraine, il sera doté d'un rôle essentiel dans sa communauté. Écrire l'*Émile* revient à réécrire la *République* en un siècle où l'ontologie et la métaphysique n'ont plus bonne presse, où la justice n'est plus une Idée mais une notion empirique, ancrée dans le monde sensible. Il s'agit de réécrire la *République* à destination du peuple, de penser la justice dans le monde immanent des phénomènes sociaux, de privilégier l'amour de l'humanité lorsque la renaissance

---

1. *CGP*, p. 960. Sur les rapports entre morale et politique, voir G. Radica, *L'Histoire de la raison, Anthropologie, morale et politique chez Rousseau*, Paris, Champion, 2008.

2. Le « platonisme » de Rousseau reste controversé. Voir D. L. Williams, *Rousseau's Platonic Enlightenment*, Pennsylvania State University Press, 2007 ; F. Gregorio, « La question du platonisme de Rousseau », *Philosophie antique* 11, 2011 [En ligne].

de la citoyenneté à l'antique, comme l'a perçu Montesquieu[1], n'est plus accessible.

À cet égard, l'œuvre de Rousseau ne reconduit qu'en apparence le modèle de la *paideia* grecque. *Émile* paraît à l'âge de l'empirisme moderne, et son auteur en retravaille les thèses et les concepts[2]. Surtout, il applique désormais l'empirisme, dans toutes ses dimensions, au monde moral. Ce livre entend ainsi montrer que l'*Émile* livre une nouvelle version de la *morale expérimentale*.

Dans l'article « Expérimental » de *L'Encyclopédie*, d'Alembert distingue la simple observation de la nature de la constitution de l'expérience : « La physique *expérimentale* roule sur deux points qu'il ne faut pas confondre, l'*expérience* proprement dite, & l'*observation*. Celle-ci, moins recherchée & moins subtile, se borne aux faits qu'elle a sous les yeux, à bien voir & à détailler les phénomenes de toute espece que le spectacle de la Nature présente : celle-là au contraire cherche à la pénétrer plus profondément, à lui dérober ce qu'elle cache ; à créer, en quelque maniere, par la différente combinaison des corps, de nouveaux phénomenes pour les étudier : enfin elle ne se borne pas à écouter la Nature, mais elle l'interroge & la presse » (*Enc.*, VI, p. 298). La physique expérimentale doit recueillir les faits, y mettre de l'ordre et découvrir les principes généraux qui servent de fondement à l'étude de la nature. Rousseau transpose cette méthode à la morale, c'est-à-dire à l'étude des passions, des cœurs et des mœurs :

---

1. Montesquieu, *De l'esprit des lois*, désormais *EL*, IV, 6.

2. Voir A. Charrak, *Rousseau. De l'empirisme à l'expérience*, Paris, Vrin, 2013 ; Ch. Martin, « De Locke à Rousseau : une révolution pédagogique », dans *Rousseau et Locke. Dialogues critiques*, J. Lenne-Cornuez, C. Spector (éd.), Oxford University Studies on the Enlightenment, Liverpool, Liverpool University Press, 2022, p. 141-157.

il s'agit de créer de « nouveaux phénomènes » pour les comprendre systématiquement.

Émile est l'essai de cette morale expérimentale. Rousseau tente d'y inventer une coopération scientifique d'un genre nouveau, où hommes et femmes sont appelés à collaborer : « C'est aux femmes à trouver *pour ainsi dire* la morale expérimentale, à nous à la réduire en système » (V, p. 737, n.s.). Là où d'Alembert appelait, après l'instauration d'une chaire de physique expérimentale à l'Université de Paris, à la création de trois autres chaires, en Morale, Droit public et Histoire, car ces trois objets « appartiennent en un certain sens à la philosophie *expérimentale*, prise dans toute son étendue » (*Enc.*, VI, p. 301), Rousseau sort la philosophie de l'université et lui accorde une place inédite. Son œuvre est le lieu d'une expérimentation à la fois théorique et pratique, car il ne s'agit pas seulement de connaître l'homme mais aussi de le former. *Émile* prétend à la fois contribuer à la *science de l'homme* et à la *moralisation de l'humanité*. Il n'y a pas de théorie, selon son auteur, sans ambition pratique : tout savoir doit être utile, car il s'agit de savoir seulement « ce qui importe » à l'humanité[1].

Morale et politique

Comment envisager, par conséquent, la conciliation entre le *Contrat social* et l'*Émile* ? Trois voies sont envisageables : la première postule l'*incohérence* de l'auteur qui ne résoudrait qu'en apparence la question des rapports entre morale et politique ; la seconde imagine une

---

1. Voir B. Bernardi, « La notion d'intérêt chez Rousseau : une pensée sous le signe de l'immanence », *Cahiers Philosophiques de Strasbourg*, t. XIII, printemps 2002.

conciliation possible entre philosophie morale et philosophie politique ; la troisième postule l'existence d'une *dualité* assumée par Rousseau dans des circonstances historiques et politiques distinctes : la voie morale (dans les sociétés corrompues), la voie politique (là où elle est encore possible).

Si l'on écarte l'idée extravagante de l'incohérence totale de Rousseau, l'hypothèse d'une juxtaposition entre *Émile* et le *Contrat social* semble d'abord séduisante. Rousseau aurait offert au public deux voies inconciliables : d'une part, les principes de sa philosophie morale dont l'axiome principal réside dans la bonté naturelle de l'homme ; d'autre part, les principes de sa philosophie politique, qui supposent la « dénaturation » de l'amour de soi, la transformation radicale de l'individu en citoyen. L'homme moral aurait à préserver intacte la nature ; le citoyen à se dénaturer. Le premier devrait laisser croître ses passions naturelles (amour de soi, pitié) ; le second, grâce au travail du législateur, les métamorphoser. Le parti-pris de l'auteur d'*Émile* est bien d'écrire un traité d'éducation domestique, et non politique ou publique, à l'heure où « il faut opter entre faire un homme ou faire un citoyen ; car on ne peut faire à la fois l'un et l'autre » (p. 248). Choisir entre l'homme et le citoyen, de manière exclusive, tel est le dilemme moderne. Le livre I s'ouvre sur la différence entre « l'homme naturel » et « l'homme civil » : le premier est « l'unité numérique, l'entier absolu qui n'a de rapport qu'à lui-même ou à son semblable » ; le second n'est qu'une « unité fractionnaire », dont la valeur tient à son rapport au corps social. Or on ne peut éduquer pour la cité celui qu'on éduque pour lui-même : « Celui qui dans l'ordre civil veut conserver la primauté des sentiments de la nature, ne sait ce qu'il veut » (p. 249).

Une fois le *citoyen* et la *patrie* exclus des langues et des nations modernes, le choix d'une éducation morale se conçoit comme distinct de celui d'une éducation politique : le sens de la justice d'Émile sera aux antipodes de celui du Spartiate ou du citoyen romain. Plutôt qu'un patriotisme exclusif, il valorisera les « droits de l'humanité »[1].

Ainsi peut-on d'abord comprendre l'*Émile* comme une « solution de repli »[2]. Celle-ci offre une *issue possible pour l'homme moderne*, qui ne peut éprouver à l'égard de Sparte ou de Rome que de l'admiration nostalgique. La solution de repli est celle que rend nécessaire, pour l'individu des temps modernes, l'impossibilité de la cité du *Contrat*. C'est faute de mieux que l'on formera l'homme plutôt que le citoyen. La visée de l'universel, celle du cosmopolitisme moral, est opérée par défaut – à défaut d'une éducation politique.

Pourtant, la juxtaposition de la voie morale et de la voie politique demeure insatisfaisante. Outre le caractère curieux de la coïncidence qui conduirait Rousseau à publier ses deux chefs-d'œuvre la même année sans souci de cohérence, il serait impossible de rendre raison de l'une des propositions les plus fermes de l'*Émile*, dont on trouve

---

1. J. Lenne-Cornuez, *Être à sa place. La formation du sujet dans la philosophie morale de Rousseau*, Paris, Classiques Garnier, 2021, p. 235-345. Sur le patriotisme, G. Lepan, *Jean-Jacques Rousseau et le patriotisme*, Paris, Champion, 2007.
2. « *L'Émile* est une retraite sur des lignes que Rousseau croit plus solides mais qui s'effondreront à leur tour » (A. Philonenko, *J.J. Rousseau et la pensée du malheur*, t. III, *L'apothéose du désespoir*, p. 82). Cette interprétation est partagée par d'autres lecteurs de Rousseau. Voir les exemples fournis par M. Rueff, « Radicalement/Séparément. La théorie de l'homme de Jean-Jacques Rousseau et les théories contemporaines de la justice », dans *Morales et politique*, J. Dagen, M. Escola, M. Rueff (éd.), Paris, Champion, 2005, p. 457-623.

aussi la trace dans les *Confessions* : « Depuis lors, mes vues s'étaient beaucoup étendues par l'étude historique de la morale. J'avais vu que tout tenait *radicalement* à la politique, et que de quelque façon qu'on s'y prît, un peuple ne serait jamais que ce que la nature de son gouvernement le ferait être »[1]. *Émile* reviendra sur le fait que celui qui veut comprendre séparément la morale et la politique n'entendra jamais rien ni à l'un, ni à l'autre : « Il faut étudier la société par les hommes, et les hommes par la société : ceux qui voudront traiter séparément la politique et la morale, n'entendront jamais rien à aucune des deux » (p. 524). Aussi faut-il tenter une interprétation inséparablement morale et politique d'*Émile* : si le *Contrat social* théorise une justice politique ancrée dans l'*amour de la patrie*, *Émile* conçoit une justice morale définie comme *amour du genre humain*. Du général à l'universel le chemin n'est pas simple, ni sans détour ; mais il reste possible[2]. Ce livre sera notamment orchestré autour de ce problème majeur, qui est encore le nôtre : comment accéder à l'universel ? Comment l'universel – qui prend pour Rousseau la figure concrète et incarnée, dans toute sa diversité, de l'*humanité* – peut-il devenir l'objet de notre volonté, alors que seul le singulier peut faire l'objet d'un sentiment d'amour ou d'amitié ?

Dans *Émile*, Rousseau veut former l'homme de la nature voué à vivre dans la société civile moderne, caractérisée par les institutions sociales régies par la propriété privée et la division du travail. Ce sont ces circonstances singulières propres aux sociétés inégalitaires

---

1. *OC*, t. I, p. 404 n.s.
2. B. Bernardi, *La Fabrique des concepts. Recherche sur l'invention conceptuelle de Rousseau*, Paris, Champion, 2006 ; *Le principe d'obligation. Sur une aporie de la modernité politique*, Paris, Vrin, 2007.

qui appellent la nécessité d'une formation morale et politique. L'enjeu est de moraliser l'enfant, qui est un nouveau « sauvage fait pour habiter les villes » (p. 384), sans le civiliser pour autant – ce qui serait le corrompre. Il est de faire advenir, selon l'expression extraordinaire de Rousseau, un « Télémaque bourgeois », qui ne doit son mérite qu'à lui-même[1].

La voie morale n'est donc pas défectueuse : si la cité n'est plus possible, si la patrie est désormais hors d'atteinte – sauf quelques cas rares comme certains cantons suisses, la Corse ou la Pologne –, alors le seul espoir réside dans le perfectionnement moral de l'individu, qui le conduira à épouser une forme de citoyenneté propre aux temps modernes. Sous certaines conditions, l'éducation doit préserver l'enfant et l'adolescent des préjugés de l'opinion publique et des vices de la société corrompue. Elle doit former un citoyen qui ne sera pas celui de la cité du Contrat, mais qui pourra néanmoins épouser la cause du peuple et défendre les droits de l'humanité.

Un roman ?

Émile est aux yeux de Rousseau son « plus grand » et son « meilleur ouvrage »[2]. Invention d'un genre nouveau dont le succès et la postérité seront immenses[3], il est à la fois un *traité* d'éducation et un *roman* de formation. L'œuvre crée un genre philosophique et littéraire hybride qui cumule

---

1. *Ms F*, p. 548. Voir sur ce point les analyses de J. Lenne-Cornuez, *Être à sa place, op. cit.*, p. 493.

2. *Dialogues*, I, p. 687. Voir Y. Vargas, *Introduction à l'*Émile *de Rousseau*, Paris, P.U.F., 1995.

3. Voir G. Py, *Rousseau et les éducateurs. Étude sur la fortune des idées pédagogiques de Jean-Jacques Rousseau en France et en Europe au XVIIIe siècle*, Oxford, Voltaire Foundation, 1997.

l'aspect didactique du traité et l'aspect romanesque de la fiction dont les personnages sont abordés par portraits, sans profondeur psychologique, au fil d'une intrigue souvent sommaire. Ce roman de formation inspirera les analyses philosophiques et littéraires de la *Bildung*, qui feront tant d'émules en Allemagne après Goethe. La préface en donne la clé : l'ouvrage est un « recueil de réflexions et d'observations, sans ordre, et presque sans suite » (p. 241).

Sans doute ne faut-il pas prendre la formule rhétorique pour argent comptant. *Traité*, *Émile* contient un ensemble de propos théoriques cohérents permettant de formaliser les principes de l'art pédagogique. *Roman*, comme l'avait relevé Voltaire qui le juge « fade »[1], la fiction littéraire recèle des personnages parfois truculents et regorge d'anecdotes cocasses et de courts épisodes autobiographiques ; le roman s'achève par une intrigue amoureuse dont l'issue reste heureuse avant de se déliter dans *Émile et Sophie ou les Solitaires*. Émile est un personnage romanesque, comme le sera Sophie. C'est un héros paradoxal, à la fois « ordinaire et fantastique » (IV, p. 549), dont certains analogues se découvrent dans les romans contemporains de l'abbé Prévost ou de Richardson (*Pamela, Clarissa*) qui évoquent déjà la bonté naturelle de l'homme. Dans la première version d'*Émile* (le Manuscrit Favre), l'apparition du prénom est tardive : Émile n'est au départ qu'un élève quelconque[2].

---

1. Voltaire, lettre à Damilaville du 25 juin 1762, in *Voltaire's Correspondance*, Genève, 1959, t. 49, n°9726, p. 45. Voir J. Eon, « *Émile ou le roman de la nature humaine* », dans *Jean-Jacques Rousseau et la crise contemporaine de la conscience*, Paris, Beauchesne, 1980, p. 115-140 ; B. Bernardi, « ÉMILE, Roman », dans *La Fabrique de l'*Émile. *Commentaire des Manuscrits Favre*, F. Brahami, L. Guerpillon (éd.), Paris, Vrin, 2022.

2. J. Lenne-Cornuez, « La fabrique d'Émile », dans *La Fabrique de l'*Émile.

Aussi faut-il comprendre pourquoi Rousseau a finalement choisi de singulariser l'enfant et de lui donner le nom d'Émile, sans doute issu de la *Vie des hommes illustres* de Plutarque. Selon les éditeurs en Pléiade, il rappelle l'ancêtre des Aemilii, fils du sage législateur romain Numa Pompilius, deuxième roi de la monarchie romaine[1]. Son idiosyncrasie en fera un être individuel et un personnage romanesque – même si l'auteur individualise davantage Sophie, dont il établit un portrait détaillé, à la fois physique, intellectuel et moral, au livre V. Dans les deux cas, les personnages sont au service du roman : Rousseau entend bien écrire, selon une magnifique formule, le « beau roman » de la nature humaine : « c'est un assez beau roman que celui de la nature humaine » (p. 777). Telle est la raison pour laquelle il incarne son héros, enfant vigoureux, riche et bien né, qui dispose des moyens de se faire éduquer. Il faut encore que l'élève soit orphelin afin d'éviter toute division de l'autorité ; il ne doit obéir qu'au gouverneur : « c'est ma première ou plutôt ma seule condition » (p. 267). Pourtant, aussi individualisé soit-il, Émile demeure aussi un « homme abstrait » exposé à tous les accidents de la vie humaine. L'élève est considéré comme l'exemplaire de la « condition humaine » (p. 252), non pervertie par les préjugés. Émile est homme et seulement homme, sans être altéré par les qualités particulières qui pourraient forger son identité, comme sa richesse ou son rang. De même pour son esprit. L'élève n'aura ni « génie transcendant », ni « entendement bouché » : « je l'ai choisi parmi les esprits vulgaires pour montrer ce que peut l'éducation sur l'homme » (IV, p. 537).

1. Plutarque, *Vie de Numa Pompilius*, voir la « Bibliothèque de la Pléiade », p. CXIX. Mais Jimack cite de manière plus probable la *Vie de Paul-Émile* (*op. cit.*, p. 191).

Chargé de la mission d'éduquer l'enfant puis l'adolescent, le gouverneur est l'autre personnage central de l'œuvre. Rousseau, auteur-narrateur, le conseille et s'y substitue parfois, en engageant un dialogue récurrent avec le lecteur. Ainsi le texte est-il jalonné par des incises qui témoignent d'un face-à-face entre le philosophe et le lecteur, ou entre le philosophe et un objecteur imaginaire[1]. D'un côté, Rousseau prend soin de définir la mission de son *alter ego*, en distinguant l'éducation et l'instruction. La première forme le cœur et l'esprit, la seconde l'esprit seul : « j'appelle plutôt gouverneur que précepteur le maître de cette science, parce qu'il s'agit moins pour lui d'instruire que de conduire » (I, p. 266). Le gouverneur est un « maître » qui doit former les manières de sentir, de penser et d'agir de son disciple. Mais ce double n'est autre que Rousseau lui-même, qui s'était essayé plus tôt à la pédagogie dans son *Mémoire présenté à M. de Mably sur l'éducation de Monsieur son fils*. Comme il le révèle, l'auteur a pris soin de *se* « supposer l'âge, la santé et tous les talents convenables pour travailler à son éducation » (I, p. 264). Rousseau s'identifie au gouverneur et s'y substitue parfois. Dans cet esprit du « jeu de rôles », les personnages s'incarnent parfois dans une mise en scène théâtrale à la Marivaux. C'est le cas au livre II, lorsque « Jean-Jacques » apparaît face à « Robert », le jardinier, et Émile.

---

1. « Me voici de nouveau dans mes longs et minutieux détails. Lecteurs, j'entends vos murmures, et je les brave : je ne veux point sacrifier à votre impatience la partie la plus utile de ce livre. Prenez votre parti sur mes longueurs ; car pour moi j'ai pris le mien sur vos plaintes » (*Émile*, III, p. 437) ; « Je m'attends que beaucoup de lecteurs, se souvenant que je donne à la femme un talent naturel pour gouverner l'homme, m'accuseront ici de contradiction : ils se tromperont pourtant » (V, p. 766).

Enfin, l'adresse du livre est elle aussi singulière. Rousseau écrit d'abord pour une « bonne mère qui sait penser », Mme de Chenonceaux, qu'il voyait souvent en 1758-1759 chez Mme Dupin (la belle-mère de celle-ci), et qui lui avait proposé de s'intéresser à l'éducation[1]. Mais le destinataire du livre n'est pas seulement cette « bonne mère » : Rousseau s'adresse au public français, à l'Europe et à l'humanité tout entière. Ce qui devait d'abord n'être qu'un « mémoire » pédagogique est devenu « une espèce d'ouvrage » visant à faire connaître l'enfance, jusqu'ici ignorée. Ce qui était un ensemble de conseils, de consignes, de préceptes ou d'avis est devenu un « système ». Rousseau y insiste dans la cinquième des *Lettres écrites de la Montagne*, où il se défend après l'interdiction de l'ouvrage à Genève :

> Je sais que votre Conseil affirme dans ses réponses que, selon l'intention de l'auteur, l'*Émile* doit servir de guide aux pères et aux mères : mais cette assertion n'est pas excusable, puisque j'ai manifesté dans la préface et plusieurs fois dans le livre une intention toute différente. Il s'agit d'un *nouveau système d'éducation* dont j'offre le plan à l'examen des sages, et non pas d'une méthode pour les pères et les mères, à laquelle je n'ai jamais songé. Si quelquefois, par une figure assez commune, je parais leur adresser la parole, c'est, ou pour me faire mieux entendre, ou pour m'exprimer en moins de mots (*OC* III, p. 783, n.s.).

1. *Confessions*, IX, p. 409-310. Voir la notice de Spink au Manuscrit Favre, *OC* IV, p. LXXVI-LXXVII. Rousseau s'était sans doute entretenu avec ces deux femmes de l'abandon de ses enfants mis à l'Hospice, et s'il dit à Mme de Luxembourg en 1761 que l'idée de sa faute a contribué à lui faire méditer l'ouvrage, il modifie son approche dans les *Confessions*, en affirmant que la rédaction de l'ouvrage lui a fait éprouver des remords (p. 594).

Éduquer les éducateurs, former les « sages » : Rousseau écrit son « nouveau système d'éducation » en dialogue avec les protagonistes de la nouvelle science de l'homme comme Buffon ou Condillac, avec des penseurs de l'éducation comme Helvétius, avec des pédagogues plus proches de la pratique comme Fénelon (*De l'éducation des filles*), Rollin (*Traité des études*[1]), le Père Lamy (*Entretien sur les sciences*), Claude Fleury (*Du choix et de la conduite des études*, 1686), Crousaz (*Traité de l'éducation des enfants*, 1722)[2] et l'abbé de Saint-Pierre, auteur du *Projet pour perfectionner l'éducation* (1728). À leur égard, Rousseau se veut polémiste, jusque dans ses notes[3]. C'est à ces derniers aussi que le philosophe adresse ses propres préceptes : allaiter les enfants, ne pas les emmailloter, ne pas les punir par des châtiments corporels, les laisser jouer jusqu'à douze ans. Ainsi faut-il être sensible aux stratégies discursives mises en œuvre par Rousseau : l'*Émile* n'est pas seulement un traité d'éducation ni a fortiori un recueil de recettes pédagogiques, mais une œuvre ambitieuse de philosophie morale visant à régénérer l'humanité et à former un « homme nouveau ».

Un système ?

Rousseau reconnaît *Émile* comme son œuvre la plus importante, celle qui manifeste au mieux les principes de

1. Rollin, *De la manière d'enseigner et d'étudier les Belles-Lettres par rapport à l'esprit et au cœur*, Paris, 1726-1728, 4 vol.
2. Rousseau les cite ensemble : malgré leurs divergences profondes, Montaigne, Locke, Rollin, Fleury et Crousaz s'accordent sur la nécessité d'exercer le corps des enfants (*Émile*, II, p. 361).
3. Ch. Martin, « Les notes auctoriales dans l'*Émile* de Rousseau », dans *Notes. Études sur l'annotation en littérature*, J.-C. Arnould, C. Poulouin (éd.), Presses Universitaires de Rouen et du Havre, 2008.

son « système »[1]. Il faut préciser que le terme a perdu pour Rousseau la connotation métaphysique qu'il comportait au siècle précédent chez Spinoza, Malebranche ou Leibniz. L'« esprit de système » est congédié depuis Condillac qui refuse dans son *Traité des systèmes* la valorisation des « principes abstraits », jugée le plus souvent abusive et « ridicule »[2]. À la suite de Locke et de Condillac, Rousseau récuse la vision métaphysique d'une pensée destinée à cerner la totalité des phénomènes ou à remonter à leurs principes premiers. Il assume une version empiriste du système, conçu comme un *recueil d'observations réduites en principes*, c'est-à-dire en hypothèses destinées à rendre raison de l'expérience sans la trahir. L'esprit d'observation qu'il défend s'oppose à l'esprit de système : « au lieu de me livrer à l'esprit de système, je donne le moins qu'il est possible au raisonnement et ne me fie qu'à l'observation. Je ne me fonde point sur ce que j'ai imaginé, mais sur ce que j'ai vu » (p. 550).

La science de l'homme dont Rousseau veut être fondateur est une science empiriste. Il faut commencer par décrire les faits avant de découvrir les causes et de parvenir aux maximes, c'est-à-dire au système de prescriptions qui font l'art de l'éducation. Ainsi écrit-il au début du livre III, contre certaines prétentions savantes : « Voilà la philosophie du cabinet ; mais moi j'en appelle à l'expérience » (III, p. 427). Au livre V, l'auteur révèle sa méthode : « J'étudie ce qui est, j'en recherche la cause, et je trouve enfin ce qui est bien » (p. 732). Rousseau suggère de retrancher « comme artificiel ce qui était d'un peuple et non pas d'un autre,

---

1. *Dialogues*, p. 934. Pour l'analyse de ce « système », voir R. Masters, *La Philosophie politique de Rousseau*, Lyon, ENS Éditions, 2002 ; A. Melzer, *Rousseau. La bonté naturelle de l'homme*, Paris, Belin, 1998.

2. Condillac, *Traité des systèmes* (1749), Paris, Fayard, 1991, p. 42.

d'un État et non pas d'un autre » ; il n'a voulu regarder
« comme appartenant incontestablement à l'homme, que
ce qui était commun à tous, à quelque âge, dans quelque
rang, et dans quelque nation que ce fût » (p. 550). La
méthode comparatiste est ici privilégiée : il faut observer,
comparer et abstraire afin de déterminer les propriétés
communes. La théorie de l'homme entend connaître
hommes et femmes par leurs propriétés identiques et
invariantes, mais aussi par leurs différences au sein de
l'ordre social et familial. Il faut ajouter que connaître les
hommes suppose non de se fier à leurs discours, car la
simulation et la dissimulation dominent, mais de « les voir
agir » (p. 526). Autant dire que « pour connaître l'homme
en général », il faut « porter sa vue au loin » : la formule
mise en exergue par Claude Lévi-Strauss repose ici sur la
maxime épistémique selon laquelle « il faut d'abord
observer les différences pour découvrir les propriétés »[1].
Rousseau semble ici reprendre le mot d'ordre de
L'Encyclopédie, lui-même inspiré de Bacon, Descartes ou
Boyle : il s'agit de préférer l'observation à la simple
« expérience » qui « se borne aux faits qu'elle a sous les
yeux »[2]. Dans sa science de l'homme, Rousseau applique
cette méthode à la morale : au lieu de se contenter des
propriétés des *corps* et des lois du mouvement qui régissent
la sensibilité physique, il cherchera les propriétés du *cœur*
et les lois qui gouvernent la sensibilité morale.

« Newton du monde moral », comme l'écrira Kant,
Rousseau entend refonder la science de l'homme, qui est

1. *EOL*, p. 394. Voir C. Lévi-Strauss, « Rousseau fondateur des
sciences de l'homme » (1962) ; J. Derrida, *De la grammatologie*, Paris,
Les Éditions de Minuit, 1967.
2. D'Alembert, « Expérimental (Philosophie naturelle) », *Enc.*, VI,
p. 298.

science de ses passions : car « il n'y a que la passion qui nous fasse agir » (III, p. 453). La morale expérimentale d'*Émile* a donc pour objet d'identifier les lois du cœur humain et les maximes morales qui en découlent. Les « lois » morales concernent ces mouvements du cœur que sont les passions, qui lient les individus, au sein de leur espèce, par des phénomènes d'attraction ou de répulsion. Là où le matérialisme hobbesien envisageait les passions comme mouvements de l'esprit (« *motions of the mind* »), dans un système où l'égoïsme était prévalent, Rousseau veut analyser de manière plus subtile les passions du cœur qui nous portent vers autrui ou nous en détournent en fonction de notre intérêt physique mais aussi de notre intérêt moral. Fondée sur une forme de dualisme substantiel, récusant le matérialisme, sa philosophie morale est une théorie des « attachements », des « chaînes » morales qui nous lient à nos semblables par l'amour et l'amitié, ou à l'inverse des « obstacles » qui nous conduisent à buter sur eux et à les considérer comme des rivaux et des ennemis. Visant à former un être juste, conscient de sa place au sein de son espèce, capable de pitié et aimant l'humanité, elle se propose de partir des sentiments primitifs (comme l'amour de soi) pour créer la moralité. Pour cela, son ambition n'est pas seulement d'observer l'expérience mais de *créer les conditions de l'expérience* pour mieux en tirer les « leçons ». De manière profondément originale, Rousseau redéfinit ainsi le philosophe en un siècle où la « philosophie moderne » est devenue matérialiste et donc à ses yeux immorale : il dit la « véritable fonction de l'observateur et du philosophe qui sait l'art de sonder les cœurs en travaillant à les former » (IV, p. 511).

Toutefois, l'auteur d'*Émile* sait qu'il s'expose à la polémique : de fait, ce qu'il a cru « observer » semble n'exister nulle part au monde. Tout le paradoxe est qu'il prétend observer ce qui n'est pas observable, un phénomène extraordinaire, inouï, exceptionnel : l'homme de la nature non altéré en lieu et place du monstre qu'est devenu « l'homme de l'homme ». La nature ne s'observe presque plus, et ne s'observera sans doute jamais plus. Seuls quelques êtres d'exception subsistent. comme l'indique une lettre à Mme Roguin : « Quoique les Sophie et les Émile soient rares comme vous dîtes fort bien, il s'en élève pourtant quelques-uns en Europe »[1]. La difficulté était déjà au cœur du second *Discours* : il faut remonter à l'origine (l'état de nature) quoiqu'elle soit recouverte, ensevelie et modifiée par les altérations de la culture et de l'histoire. Surmonter ce défi est un miracle, un prodige, une « vision » : « À l'égard de ce qu'on appellera la partie systématique, qui n'est autre chose ici que la marche de la nature, c'est là ce qui déroutera le plus le lecteur ; c'est aussi par là qu'on m'attaquera sans doute ; et peut-être n'aura-t-on pas tort. On croira moins lire un Traité d'éducation, que les rêveries d'un visionnaire sur l'éducation » (p. 242).

Cette mise en garde doit être prise au sérieux. Le lecteur aurait-il raison de lire dans *Émile* « les rêveries d'un visionnaire sur l'éducation », du type de celles que l'abbé de Saint-Pierre aurait produites ? Qu'est-ce que la « partie systématique » de l'ouvrage supposée dérouter le lecteur ? Et comment comprendre la « marche de la nature »[2] ? Sur le premier point, Rousseau demeure ambigu : nous le verrons, il refuse que son œuvre soit qualifiée d'utopique ou de chimérique ; mais il ne disqualifie pas l'idée d'écrire

---

1. 31 mars 1764, *Lettres philosophiques*, p. 130.
2. Voir M. Rueff, « Ce qu'est, comment se détermine la marche de la nature », dans *La Fabrique de l'*Émile. *Commentaires des manuscrits Favre*, F. Brahami, L. Guerpillon (éd.), Paris, Vrin, 2022.

des « Rêveries ». Sur le second, la « partie systématique » de l'ouvrage peut être comprise en deux sens. D'une part, au sens où l'ouvrage forme système : il comporte un ordre des observations et des déductions ; il part des phénomènes et s'élève à des lois, lois du cœur dont se déduiront les « maximes » de l'éducation. D'autre part, au sens où il existe une partie systématique au sein de l'ouvrage, distincte de la partie romanesque, où Rousseau formule des principes qui font système, au-delà des observations empiriques. L'ordre de Rousseau, nous le verrons, est celui de la genèse des facultés de son disciple ; il exposera donc cette genèse, de ce qu'il nomme la « raison sensitive » à la « raison intellectuelle ou humaine » (p. 417), des passions simples aux passions complexes, et c'est à l'occasion de cette exposition qu'il fournira les principes de son système. Ainsi le gouverneur suivra-t-il la « marche de la nature », qui est la marche de la croissance physiologique et psychologique du jeune homme ; il suivra pas à pas « le progrès de l'enfance, et la marche naturelle au cœur humain » (p. 265).

Mais si toutes nos données empiriques sur l'origine de l'humanité sont altérées et métamorphosées, comment connaître la nature première ? Dans ses cours sur Rousseau, Althusser a repéré l'essentiel : dès le second *Discours*, Rousseau a identifié, mieux que quiconque, le *cercle* de l'origine. Ce qui distingue radicalement Rousseau des penseurs du droit naturel comme Grotius, Pufendorf ou Burlamaqui, c'est qu'il est le seul à penser le concept d'origine pour lui-même[1]. Pour Rousseau, la nature est recouverte par toute l'histoire de ses modifications, par

---

1. L. Althusser, *Cours sur Rousseau* (1972), Y. Vargas (éd.), Paris, Le temps des cerises, 2012, p. 57.

tous les effets de son histoire ; elle est « défigurée » par l'histoire de ses progrès. La nature n'existe plus que dans son contraire. Elle est ensevelie sous les passions sociales et la raison soumise aux passions : la nature est « aliénée » dans son histoire réelle et c'est le résultat de cette aliénation qui règne sur le monde présent.

Marche de la nature et théorie de l'homme

Comment la « théorie de l'homme » peut-elle mettre au jour le secret de la « vraie nature » et entendre, enfin, sa voix ? Dans la Lettre à Christophe de Beaumont (rédigée à l'automne 1762, publiée en février 1763), Rousseau invoque à titre d'hapax cette « théorie de l'homme » qu'il distingue d'une « vaine spéculation » : « Ce n'est pas une vaine spéculation que la théorie de l'homme, lorsqu'elle se fonde sur la nature, qu'elle marche à l'appui des faits par des conséquences bien liées, et qu'en nous menant à la source des passions, elle nous apprend à régler leur cours »[1].

Pour comprendre cette théorie de l'homme, il faut cerner la méthode généalogique mise en œuvre par Rousseau. La généalogie « marche à l'appui des faits » en nous conduisant à la « source des passions » (l'amour de soi ou l'amour-propre) dans un but moral : il faut nous apprendre « à régler leur cours ». L'empirisme de Rousseau s'appuie sur les faits pour raisonner à partir d'eux et non, comme les Cartésiens, à partir de « suppositions ». Dans un mémoire plus précoce à M. de Mably, Rousseau avait écarté la méthode cartésienne, en récusant tout autant la

---

1. *Beaumont*, p. 941. Voir M. Rueff, *À coups redoublés. Anthropologie des passions et doctrine de l'expression chez Jean-Jacques Rousseau*, Sesto S. Giovanni, Mimesis, 2018.

méthode newtonienne[1]. Mais désormais, l'auteur d'*Émile*
semble surtout soucieux d'éclairer, plutôt que la physique
expérimentale, la morale expérimentale. L'empirisme
s'étend à la morale, puisqu'« il n'y a point de connaissance
morale qu'on ne puisse acquérir par l'expérience d'autrui
ou par la sienne » (p. 541). Au-delà de l'origine sensible
des idées, Rousseau vise à établir les causes des phénomènes
moraux observables. Son empirisme moral prend pour
point de départ l'ordre génétique des connaissances et des
opérations de l'âme, mais il s'étend ensuite à la généalogie
des phénomènes moraux et sociaux. *Émile* recherche
comment, puisque l'homme est naturellement bon, les
mauvaises institutions et les « contradictions du système
social » l'ont dénaturé. Rousseau se campe donc en
généalogiste de la corruption du monde :

> Le principe fondamental de toute morale, sur lequel j'ai
> raisonné dans tous mes écrits, et que j'ai développé dans
> ce dernier [l'*Émile*] avec toute la clarté dont j'étais
> capable, est que l'homme est un être naturellement bon,
> aimant la justice et l'ordre ; qu'il n'y a point de perversité
> originelle dans le cœur humain, et que les premiers
> mouvements de la nature sont toujours droits […] J'ai
> montré que tous les vices qu'on impute au cœur humain
> ne lui sont point naturels ; j'ai dit la manière dont ils
> naissent ; j'en ai fait, pour ainsi dire, la généalogie[2].

L'auteur d'*Émile* revendique la transformation de la
philosophie en généalogie, en se posant comme seul capable
de discerner l'origine, puisqu'il est épargné par la corruption

---

1. *Mémoire à M. de Mably*, *OC* IV, p. 30.
2. *Ibid.*, p. 935-936. Voir Ch. Litwin, « La Théorie de l'homme
entendue comme généalogie morale », dans *Penser l'homme. Treize
études sur Jean-Jacques Rousseau*, C. Habib, P. Manent (éd.), Paris,
Classiques Garnier, 2013, p. 55-69.

de ses contemporains. Il entend encore, dit-il, la « voix de la nature ». Cela tient surtout à son détachement, loin du commerce des hommes. L'ermite de Montmorency l'explique dans les *Dialogues* : « d'où le peintre et l'apologiste de la nature aujourd'hui si défigurée et si calomniée peut-il avoir tiré son modèle, si ce n'est de son propre cœur ? Il l'a décrite comme il se sentait lui-même » (III, p. 936). Rousseau se croit dans une situation singulière, d'où il peut encore entendre la voix de la nature : « les préjugés dont il n'était pas subjugué, les passions factices dont il n'était pas la proie n'offusquaient point à ses yeux comme à ceux des autres ces premiers traits si généralement oubliés ou méconnus. Ces traits si nouveaux pour nous et si vrais une fois tracés trouvaient bien encore au fond des cœurs l'attestation de leur justesse » (*ibid.*). Dans sa retraite vouée à la solitude, Rousseau parvient à lire dans son cœur et à devenir, selon ses propres termes, « historien du cœur humain » (I, p. 728, note). Le Diogène moderne est le seul à pouvoir écrire cette histoire : « une vie retirée et solitaire, un goût vif de rêverie et de contemplation, l'habitude de rentrer en soi et d'y rechercher dans le calme des passions ces premiers traits disparus chez la multitude pouvaient seuls les lui faire retrouver » (*ibid.*). Dans ce « renoncement au monde » qui fait suite à sa réforme[1], Rousseau n'est donc pas naturaliste mais « historien de la nature », lui qui a commencé « par ôter la rouille » qui masquait le cœur humain.

Nous reviendrons plus loin sur le sens de cette méthode généalogique. Pour l'heure, il faut prendre au sérieux l'idée selon laquelle l'objet théorique de l'*Émile* est la « marche de la nature » et « l'histoire du cœur humain ». Il ne s'agit plus, comme dans le *Projet pour l'éducation de*

---

1. Troisième promenade, *Rêveries*, *OC* I, p. 1015.

Mr de Sainte-Marie, de former un enfant grâce à des recettes pédagogiques, mais d'appréhender la totalité du développement humain, de la naissance à la paternité. La pédagogie est fondée sur une anthropologie philosophique, ou sur ce que l'on nommera bientôt une « psychologie ». Surtout, la pédagogie devient scientifique lorsqu'elle inscrit le sujet au sein des rapports qui le constituent. L'art d'éduquer implique d'inventer la seule « science de l'homme » qui lui convienne, qui a pour objet les « rapports » qu'il doit entretenir moralement avec ses semblables :

> L'étude convenable à l'homme est celle de ses rapports. Tant qu'il ne se connaît que par son être physique, il doit s'étudier par ses rapports avec les choses ; c'est l'emploi de son enfance ; quand il commence à sentir son être moral, il doit s'étudier par ses rapports avec les hommes ; c'est l'emploi de sa vie entière, à commencer au point où nous voilà parvenus (p. 493).

L'enfance comme objet philosophique

Que tente au juste de connaître la théorie de l'homme ? Quel est le premier objet, désormais, de l'enquête anthropologique et du système philosophique ? Non plus l'*homme sauvage*, avant les déformations et perversions de la civilisation, mais l'*enfant sauvage*, avant les altérations et corruptions de l'âge adulte dans une société « policée ».

L'enfance est un moment dans l'ordre de la vie. Il faut l'étudier pour pouvoir parvenir à la fin de l'éducation qui est d'ordonner les passions en fonction de notre constitution, et d'assigner chacun « à sa place » sans qu'il désire en sortir :

> L'humanité a sa place dans l'ordre des choses ; l'enfance a la sienne dans l'ordre de la vie humaine ; il faut considérer l'homme dans l'homme, et l'enfant dans

l'enfant. Assigner à chacun sa place et l'y fixer, ordonner
les passions humaines selon la constitution de l'homme
est tout ce que nous pouvons faire pour son bien-être
(p. 303).

D'un point de vue théorique, le but d'*Émile* est d'abord
de restituer à l'enfance sa place de *commencement* de
l'existence, et donc de ne pas projeter l'adulte sur l'enfant,
de même que le but du second *Discours* était de ne pas
projeter l'homme civilisé sur l'homme sauvage : il faudra
éviter, contre les mauvais pédagogues, de chercher
« toujours l'homme dans l'enfant » (p. 242). Il faudra
connaître l'enfance en tant que telle, non comme un âge
de défauts et de manques, de privations et de frustrations,
mais comme une succession d'âges décrits par leurs
propriétés positives, dans leur plénitude. L'enfance ne sera
plus un *pas encore*, celui de l'homme « en puissance »,
voué à développer ses facultés pour atteindre plus tard sa
perfection à l'âge mûr, avec l'essor de la raison. Ce ne sera
plus seulement un âge de faiblesse et d'ignorance. De
même que l'état de nature ne devait pas ressembler à un
système de manques évalués à l'aune de l'état civil, l'état
d'enfance doit être jugé à l'aune de critères endogènes, et
non de ce qui fait défaut à l'enfant (le langage ou la raison).
L'enfance sera ainsi caractérisée par un rapport variable
au monde, en fonction du rapport entre les besoins et les
forces qui permettent d'y pourvoir ; Rousseau envisagera
toujours la relativité des forces en refusant de qualifier
l'enfant de « faible » en général. Ce qui importe plutôt est
l'enfance comme mode de vie à part entière, dotée de ses
propres manières de voir, de penser et de sentir, caractérisée
aussi par le sentiment de sa dépendance, qui va décroître
à mesure que les forces musculaires se renforcent et que
les sens et l'esprit se cultivent. Aussi faudra-t-il être attentif

à ce rapport entre forces et besoins qui définit à chaque stade un « moment » de l'enfance en fonction de la vitalité enfantine, de l'aptitude à l'activité ou de la « puissance d'agir ». De même que l'état de nature devait être appréhendé selon une séquence (état de pure nature, puis « jeunesse du monde »), l'état d'enfance doit lui aussi trouver une scansion interne qui appréhende ses différentes étapes en déclinant différents aspects des progrès de la sensorialité et de la motricité infantile.

La comparaison avec Buffon est ici éclairante. Pour Buffon, l'enfant est *stricto sensu* *infirme*. Semblable à un animal qui gémit, l'enfant souffre plus que les autres animaux en raison de l'imperfection de ses organes sensoriels. La section « De l'enfance » de l'*Histoire naturelle* commence en ces termes :

> Si quelque chose est capable de nous donner une idée de notre faiblesse, c'est l'état où nous nous trouvons immédiatement après la naissance ; incapable de faire encore aucun usage de ses organes et de se servir de ses sens, l'enfant qui naît a besoin de secours de toute espèce, c'est une image de misère et de douleur, il est dans ces premiers temps plus faible qu'aucun des animaux, sa vie incertaine et chancelante paraît devoir finir à chaque instant ; il ne peut se soutenir ni se mouvoir, à peine a-t-il la force nécessaire pour exister et pour annoncer par des gémissements les souffrances qu'il éprouve, comme si la Nature voulait avertir qu'il est né pour souffrir, et qu'il ne vient prendre place dans l'espèce humaine que pour en partager les infirmités et les peines[1].

---

1. Buffon, *Œuvres*, « Bibliothèque de la Pléiade », Paris, Gallimard, 2007, p. 191.

Or Rousseau oppose à Buffon, malgré cette faiblesse incontestable, une positivité de l'enfance à tout âge : malgré la vulnérabilité des nourrissons et des petits enfants, tout âge peut être libre et heureux. Encore faut-il suivre pas à pas la « marche de la nature » qui conduit le nourrisson et l'enfant à prendre conscience de leurs forces, de leur puissance d'agir et de l'aptitude, par la suite, à les coordonner et à les orienter à leur guise.

L'originalité de Rousseau est remarquable : l'auteur d'*Émile* fait entrer l'enfance et l'adolescence sur la scène philosophique et leur confère une véritable noblesse théorique. Ce qui paraissait indigne d'attention spéculative devient le cœur du propos philosophique. *Émile* offre ici une philosophie des *âges de la vie*[1], qui respecte non seulement la croissance physiologique et psychologique de l'enfance à l'adolescence, le *ratio* entre les forces de l'enfant et l'énergie requise pour satisfaire ses besoins, mais aussi le rythme propre du progrès moral[2]. Il faut traiter l'enfant selon son âge, en distinguant des stades de la psychologie du développement et de la psychologie morale, comme le fera plus tard Piaget en s'inspirant de Rousseau. Il faut savoir ce qui convient à chaque étape de l'éducation, et ne pas viser une perfection illusoire : « Chaque âge, chaque état de la vie a sa perfection convenable, sa sorte de maturité qui lui est propre » (p. 418). Scandé lui-même en plusieurs moments selon que le nourrisson puis l'enfant sait ou ne sait pas parler (*infans/ puer*), le moment de la « nécessité » des deux premiers

1. Voir Y. Vargas, *Introduction à l'« Émile » de Rousseau*, Paris, P.U.F., 1995, p. 280-285.

2. Voir F. Worms, *Émile ou de l'éducation, livre IV*, commentaire, précédé d'un essai introductif : « Émile, ou la découverte des relations morales », Paris, Ellipses, 2001, p. 27-30.

livres est suivi par la conquête de l'âge d'intelligence (III, 12-15 ans) puis de l'âge de la sensibilité et des passions (IV et V, 15-20 ans). Le passage d'un stade à l'autre est commandé par un effet de seuil décisif dans l'acquisition de la conscience de soi et de la connaissance du monde.

Le plan de l'œuvre

La structure du livre en découle. Parce que le monde est composé de « rapports » qui constituent un ordre, l'enfant est d'abord projeté dans les rapports matériels (physiques), puis « matériels et réels » (économiques), puis à partir de l'adolescence, moraux (livre IV), et enfin politiques (livre V). Il ne se connaît d'abord « que par son être physique » et ne s'étudie « que par ses rapports avec les choses » avant de « s'étudier par ses rapports avec les hommes » dans l'ordre social, moral et politique (IV, p. 493). Peu à peu, l'enfant vivant dans le monde des choses va être propulsé dans le monde économique, esthétique et moral des objets de valeur, puis des hommes ; il devra comprendre l'ordre au sein duquel il se situe, alors même que cet ordre n'est plus métaphysique et que sa connaissance ne relève plus d'un système ou d'une *mathesis universalis*. En un mot, théorie et pratique sont ici indissociables. Loin d'être une monade autistique, le sujet advient en comprenant sa place au sein d'un ordre ; il doit aussi trouver sa place au sein d'un système de rapports : « l'étude convenable de l'homme est celle de ses rapports » (IV, p. 493).

La science de l'homme est une science de ces « rapports » multiples, qui dessinent ce que l'on pourrait nommer des ontologies régionales. Région après région, l'enfant et l'adolescent apprennent à connaître le monde dans toutes ses dimensions (physique, économique, morale, sociale, politique), et à comprendre ce qu'ils ne peuvent connaître

(Dieu, l'âme, la liberté). L'enfant développe simultanément sa conscience de soi et la conscience du monde qui est d'abord réduit à son environnement immédiat, puis peu à peu élargi au monde social environnant ; à partir de l'adolescence, il s'ouvre enfin tardivement au monde des idées morales et politiques qui sont immatérielles. Dans cette découverte progressive, il n'est mû que par une passion naturelle et primitive, sur laquelle nous aurons l'occasion de revenir : l'amour de soi, le désir naturel de conservation et de bien-être, et non l'amour-propre, passion comparative qui aiguillonnerait une curiosité orgueilleuse et factice. L'élève est toujours attiré vers les objets de la connaissance par un « intérêt présent et sensible », par une nécessité intérieure et non par une contrainte extérieure (II, p. 345). Dès lors, tout se passe comme si *Émile* livrait une forme de phénoménologie de l'esprit, mais comme esprit sensible, toujours incarné : il n'existe pas pour Rousseau d'esprit « absolu ». *Émile* offre avec la marche de la nature une phénoménologie de l'existence sensible, soit de la perception sensible, de la conscience de soi, de la conscience sociale, de la conscience morale et politique[1].

1. Hegel l'avait d'ailleurs relevé, comme le souligne J. Hyppolite : « La *Phénoménologie* est donc l'itinéraire de l'*âme* qui s'élève à l'*esprit*, par l'intermédiaire de la *conscience*. L'idée d'un pareil itinéraire a sans doute été suggérée à Hegel par les œuvres philosophiques que nous avons mentionnées plus haut, mais tout aussi importante nous paraît avoir été l'influence des « romans de culture » de l'époque. Hegel avait lu l'*Émile* de Rousseau à Tübingen, et il trouvait dans cette œuvre une première histoire de la conscience naturelle s'élevant d'elle-même, à travers des expériences qui lui sont propres et qui sont particulièrement formatrices, à la liberté. La préface de la *Phénoménologie* insistera sur le caractère pédagogique de l'œuvre, sur le rapport entre l'évolution de l'individu et l'évolution de l'espèce, rapport que considérait aussi l'œuvre de Rousseau » (*Genèse et structure de la* Phénoménologie de l'Esprit *de Hegel*, Paris, Aubier, 1946, t. 1, p. 16).

C'est cette aventure de la conscience qu'il nous faudra retracer.

L'œuvre suit cet ordre : d'abord, Émile nourrisson n'a conscience de rien, ni de lui du monde ; il vit dans une indistinction primitive ; puis graduellement, il acquiert la conscience de son être physique et moral. À la fin du premier livre, Rousseau évoque les premiers apprentissages ou les « premiers développements de l'enfance » avant l'apparition de la conscience de soi : l'enfant apprend à parler, à manger et marcher presque simultanément ; « auparavant, il n'est rien de plus que ce qu'il était dans le sein de sa mère ; il n'a nul sentiment, nulle idée, à peine a-t-il des sensations ; il ne sent pas même sa propre existence » (I, p. 298). Le livre II commence avec la distinction du *puer* et de l'*infans*, et donc avec la fin de l'enfance au sens littéral du terme : l'élève, désormais, sait parler et substitue un langage articulé à celui des pleurs et des cris. Ce livre s'achève, entre dix et douze ans, par une longue comparaison entre l'élève du gouverneur et l'élève de la bonne société, qui a sans doute payé sa perfection apparente au prix de son bonheur. Le livre III débute avec l'entrée dans l'âge d'intelligence grâce à une surabondance de forces par rapport aux besoins ; l'enfant, désormais, « peut plus qu'il ne désire » (p. 427). Ce livre décrit le temps des travaux, des instructions, des études entre douze et quinze ans ; c'est le temps du passage des « objets sensibles » aux « objets intelligibles » par une transition continue ; Émile doit apprendre le « livre du monde » et s'en tenir aux faits (p. 430). Il s'achève de nouveau par un bilan de l'éducation, où Rousseau, fidèle au caractère expérimental de sa méthode, rend des comptes à ses lecteurs qui doivent pouvoir juger par eux-mêmes grâce à une comparaison : l'élève ayant jusqu'ici appris la vertu par rapport à lui-même, il est sain et juste, sans préjugés et sans passions, sans amour-propre surtout (p. 488).

Puis intervient la rupture décisive : le livre IV s'ouvre avec la fin de l'enfance et la puberté, qui est une « seconde naissance ». L'adolescence sera le temps de l'éducation morale et religieuse, de la généralisation et de l'abstraction croissante, jusqu'au « bond » qui conduit à l'idée de Dieu ; elle s'achèvera au moment où Émile quittera Paris où il est venu éduquer son goût : « Adieu donc Paris, ville célèbre, ville de bruit, de fumée et de boue, où les femmes ne croient plus à l'honneur ni les hommes à la vertu » (p. 691). Enfin, le livre V qui commence lorsque le jeune homme est parvenu au « dernier acte de la jeunesse » (p. 692) s'amorce avec le portrait et l'éducation de Sophie ; il s'achèvera lorsque le disciple du gouverneur aura environ vingt ans et pourra, une fois devenu le mari de Sophie, devenir père à son tour. Ce séquençage est le fruit d'un processus de maturation : dans le Manuscrit Favre, Rousseau avait proposé une césure différente : à l'âge de nature pris en bloc (jusqu'à douze ans) devait alors succéder l'âge de raison et de force, jusqu'à quinze puis vingt ans (« seize ans » raturé[1]). Or *Émile* détache les livres I et II, donnant ainsi davantage d'ampleur à la découverte de la conscience de soi de l'être sensible.

Rousseau définit ainsi le sujet au sein des rapports qu'il entretient avec le monde environnant. Tel est l'enjeu de la morale expérimentale : Émile advient comme sujet physique, sujet économique, sujet moral et sujet politique à mesure qu'il est placé dans les circonstances qui lui permettent d'expérimenter le monde et de « sentir » les

---

1. Voir la note au bas du folio 53r°. MsF, p. 79.

rapports qui le constituent[1]. L'auteur le précisera à l'orée de l'éducation politique, au livre V, révélant a posteriori le plan de l'œuvre : « après s'être considéré par ses rapports physiques avec les autres êtres, par ses rapports moraux avec les autres hommes, il lui reste à se considérer par ses rapports civils avec ses concitoyens » (V, p. 833). Le sujet sensible se forme en prenant conscience de sa place au sein d'un ordre qui comporte de multiples dimensions : un espace physique au sein duquel il vit, se place et s'oriente ; un monde économique structuré et hiérarchisé au sein duquel il travaille, produit et consomme ; un monde moral et social au sein duquel il s'éprouve comme membre de l'espèce humaine et entretient avec autrui des rapports d'envie ou de pitié, où il doit faire fi de l'inégalité conventionnelle qui distingue les hommes et maintenir l'égalité morale ; un monde politique à l'intérieur duquel il doit se fixer en s'attribuant une juste place parmi ses semblables. Par là même, Émile acquiert la conscience de soi de manière progressive, en naissant d'abord comme être physique puis comme être moral doté d'une intentionnalité ; on pourra alors « commencer à le considérer comme un être moral » (II, p. 301), avant de le considérer après la puberté comme un être qui veut le bien ou le mal. La philosophie morale de Rousseau apparaît ainsi non comme un hédonisme, mais comme un *eudémonisme* : à chaque stade, le bonheur est lié à l'exercice de la liberté et de la vertu. Dans cet esprit, l'éducation unifie les différents rôles du sujet en le préservant de la contradiction avec lui-même et du conflit avec autrui.

---

1. Voir sur ce point J. Lenne-Cornuez, *Être à sa place. La formation du sujet dans la philosophie morale de Rousseau*, Paris, Classiques Garnier, 2021.

Le pays des chimères ?

Un dernier préalable s'impose : l'*Émile* est-il une œuvre utopique ou du moins purement théorique, irréalisable en pratique ? Rousseau ne le croit pas. Peu importe à ses yeux la critique à laquelle il s'attend d'avoir hanté le pays des songes : mieux vaut être « homme à paradoxes » qu'« homme à préjugés ». Le philosophe se défend également, dans la VIe des *Lettres écrites de la montagne*, contre le jugement consistant à reléguer le *Contrat social* « avec la *République* de Platon, l'*Utopie* et les *Sévarambes* dans le pays des chimères » (p. 810). Mais dispose-t-il, concernant l'*Émile*, d'arguments probants ?

Rousseau est conscient que ses contemporains liront dans son œuvre une forme de science-fiction. L'accusation d'avoir proposé les « rêveries d'un homme de bien » à la mode de l'abbé de Saint-Pierre est prise en compte dès la préface de l'ouvrage : « On croira moins lire un Traité d'éducation, que les rêveries d'un visionnaire sur l'éducation » (p. 242). Tout en réfutant le réalisme ordinaire, Rousseau souligne que le but de l'éducation est de convenir au « cœur humain » :

> Proposez ce qui est faisable, ne cesse-t-on de me répéter. C'est comme si l'on me disait : proposez de faire ce qu'on fait ; ou du moins, proposez quelque bien qui s'allie avec le mal existant. Un tel projet, sur certaines matières, est beaucoup plus chimérique que le mien : car dans cet alliage le bien se gâte, et le mal ne se guérit pas. […] En toute espèce de projet, il y a deux choses à considérer : premièrement, la bonté absolue du projet ; en second lieu, la facilité de l'exécution.
>
> Au premier égard, il suffit, pour que le projet soit admissible et praticable en lui-même, que ce qu'il a de bon soit dans la nature de la chose ; ici, par exemple,

que l'éducation proposée soit convenable à l'homme,
et bien adaptée au cœur humain.

La seconde considération dépend de rapports donnés
dans certaines situations ; rapports accidentels à la chose,
lesquels, par conséquent, ne sont point nécessaires, et
peuvent varier à l'infini (p. 242).

L'étrangeté d'*Émile* ne le relègue donc pas pour autant
hors du champ des possibles. Dans sa lettre à Mirabeau
du 26 juillet 1767, Rousseau reprochera à certains
philosophes de construire des systèmes « bons pour les
gens de l'Utopie », et non pour les « enfants d'Adam »[1].
De ce point de vue, il revendique à la fois l'exigence réaliste
et le désir de ne pas restreindre le possible à l'existant ; ici
comme dans le *Contrat social*, il s'agit d'élargir les « bornes
du possible dans les choses morales ». *Prendre les hommes
tels qu'ils sont* n'empêche pas de proposer une voie nouvelle
pour l'art politique et l'art pédagogique. Élargir les bornes
du possible dans les choses morales, c'est aussi transformer
le monde.

À cet égard, Rousseau sait qu'il fera scandale et
l'assume : à ceux qui lui disent « proposez ce qui est
faisable », il répond qu'il s'agit d'examiner la bonté en
soi du projet, soit sa convenance aux lois du cœur humain.
L'aspect fictif de l'éducation qu'il propose tient à la
monstruosité de la corruption du monde, non à ses propres
choix. Le « roman » n'est romanesque que par la faute du
public. Il n'est fictif qu'à cause des tares de la société, qui
rendent irréaliste le projet d'une éducation selon la nature,
à l'abri des vices et des préjugés du monde. S'il faut recourir

---

1. *Lettres philosophiques*, p. 168-169. Voir B. Bachofen, *La Condition
de la liberté. Rousseau, critique des raisons politiques*, *op. cit.*, p. 218-222 ;
B. Baczko, *Lumières de l'utopie*, Paris, Payot, 1978.

à la fiction, c'est qu'elle est dépositaire de la norme perdue lorsque les hommes ont perverti la nature. Où se trouve l'homme de la nature ? « On le chercherait en vain parmi nous » (*Dialogues*, III, p. 936). Aussi la fiction doit-elle se substituer à l'observation, pour mieux rejoindre *in fine* la nature : « Si j'ai dit ce qu'il faut faire, j'ai dit ce que j'ai dû dire : il m'importe fort peu d'avoir écrit un roman. C'est un assez beau roman que celui de la nature humaine. S'il ne se trouve que dans cet écrit, est-ce ma faute ? Ce devrait être l'histoire de mon espèce. Vous qui la dépravez, c'est vous qui faites un roman de mon livre » (V, p. 577).

Ce livre tentera d'éclairer certains moments décisifs de l'œuvre ; il accordera une importance toute particulière au livre IV d'*Émile*, et notamment à la Profession de foi du vicaire savoyard, l'un des textes théoriques les plus denses et les plus difficiles de l'ouvrage. L'entreprise est délicate, face à un tel massif ; bien des choses seront omises, dont la stratigraphie matérielle du texte depuis les *Manuscrits Favre*[1].

---

1. Voir Rousseau, *Émile, Premières versions (manuscrits Favre)*, dans *Œuvres complètes*, t. XI, B. Bernardi, J. Swenson (éd.), Paris, Classiques Garnier, 2021. Nous renverrons au commentaire par les membres du groupe Jean-Jacques Rousseau qui paraît également à la Librairie Vrin. Nous n'avons pu intégrer ici que très partiellement les apports de ce travail, qui mérite une analyse à part entière.

CHAPITRE PREMIER

LE LIVRE I : LA « MARCHE DE LA NATURE »

Pour Rousseau, l'éducation doit former un homme vertueux, heureux et libre malgré la corruption de la société dans laquelle il est appelé à vivre. Aussi choisit-il d'élever un homme non pour sa classe ou son ordre mais pour devenir pleinement homme, conscient de l'égalité morale avec ses semblables. La vertu d'humanité qui sera la sienne sera aux antipodes de tout mépris de classe ou de toute morgue aristocratique. Au terme de son éducation, il ne maîtrisera pas les formules de politesse, mais il aura – l'expression est curieuse – « les soins de l'humanité » (p. 666). Il devra trouver sa place dans l'ordre social et l'ordre moral, et désirer s'y tenir. Loin d'aspirer à devenir prêtre, soldat ou magistrat comme un fils de famille aristocratique, il ne voudra que se tenir à sa place dans l'ordre des choses, sans arrogance ni envie. Loin de vouloir *tenir son rang*, il ne devra aspirer qu'à son état d'homme.

À cet égard, Rousseau ne critique pas seulement l'éducation des élites, ni même l'éducation « insensée » des couvents et des collèges (jésuites, jansénistes ou oratoriens)[1] ; il va jusqu'à s'en prendre à Locke, qui est

1. La plupart des collèges jésuites sont créés avant 1650. Les Jésuites deviennent dominants et présents dans la quasi-totalité des grandes villes françaises (une centaine de collèges) jusqu'à leur expulsion en 1762. De fondation plus récente, les collèges oratoriens ne sont qu'au nombre de

l'interlocuteur principal d'*Émile*. Selon Peter Jimack,
Rousseau écrit son premier manuscrit en comptant sur la
réminiscence lointaine des œuvres qu'il a lues, pour ne
revenir que dans la version définitive, pour les besoins de
la critique, aux contenus précis des textes. Or Locke fait
figure d'interlocuteur de premier choix dès la première
rédaction[1].

LA NATURE COMME GUIDE DE L'ÉDUCATION :
ROUSSEAU ET LOCKE

Dans la Préface d'*Émile*, Rousseau pose Locke, plus
encore que Montaigne, comme son principal interlocuteur :
« Mon sujet était tout neuf après le livre de Locke, et
je crains fort qu'il ne le soit encore après le mien »
(p. 241). La confrontation avec l'auteur célèbre de l'*Essai
sur l'entendement humain* est constante. Dans *Some
Thoughts Concerning Education*, Locke avait rassemblé
des lettres qu'il avait adressées à l'un de ses parents éloignés,
Edward Clarke, et à sa femme Mary en 1684. Il avait conçu
ces lettres, sur la demande de cet ami, comme un ensemble
de conseils et d'avis ; mais au-delà de cette adresse
singulière, son œuvre amorçait déjà une révolution générale
dans l'éducation[2]. Dès lors, l'ouvrage traduit par Pierre

---

26 en 1760. Aux classes de grammaire se joignent les classes d'humanité
et de rhétorique, parfois de philosophie. La sociologie des élèves va
jusqu'aux paysans et artisans aisés, au plus bas niveau du collège.

1. P. Jimack, *La Genèse et la rédaction de l'Émile de J.-J. Rousseau*,
Genève, Institut et Musée Voltaire, 1960, p. 315. Voir a contrario
l'introduction des éditrices à *Rousseau et Locke. Dialogues critiques*,
J. Lenne-Cornuez, C. Spector (éd.), Oxford University Studies on the
Enlightenment, Liverpool, Liverpool University Press, 2022, p. 3.

2. Voir N. Tarcov, *Locke's Education for Liberty*, Chicago, The
University of Chicago Press, 1984.

Coste en langue française sous le titre *Pensées sur l'éducation des enfans* (1695) connut un succès immense. Rousseau en prend acte : dans *Émile*, le dialogue avec Locke n'est pas ponctuel ; il est structurant, plus encore d'ailleurs dans la première version de l'ouvrage, le *Manuscrit Favre*, qui comprend davantage de références explicites[1]. À titre d'exemple, Locke avait souhaité laisser à lui-même le jeune homme sur le point de se marier à sa maîtresse[2]. Rousseau commente : « Et là-dessus Locke finit son ouvrage. Pour moi je n'ai pas l'honneur d'élever un gentilhomme, je me garderai d'imiter Locke en cela » (V, p. 692). Émile sera donc éduqué jusqu'à la paternité, moment où ses « fonctions d'homme » commencent – moment où le gouverneur, sa mission principale remplie, demeurera au titre de simple conseiller. Il ne sera pas éduqué comme un *gentleman*, ce qui signifiait en Angleterre non seulement un aristocrate mais également un bourgeois, comme le soulignait Pierre Coste dans sa préface : « en Angleterre on appelle *Gentilshommes* [*gentlemen*], les personnes que nous nommons en France, des gens de bonnes maisons, de bons Bourgeois, etc. »[3]. Pour justifier sa position face à Locke, Rousseau nous met en garde : celui qui flotterait entre ses penchants et ses devoirs sera « un de ces hommes de nos jours ; un Français, un Anglais, un Bourgeois ; ce ne sera rien » (I, p. 250). L'éducation qu'il prône sera donc intempestive : elle formera un homme unifié, qui suivra ses principes, agira comme il parle et

---

1. P. Jimack, *La Genèse et la Rédaction de l'Émile de J.-J. Rousseau*, Genève, Institut et Musée Voltaire, 1960, p. 316-317 ; J. Lenne-Cornuez, *Être à sa place, op. cit.*, p. 55-63.

2. Locke, *De l'éducation des enfans*, trad. P. Coste, Amsterdam, 1695 ; voir aussi *Quelques pensées sur l'éducation*, trad. G. Compayré, Paris, Vrin, 1966.

3. *Ibid.*, Préface, p. 15-16.

n'aspirera pas au succès social comme un *honnête homme* ou un *gentleman*[1].

La méthode rousseauiste diffère en profondeur de celle de Locke. Pour parvenir à son but, le gouverneur doit récuser la méthode des philosophes, qui sont les moins bien placés, selon Rousseau, pour observer les hommes. Car il est impossible de négliger la genèse progressive des facultés[2], et l'apparition tardive de la raison avec l'art de la comparaison et de la généralisation : « Le chef-d'œuvre d'une bonne éducation est de faire un homme raisonnable, et l'on prétend élever un enfant par la raison ! C'est commencer par la fin, c'est vouloir faire l'instrument de l'ouvrage » (IV, p. 317). Or Locke avait affirmé que l'on n'accoutume pas assez l'esprit des enfants à « se soumettre à la raison » dès le commencement, lorsque l'enfant est susceptible d'accueillir les plus fortes impressions[3]. Il avait soutenu qu'il fallait traiter les enfants avec douceur et raisonner avec eux : « On s'étonnera peut-être de m'entendre dire qu'il faut raisonner avec les enfants. C'est pourtant là si fort mon sentiment que je crois que c'est véritablement ainsi qu'on doit en user avec eux »[4].

Face à ces injonctions, Rousseau disqualifie le projet même d'une éducation par la raison dès le plus jeune âge,

1. J. Marks, « Rousseau's Challenge to Locke (and to us) », in *The Challenge of Rousseau*, C. Kelly, E. Grace (eds.), Cambridge, Cambridge University Press, 2013, p. 253-227,

2. Voir pour le contraste avec Condillac, M. Rueff, « L'ordre et le système : l'empirisme réfléchissant de J.-J. Rousseau », dans *Rousseau : anticipateur-retardataire*, J. Boulad-Ayoub (éd.), Paris, L'Harmattan, 2000, p. 274-344.

3. Locke, *De l'éducation des enfans*, trad. P. Coste, Amsterdam, 1695, § XXXIV, p. 51.

4. *Ibid.*, § LXXX.

quand l'enfant ne dispose pas encore d'un entendement développé :

> La nature veut que les enfants soient enfants avant que d'être hommes. Si nous voulons pervertir cet ordre nous produirons des fruits précoces qui n'auront ni maturité ni saveur et ne tarderont pas à se corrompre : nous aurons de jeunes docteurs et de vieux enfants. L'enfance a des manières de voir, de penser, de sentir qui lui sont propres ; rien n'est moins sensé que d'y vouloir substituer les nôtres, et j'aimerais autant exiger qu'un enfant eût cinq pieds de haut que du jugement à dix ans. En effet, à quoi servirait la raison à cet âge ? Elle est le frein de la force, et l'enfant n'a pas besoin de frein (*Émile*, II, p. 319).

Rousseau juge l'éducation lockienne insensée, car elle anticipe l'aptitude à bien juger. La raison ne peut apparaître tant qu'elle ne sert à rien, ou tant qu'elle ne sert qu'à inhiber la « force » et la puissance d'agir infantile. De même, une lettre décisive de la *Nouvelle Héloïse* sur l'éducation adressée par Saint Preux à Milord Édouard suggère que la raison n'est pas « l'instrument » adéquat pour éduquer les enfants, car cet instrument a besoin de beaucoup d'autres pour apparaître, et ne le peut précocement que sous l'impulsion de l'amour-propre :

> Une erreur commune à tous les parents qui se piquent de lumières est de supposer les enfants raisonnables dès leur naissance, et de leur parler comme à des hommes avant même qu'ils sachent parler. La raison est l'instrument qu'on pense employer à les instruire ; au lieu que les autres instruments doivent servir à former celui-là, et que de toutes les instructions propres à l'homme, celle qu'il acquiert le plus tard et le plus difficilement est la raison même. En leur parlant dès leur bas âge une langue qu'ils n'entendent point, on les accoutume à se payer de

mots, à en payer les autres, à contrôler tout ce qu'on leur dit, à se croire aussi sages que leurs maîtres, à devenir disputeurs et mutins ; et tout ce qu'on pense obtenir d'eux par des motifs raisonnables, on ne l'obtient en effet que par ceux de crainte ou de vanité qu'on est toujours forcé d'y joindre (*NH*, V, 3, p. 562).

Ce refus d'une éducation excessivement rationaliste vaut également pour la méthode d'apprentissage. Plutôt que de gouverner l'enfant par la raison « seule », le gouverneur doit jouer des passions et de l'imagination, car la froide raison n'a pas d'emprise : « Ne raisonnez jamais sèchement avec la jeunesse. Revêtez la raison d'un corps si vous voulez la lui rendre sensible. Faites passer par le cœur le langage de l'esprit afin qu'il se fasse entendre » (p. 648). Parce que l'ordre intellectuel ne peut être séparé de l'ordre sensoriel, il est impératif de forger une « morale sensible » – Rousseau n'ayant toutefois jamais mené à bien le projet initialement conçu d'un « matérialisme du sage [1].

À cet égard, il convient de rappeler l'originalité de la définition de la raison fournie par la deuxième Lettre morale (1758) : elle est « la faculté d'ordonner toutes les facultés de notre âme convenablement à la nature des choses, et à leurs rapports avec nous » [2]. L'ordonnancement des facultés est celui de l'entendement, de la mémoire et de l'imagination. Or pour éduquer l'adolescent, il faut émouvoir son imagination. Le défaut des modernes est de ne savoir utiliser que la force ou l'intérêt étroit, et non l'éloquence

1. M. Menin, *La Morale sensitive de Rousseau – Le Livre jamais écrit*, Paris, L'Harmattan, 2019.
2. Lettres à Sophie, *OC* IV, p. 1090.

qui émeut le cœur et touche l'âme. Rousseau livre ainsi le protocole de lecture de l'œuvre :

> Une des erreurs de notre âge est d'employer la raison trop nue, comme si les hommes n'étaient qu'esprit. En négligeant la langue des signes qui parlent à l'imagination, l'on a perdu le plus énergique des langages. L'impression de la parole est toujours faible, et l'on parle au cœur par les yeux bien mieux que par les oreilles. En voulant tout donner au raisonnement, nous avons réduit en mots nos préceptes ; nous n'avons rien mis dans les actions. La seule raison n'est point active ; elle retient quelquefois, rarement elle excite, et jamais elle n'a rien fait de grand. Toujours raisonner est la manie des petits esprits. Les âmes fortes ont bien un autre langage ; c'est par ce langage qu'on persuade et qu'on fait agir (p. 645).

L'éducation ne vise en aucun cas à acquérir un savoir théorique mais à faire « agir » (p. 543), c'est-à-dire exercer ses facultés corporelles et intellectuelles. *Persuader* ou faire agir, et non seulement *convaincre* ou faire penser : Rousseau lui-même suivra ce précepte dans l'écriture d'*Émile*. L'usage persuasif des dialogues, des anecdotes, des apologues et des historiettes, tout comme la mise en abyme d'expériences évoquées dont la Profession de foi offre le meilleur exemple, constitueront ici l'empirisme moral.

Pour autant, il serait malvenu d'opposer radicalement l'éducation rationaliste, libérale et aristocratique de Locke à la *paideia* de l'homme démocratique dans l'œuvre de Rousseau[1]. Si les deux auteurs diffèrent quant à l'objectif social de l'éducation qu'ils prônent, Locke et Rousseau

---

1. Voir A. Bloom, « L'éducation de l'homme démocratique : Émile », trad. P. Manent. L'article est paru en deux parties : *Commentaire*, hiver 1978, p. 457-467 ; *Commentaire*, printemps 1979, p. 38-48.

ont plus de points communs qu'on ne le dit souvent[1]. Tous deux commencent par le corps, la santé et l'hygiène de vie ; tous deux veulent éduquer à la liberté par la liberté, sans appesantir le joug de la contrainte et des châtiments ; tous deux veulent éviter de former un courtisan, et dompter le désir de domination ; tous deux refusent d'inculquer à l'enfant ce qu'il ne peut comprendre, et veulent respecter la maturation progressive de son entendement[2]. Tous deux entendent ainsi respecter l'ordre d'acquisition des connaissances et de formation des facultés de l'esprit, et régler leur pédagogie sur une épistémologie. Tous deux, enfin, veulent éviter à tout prix qu'une science de signes ne se substitue indûment à une science de choses. Ce livre tentera d'esquisser une confrontation entre leurs principes, en distinguant les formes d'empirisme dont ils se veulent tributaires.

La philosophie comme art de vivre

Mais quelles fins doit viser cette éducation active ? Selon Rousseau, il faut connaître la nature de l'homme pour déterminer l'art qui doit former l'homme de la nature. Il faut concevoir la « place » de l'homme dans la nature et l'ordre du monde pour qu'il puisse s'y tenir, et y agir de manière convenable[3]. Rousseau cisèle une belle formule sur le sens de la vie : « Vivre est le métier que je lui veux apprendre » (p. 252). Vivre, c'est éprouver son sentiment

1. Nous nous permettons de renvoyer aux articles recueillis dans *Rousseau et Locke. Dialogues critiques*, J. Lenne-Cornuez, C. Spector (éd.), Oxford University Studies on the Enlightenment, Liverpool, Liverpool University Press, 2022.

2. Voir P. Jimack, *La genèse et la rédaction de l'Émile de J.-J. Rousseau*, Genève, Institut et Musée Voltaire, 1960, p. 288-317.

3. J. Lenne-Cornuez, *Être à sa place, op. cit., passim*.

d'existence, *se sentir exister*. L'action fait notre condition, et un homme se définit comme la somme de ses dispositions et de ses actions.

Émile doit donc être éduqué pour toutes les conditions. Il ne doit avoir qu'*une* condition : celle de l'homme, voué à souffrir et à mourir. Rousseau reprend l'esprit des *Essais* de Montaigne : « Notre véritable étude est celle de la condition humaine » (p. 252). Le terme de « condition » est aussi employé au pluriel, ce qui permet de conserver son sens social au sein d'une société d'ordres : « l'éducation naturelle doit rendre un homme propre à toutes les conditions humaines » (I, p. 267). Le but est de rendre Émile *humain*, non au sens de membre de l'espèce, mais au sens où il y aura trouvé sa place et accompli sa vertu d'humanité : « Hommes, soyez humains, c'est votre premier devoir » (II, p. 302).

Pour Rousseau, l'éducation doit sortir du *theatrum mundi* qui fait des hommes les victimes plus ou moins consentantes d'un jeu de masques et de dupes, où chacun n'est élevé que pour *une* place sociale donnée (ecclésiastique ou militaire, robin ou roturier), alors que ces places sont désormais mobiles dans la société d'Ancien Régime. L'auteur d'*Émile* a pleinement conscience de ce qui fragilise la société d'ordres et en fait trembler l'assise : « vu la mobilité des choses humaines ; vu l'esprit inquiet et remuant de ce siècle qui bouleverse tout à chaque génération » (I, p. 252). Pour éviter toute assignation factice et vaine, il faut donc axer l'éducation sur « la » condition humaine, qui n'est plus un divertissement aristocratique ni un drame bourgeois. La condition humaine est régie par l'égalité morale des individus : « dans l'ordre naturel les hommes étant tous égaux leur vocation commune est l'état d'homme » (p. 251). On ne peut concevoir « la » condition humaine qu'abstraction faite des différences qui singularisent chaque condition en vertu de la richesse, des privilèges et du prestige, d'autant que toute place est désormais précaire : « nous approchons de l'état de crise et du siècle des révolutions » (IV, p. 468).

À cet égard, *Émile* entend former un homme capable d'affronter les coups du sort, car tout être sensible est susceptible de souffrir et de mourir. La condition humaine n'est pas une comédie mais une tragédie : notre vocation de « mortel » doit guider la sagesse présidant à notre éducation. La condition humaine est dominée par la finitude. Elle est faite de maux plus que de biens, de souffrances plus que de plaisirs : « Souffrir est la première chose qu'il doit apprendre, et celle qu'il aura le plus grand besoin de savoir » (II, p. 300). À ce titre, l'éducation morale doit être une formation à la sagesse, susceptible de consentir aux maux inéluctables et d'éviter ceux qui peuvent l'être, afin que cette souffrance ne se convertisse pas en malheur (II, p. 313).

Comme chez Montaigne, inspiré par l'épicurisme ou par le stoïcisme, la philosophie sera donc *art de vivre*. Elle ne se contentera pas de méditer la mort, mais préférera déterminer ce qui nous fait vivre ou « sentir » la vie :

> On ne songe qu'à conserver son enfant ; ce n'est pas assez ; on doit lui apprendre à se conserver étant homme, à supporter les coups du sort, à braver l'opulence et la misère, à vivre, s'il le faut, dans les glaces d'Islande ou sur le brûlant rocher de Malte. Vous avez beau prendre des précautions pour qu'il ne meure pas, il faudra pourtant qu'il meure ; et, quand sa mort ne serait pas l'ouvrage de vos soins, encore seraient-ils mal entendus. Il s'agit moins de l'empêcher de mourir que de le faire vivre. *Vivre, ce n'est pas respirer, c'est agir ; c'est faire usage*

de nos organes, de nos sens, de nos facultés, de toutes les parties de nous-mêmes, qui nous donnent le sentiment de notre existence. L'homme qui a le plus vécu n'est pas celui qui a compté le plus d'années, mais celui qui a le plus senti la vie. Tel s'est fait enterrer à cent ans, qui mourut dès sa naissance. Il eût gagné d'aller au tombeau dans sa jeunesse, s'il eût vécu du moins jusqu'à ce temps-là (I, p. 253).

Rousseau adopte une position ambivalente à l'égard du stoïcisme, en particulier de Sénèque dont une citation figure en exergue d'*Émile*[1]. Certes, il mentionne *De la brièveté de la vie* pour décrire les insensés que nous sommes : « chacun jette sa vie au gouffre, et souffre du désir de l'avenir et du dégoût du présent ». Surtout, le disciple du gouverneur doit demeurer vertueux et libre quelle que soit sa condition. Mais l'auteur d'*Émile* se démarque du stoïcisme par plusieurs divergences importantes. En premier lieu, la sagesse n'est pas ici absence de troubles ou retraite dans la forteresse intérieure de la pensée ; l'art de vivre proposé par l'*Émile* consiste à penser la vie comme puissance d'agir et l'usage actif de nos facultés. En second lieu, loin de valoriser l'ataraxie, le gouverneur prônera pour son élève l'activité constante et l'expansion de sa sensibilité. Loin de réprimer ses passions, l'enfant devra laisser croître les « passions tendres et affectueuses » qui seront à l'origine de ses vertus :

---

1. « Les maladies dont nous souffrons sont guérissables, et nous ayant faits pour le bien, la nature nous aide quand nous voulons nous amender » (Sénèque, *De ira*, trad. A. Bourgery, Paris, Les Belles Lettres, 1922). Voir G. Pire, « De l'influence de Sénèque sur les théories pédagogiques de J.-J. Rousseau », *AJJR*, Vol. 33, 1953-1955 ; Ch. Brooke, *Philosophic Pride : Stoicism and Political Thought from Lipsius to Rousseau*, Princeton, Princeton University Press, 2012.

commisération, clémence, générosité (p. 502-503). Loin de parvenir immédiatement par la raison à l'idée de ses devoirs et à sa place dans le cosmos, Émile devra graduellement apprendre à éprouver le sentiment de son attachement à l'humanité ; ce n'est qu'au terme d'une longue culture qu'il parviendra à l'idée d'une « identité de nature » avec ses semblables et qu'il éprouvera le lien affectif (et non rationnel) qui l'unit à eux et ancre réflexivement ses devoirs à l'égard de l'humanité (p. 520). Ce n'est qu'en prenant conscience de leur *vulnérabilité* commune que les hommes accèderont à l'idée d'*humanité* : le sentiment d'une commune condition provient de l'exposition de tous aux « misères » de l'existence (souffrance, vieillesse, maladie, mort). Enfin, le bonheur sera mesuré non à l'aptitude des hommes à se camper de manière héroïque face à cette vulnérabilité, mais à leur capacité à l'accueillir dans la solidarité. Contrairement au sage stoïcien, l'élève du gouverneur ne pensera pas que tout homme peut se montrer indifférent aux coups du sort. Pour Rousseau, les pauvres qui composent l'essentiel du genre humain sont acculés à la misère et il ne relève absolument pas de leur volonté ou de leur force d'âme de s'élever au-dessus de leur place et de dominer leur destin. Aucune sagesse n'exempte le pauvre des maux de son état et de la rigueur du sort : « que gagne Épictète de prévoir que son maître va lui casser la jambe ? La lui casse-t-il moins pour cela ? Il a par-dessus son mal, le mal de la prévoyance. Quand le peuple serait aussi sensé que nous le supposons stupide, que pourrait-il être autre que ce qu'il est, que pourrait-il faire autre que ce qu'il fait ? » (p. 510). Quoiqu'elle progresse elle aussi par cercles concentriques, du plus proche au plus lointain, la sagesse rousseauiste sera à cet égard aux antipodes de la sagesse stoïcienne ;

elle sera hantée par le phénomène de l'inégalité sociale et de l'asymétrie des places[1].

Moyennant ces ruptures, il n'est pas exclu de penser que Rousseau invente une nouvelle *paideia* pour l'homme sensible. Le discours parénétique qu'il propose en exhortant et conseillant le gouverneur est une reprise moderne du thème antique de la vraie philosophie : pour que la *philosophia* ne s'altère pas en *philologia*, amour du discours et non de la sagesse, il importe que la « nature » et l'idée d'ordre naturel ne soient pas seulement objet de vaines paroles et de découvertes spéculatives.

Découvrir la nature

Dans un texte célèbre de l'incipit du livre I, l'auteur d'*Émile* propose une analogie entre l'éducation et l'agriculture, l'élevage ou le dressage :

> Tout est bien sortant des mains de l'Auteur des choses, tout dégénère entre les mains de l'homme. Il force une terre à nourrir les productions d'une autre, un arbre à porter les fruits d'un autre ; il mêle et confond les climats, les éléments, les saisons ; il mutile son chien, son cheval, son esclave ; il bouleverse tout, il défigure tout, il aime la difformité, les monstres ; il ne veut rien tel que l'a fait la nature, pas même l'homme ; il le faut dresser pour lui, comme un cheval de manège ; il le faut contourner à sa mode, comme un arbre de son jardin (I, p. 245).

Rousseau semble ici s'inspirer des tentatives de théodicées, et plaider à son tour la cause de Dieu, qu'il innocente du mal créé par l'homme – ce sera l'un des mots

---

1. Nous nous permettons de renvoyer à Céline Spector, *Rousseau et la critique de l'économie politique*, Pessac, Presses Universitaires de Bordeaux, 2017.

d'ordre, au livre IV, de la Profession de foi du vicaire savoyard. En même temps, le philosophe ridiculise les prétentions prométhéennes des sciences et des arts depuis Bacon[1] et contribue au désenchantement de la modernité. Dominer la nature, en devenir comme maître et possesseur, n'est pas plus dans l'intention de Rousseau que d'en arracher les secrets ou d'en « lever le voile »[2]. Dès lors, il faudra découvrir la nature sous les strates de la civilisation.

Mais comment revenir à l'origine perdue, après les critiques sceptiques faisant valoir que la nature n'est qu'habitude, ou première coutume ? Comment retrouver la nature primitive, puisque la nature est recouverte par l'histoire, puisque la nature est dénaturée ? Comme dans le second *Discours*, Rousseau ne prétend pas seulement atteindre la nature par une méthode comparative, en recherchant ce qui est commun une fois retranchées les particularités et les contingences (p. 550), mais aussi par le recours à la fiction. Sa morale expérimentale ne s'en tient pas à l'observation directe ; elle fait aussi appel à l'imagination. Selon Yves Citton, Rousseau procède de la sorte à une inversion : le réel étant une malfaçon ou une mauvaise fiction, mieux vaut la fiction chimérique d'*Émile* qui constitue un « modèle » et nous permet de mieux juger du réel ; sous le désordre du monde apparaît alors un nouvel ordre possible[3].

Émile est une vaste expérience de pensée qui regorge de détours fictionnels conçus comme des dispositifs expérimentaux. L'auteur ne cesse de prendre à parti son lecteur qui jugera sans doute l'élève et sa compagne

1. Bacon, *La Nouvelle Atlantide*, Paris, GF-Flammarion, 2000, p. 122.
2. *DSA*, p. 15.
3. Voir Y. Citton, « La preuve par l'*Émile*. Dynamique de la fiction chez Rousseau », *Poétique* 100, 1994, p. 413-425.

« fantastiques », alors qu'ils ne sont qu'ordinaires, quoique placés dans des circonstances qui ne le sont pas. La fiction permet d'élargir les possibles, d'inscrire l'observation dans un nouveau champ de vision. Sans perdre de vue le réel, Rousseau veut être « visionnaire » : dès lors que l'homme n'est plus à l'état de nature, il faut redoubler d'art et user de l'imagination pour mieux rejoindre la nature. L'éducation est une technique qui permet de s'opposer aux arts mensongers et pervers créés par la civilisation européenne[1]. La fiction rousseauiste de la nature s'oppose ainsi à la réalité indigne du monde et à l'arbitraire de l'ordre social. Elle s'oppose, en ouvrant d'autres voies possibles, aux usurpations des institutions.

Il reste à savoir ce qu'est la nature originelle qui fournit le critère, l'étalon et la norme de l'éducation. Cette nature est définie par Rousseau comme l'ensemble de nos dispositions avant toute altération, c'est-à-dire avant la contrainte des habitudes et l'influence des opinions. La nature est ce que nous sommes avant d'être modifiés et déformés, en société, par les manières de penser, de sentir et d'agir de nos contemporains. Le « naturel » relève de nos passions, identiques pour tous. Rousseau insiste sur l'unité invariante de la nature humaine. Noble ou paysan, riche ou pauvre, l'homme a d'abord le même estomac. Son existence tient à ses besoins naturels et nécessaires. La révolution de l'égalité doit être la conséquence de ce simple fait :

> Sitôt qu'Émile saura ce que c'est que la vie, mon premier soin sera de lui apprendre à la conserver. Jusqu'ici je n'ai point distingué les états, les rangs, les fortunes ; et je ne

1. L. Fedi, « Les paradoxes éducatifs de Rousseau », *Revue philosophique de la France et de l'étranger*, vol. 136, n° 4, 2011, p. 487-506.

les distinguerai guère plus dans la suite, parce que l'homme est le même dans tous les états; que le riche n'a pas l'estomac plus grand que le pauvre et ne digère pas mieux que lui; que le maître n'a pas les bras plus longs ni plus forts que ceux de son esclave; qu'un grand n'est pas plus grand qu'un homme du peuple; et qu'enfin les besoins naturels étant partout les mêmes, les moyens d'y pourvoir doivent être partout égaux (p. 466).

Suivre la nature revient donc à concevoir l'éducation comme refus des mauvaises coutumes et des opinions perverties : l'enfant ne doit pas être influencé ni corrompu. Aussi ne faut-il conserver que les habitudes « conformes à la nature » (I, p. 248). Émile ne devra pas s'habituer au confort ni au luxe; il devra être endurant et capable d'affronter la faim, le froid, la douleur, et tous les coups de la fortune. Il devra aussi, positivement, s'accoutumer à ce qui pourrait lui faire peur, lui déplaire ou le dégoûter : rester dans le noir, regarder des araignées, toucher des crapauds.

Mais la nature s'entend aussi comme une inclination spontanée : elle recherche le plaisir et fuit la douleur, désire l'utile et fuit le nuisible, vise ce qui convient ou ce qui est bon et s'écarte de ce qui ne convient pas et nuit, sans norme transcendante du bien et du mal (I, p. 248). La nature, pour l'homme, réside dans la passion primitive et fondamentale de l'amour de soi qui crée l'unité de sa sensibilité. Un passage important du livre I le précise d'emblée : « Nous naissons sensibles, et dès notre naissance nous sommes affectés de diverses manières par les objets qui nous environnent » (*ibid.*). La nature humaine est sensibilité, aptitude à être affecté. Rousseau le soulignera plus loin : « Exister pour nous, c'est sentir ». Mais cette nature sensible n'est pas seulement physique, réduite à l'aptitude à la sensation comme chez les néo-épicuriens dans le style de La Mettrie, de sa *Vénus physique* et de son *Art de jouir.* Comme nous le verrons, l'auteur d'*Émile* défend l'existence d'une sensibilité morale. Il réfute les philosophes modernes et la « secte » des matérialistes dans la Profession de foi du vicaire savoyard. Néanmoins, il accepte la redéfinition du concept de nature depuis l'avènement, au siècle précédent, de la physique expérimentale. La nature comprend une dimension physique, celle des corps, régie par les *lois des corps*, et une dimension morale, celle des cœurs, régie par les *lois du cœur.*

Dès lors, l'invention de la morale expérimentale est celle d'une nouvelle « théorie de l'homme ». Rousseau veut répondre au défi de la science de l'homme posé dans l'introduction du second *Discours* : le « Connais-toi toi-même » doit trouver une réponse nouvelle, après les errances symétriques de la philosophie jusnaturaliste (idéaliste) et matérialiste. Là où le second *Discours* livrait une histoire naturelle de l'espèce caractérisée par la « perfectibilité », *Émile* esquisse plutôt une *histoire naturelle de l'homme* au cours de son existence. Il y va de la perfectibilité d'Émile dans l'éducation, même si Rousseau n'utilise pas le terme : l'usage de la raison et des passions doit être orienté vers le meilleur et détourné du pire. Comme on l'a suggéré[1], la raison elle-même a une histoire : elle n'est qu'une disposition à connaître, c'est-à-dire à exercer ses sens, sa mémoire, son imagination, son jugement, en vertu d'un processus qui suppose une acquisition progressive des idées et une appréhension progressive des rapports physiques et moraux. Avec Locke et Buffon, Condillac est

---

1. G. Radica, *L'Histoire de la raison, Anthropologie, morale et politique chez Rousseau*, Paris, Champion, 2008.

l'interlocuteur incontournable : si Rousseau nie, dans le
Manuscrit Favre, avoir eu « dessein de faire ici un traité
des sensations »[1], il conçoit sa théorie de l'homme comme
une restitution de la genèse des facultés, des sensations
aux idées simples, des idées simples aux idées complexes
et au jugement. Tout en critiquant Helvétius, La Mettrie
ou Diderot, le philosophe expérimente une forme nouvelle
d'empirisme qui travaille sur le matériau sensible sans le
réduire, pour autant, à la matière des sensations. L'inégalité
des esprits, à cette enseigne, n'est pas seulement l'effet
des circonstances et de l'éducation : elle est également due
à l'activité libre des hommes[2].

Enfin, la nature est le guide de l'éducation. L'art doit
suivre la nature, la prendre pour modèle de la *praxis*[3]. Ce
sont les premiers mots de l'ouvrage : l'homme, par ses
institutions, dénature tout ; il introduit le mal et la
monstruosité dans une nature naturellement bonne. Pour
autant, il ne s'agit pas de s'abstenir de tout art ou de toute
intervention sur l'homme : « Sans cela tout irait plus mal
encore, et notre espèce ne veut pas être façonnée à demi »
(p. 245). Il s'agira donc, pour façonner l'homme nouveau,
de vaincre les préjugés sociaux et la corruption des mœurs.
Dans *Émile*, on ne tentera pas de substituer de bonnes
institutions à celles qui ont dénaturé l'homme (« tout n'est
que folie et contradiction dans les institutions humaines »,
II, p. 306), mais de penser une culture conforme à la nature.
Il s'agira de diriger les discours et les actions qui environnent

---

1. *Ms F*, f° 99r°, p. 191. Voir les notes d'André Charrak à son édition
d'*Émile* (GF-Flammarion, 2009) et J. Lenne-Cornuez, *Être à sa place*,
op. cit., p. 54 *sq.* Et Condillac, *Traité des sensations*, Paris, Fayard,
« Corpus des œuvres de philosophie en langue française », 1984.

2. Notes sur *De l'esprit*, *OC* IV, p. 1129.

3. Voir F. Worms, *Émile ou de l'éducation*, *op. cit.*, p. 26-43.

l'enfant et informent ses dispositions. Le gouverneur devra donc connaître la « marche de la nature » pour réduire l'environnement de son élève aux rapports qu'il peut effectivement maîtriser, grâce à ses idées et facultés. Pour le gouverneur, suivre la nature revient à observer les stades du développement et à s'y adapter. Dans le Ms Favre [106 r°], les repentirs sont nombreux : « c'est la nature qui ~~me l'indique c'est elle qui le fait~~ *choisit* ~~pour moi~~ *le marque* »[1]. La formule finale d'*Émile* reviendra au premier jet, par-delà les biffures : « c'est la nature elle-même qui l'indique » (p. 428). Sans doute Rousseau marque-t-il ainsi la place ambiguë du gouverneur qui, tout en s'adaptant à la nature, ne saurait être dépossédé de toute marge de manœuvre : il lui revient de choisir, ce qui conduit l'auteur à abandonner les formules initiales indiquant que la nature « choisit » ou « marque » elle-même les modalités de l'éducation. Le gouverneur n'est pas seulement l'instrument passif de la nature : il use pour disposer de la *paideia* des leviers du cœur humain[2].

À ce titre, trois dimensions de l'éducation doivent être impérativement distinguées : l'éducation de la nature, celle des hommes et celle des choses. La première concerne le développement interne de nos facultés et de nos organes, la deuxième l'usage qu'on apprend à faire de ce développement, la troisième l'acquis de notre propre expérience face aux objets qui nous affectent (I, p. 247). Dans son annotation de l'œuvre, André Charrak rappelle que cette tripartition issue de Plutarque peut être entendue de la manière suivante : l'éducation *de la nature* désigne

1. *Ms F*, p. 212.
2. Nous nous permettons de renvoyer à notre article « Marche de la nature et système du monde », dans *La Fabrique d'Émile. Commentaire des Manuscrits Favre*, L. Guerpillon, F. Brahami (éd.), Paris, Vrin, 2022.

le progrès interne des organes et des facultés de l'individu, qui est naturel et nécessaire ; l'éducation *des hommes* suppose l'intervention d'agents, notamment d'un gouverneur qui promeut le « bon usage » des organes et des facultés de l'enfant ; l'éducation *des choses* est « l'acquis de notre propre expérience sur les objets qui nous affectent »[1]. Dès lors, le mot d'ordre de l'éducation réside dans la convergence entre ces trois formes d'éducation qui risquent toujours d'être dissociées : *l'éducation des hommes* qui seule dépend de nous doit s'ordonner à *l'éducation de la nature* qui ne dépend pas de nous et jouer de *l'éducation des choses* qui n'en dépend qu'en partie. L'éducation doit suivre le progrès des dispositions ou la « marche de la nature », sans perturber ce développement ; elle doit ériger une « enceinte » autour de l'âme pour ne pas introduire le désordre et la contradiction en l'homme. C'est cette mise en œuvre originale de la sagesse stoïcienne (articuler ce qui dépend de nous à ce qui n'en dépend pas) qui commande la scansion de l'éducation en différentes phases, que suit l'*Émile* dans l'ordre de ses différents livres. C'est elle qui impose la définition de l'éducation domestique comme « éducation négative ».

L'ÉDUCATION NÉGATIVE

L'éducation selon la nature se définit pour Rousseau comme une *éducation négative*. Il ne s'agit pas de toujours *laisser faire* la nature, mais plutôt d'empêcher la contradiction de surgir en l'homme[2]. À l'abri des préjugés et des vices du siècle, l'enfant et l'adolescent devront

---

1. Rousseau, *Émile*, Paris, GF-Flammarion, 2009, p. 695-696.
2. F. Worms, *Émile ou de l'éducation*, *op. cit.*, p. 34.

protéger l'unité et la cohérence de leurs dispositions et de leurs affections, éviter de laisser la division s'introduire en eux sous l'effet d'influences perverses. Au livre II, Rousseau évoque même une éducation « purement » négative à propos de la « première éducation », avant l'âge de douze ans :

> La première éducation doit donc être purement négative. Elle consiste, non point à enseigner la vertu ni la vérité, mais à garantir le cœur du vice et l'esprit de l'erreur. Si vous pouviez ne rien faire et ne rien laisser faire ; si vous pouviez amener votre élève sain et robuste à l'âge de douze ans, sans qu'il sût distinguer sa main droite de sa main gauche, dès vos premières leçons les yeux de son entendement s'ouvriraient à la raison ; sans préjugés, sans habitudes, il n'aurait rien en lui qui pût contrarier l'effet de vos soins. Bientôt il deviendrait entre vos mains le plus sage des hommes ; et en commençant par ne rien faire, vous auriez fait un prodige d'éducation (II, p. 323).

L'éducation négative forme d'abord le corps et non l'esprit ; elle exerce les membres mais n'enseigne rien ; elle laisse le sujet ignorant, vierge de toute influence néfaste ou de toute idée adventice, de telle sorte qu'il puisse progressivement ouvrir – l'expression est fascinante – les « yeux de son entendement ». Un peu plus loin au livre II, Rousseau mentionne sa « méthode inactive », en signifiant par-là que le gouverneur ne doit donner aucune leçon (scientifique, technique ou morale) à son disciple. Conscient que cette méthode révolutionnaire suscitera un flot d'objections et que l'on attaquera en particulier le risque d'un esprit engourdi par une longue inaction, Rousseau répond : « L'habitude de penser dans l'enfance en ôte la faculté durant le reste de la vie ». L'enfant éduqué par le gouverneur ne sera-t-il pas stupide ? L'auteur d'*Émile* ne s'y arrête pas. Ce qui lui importe est ailleurs : « Laissez longtemps agir la nature avant de vous mêler d'agir à sa place, de peur de contrarier ses opérations ». Il faut savoir perdre du temps pour ne pas mal instruire, et accepter que le jeune enfant passe ses premières années à « ne rien faire », ou plutôt à jouir de son bien-être présent, à folâtrer, jouer, chanter, courir, sauter. Dans la Lettre à Christophe de Beaumont, Rousseau distinguera plus précisément encore l'éducation positive et l'éducation négative :

> J'appelle éducation positive celle qui tend à former l'esprit avant l'âge et à donner à l'enfant la connaissance des devoirs de l'homme. J'appelle éducation négative celle qui tend à perfectionner les organes, instruments de nos connaissances, avant de nous donner ces connaissances et qui prépare à la raison par l'exercice des sens. L'éducation négative n'est pas oisive, tant s'en faut. Elle ne donne pas les vertus, mais elle prévient les vices ; elle n'apprend pas la vérité, mais elle préserve de l'erreur. Elle dispose l'enfant à tout ce qui le mène au vrai quand il est en état de l'entendre, et au bien quand il est en état de l'aimer[1].

Ainsi s'agit-il de « garantir » plus que « d'enseigner », d'éviter la pénétration dans l'esprit et le cœur de préjugés et de vices, plus que d'instruire et de moraliser. Dans les *Considérations sur le gouvernement de Pologne*, Rousseau le soulignera de nouveau : « Je ne redirai jamais assez que la bonne éducation doit être négative. Empêchez les vices de naître, vous aurez fait assez pour la vertu »[2].

---

1. *Beaumont*, p. 945. Un commentaire de ce texte est en préparation au sein du Groupe Jean-Jacques Rousseau (sous la direction de Ch. Litwin et J. Lenne-Cornuez).
2. *CGP*, p. 968.

L'éducation négative suppose donc que l'enfant soit isolé et que l'on sélectionne avec le plus grand soin les objets et les personnes qui l'entourent. Élevé à la campagne, Émile sera protégé de la corruption des grandes villes et intégré à un monde entièrement conçu pour le mettre à l'abri des influences néfastes. Retardant autant que possible l'éveil de son entendement mais aussi de sa sensualité, le gouverneur aura pour tâche de ménager le développement futur de ses facultés. Même si la logique du « vase clos » ne sera pas tout à fait respectée (l'orphelin vit sur un domaine, il a un jardinier, il croise des individus à la foire et des enfants avec lesquels il peut organiser une course en forêt, il a une sœur qu'il considère d'abord comme sa « montre »), elle impose une forme de « laboratoire » dont le gouverneur reste le maître. Celui-ci doit orienter et guider l'enfant et l'adolescent à son insu, sans imposer sa volonté, en jouant sur la disposition des rapports au sein duquel l'enfant sera placé. Rousseau force le paradoxe : Émile devra être maintenu dans l'ignorance et l'innocence aussi longtemps que possible. Loin d'enseigner les devoirs de l'homme, l'éducation « négative » en matière morale doit surtout gagner du temps, donner le change à la nature sans rompre avec elle : « c'est ainsi qu'en ménageant les exemples, les leçons, les images, vous émousserez longtemps l'aiguillon des sens, et donnerez le change à la Nature, en suivant ses propres directions » (p. 518). L'action du gouverneur se situe au point de jonction de la nature et de la culture : il réoriente le matériau passionnel qui existe déjà, s'insère dans le naturel pour mieux l'achever. La bonne culture s'apparente à l'agriculture, elle respecte les directions esquissées par la nature et la fait fructifier.

Aussi faut-il prévenir les malentendus sur l'éducation négative en spécifiant les règles de la morale expérimentale conçue par Rousseau.

1. *L'éducation négative n'est pas une transmission du savoir*, mais une *mise en situation* qui permet à l'enfant ou à l'adolescent de se confronter au monde, ou du moins à un aspect du monde que le gouverneur aura agencé pour lui. L'enfant ne doit rien apprendre sous forme de leçons ou d'instruction, ni sous la forme d'un argument d'autorité, sous peine de se payer de mots. Il ne doit apprendre que de l'expérience elle-même. Évitant la précocité des apprentissages, l'éducation négative sera donc d'autant plus protectrice à l'égard des germes de corruption[1]. Pour mieux « suivre l'ordre de la nature », elle devra s'abstenir de toute intervention précoce pour la modifier ou la corriger, de peur de la contrarier. Elle visera à éviter la dégénérescence physique et la déchéance morale.

2. Pour autant, *l'éducation négative n'est pas oisive*. Le gouverneur devra agir, sans cesse, en usant de dispositifs ingénieux et de stratégies dilatoires. Il devra constamment épier son disciple, agencer et contrôler son environnement dans le moindre détail. Au sein de ce « laboratoire », la liberté d'Émile sera une liberté surveillée : s'il doit d'abord gambader et jouer plutôt qu'étudier, s'il doit profiter de sa folâtre enfance sans s'escrimer sur des versions latines,

---

1. Voir Ch. Martin, « *Éducations négatives* » : *fictions d'expérimentation pédagogique au dix-huitième siècle*, Paris, Classiques Garnier, 2010, p. 56-80. L'auteur cite une Pensée inédite de Montesquieu qui anticipe cette proposition (*Mes Pensées*, n° 1689, citée p. 59). Voir aussi F. Guénard, « Rousseau contre Locke : la critique des éducations traditionnelles », dnas *Rousseau et le travail de la convenance*, Paris, Champion, 2004, p. 189-200.

c'est sous le regard vigilant du gouverneur, qui prévoit tout et pourvoit à tout. Loin de demeurer sans rien faire, le gouverneur devra sans cesse ménager les situations qui environnent l'enfant plutôt qu'intervenir de manière autoritaire et directe : il s'agit de « tout faire en ne faisant rien » (p. 362).

3. *L'éducation négative n'est pas une forme d'inculture ; elle apprend à bien juger.* Certes, il ne s'agit pas d'une éducation livresque. Mais le moment venu, Émile devra aussi connaître l'espace en le parcourant et en l'explorant, mesurer, peser, se situer et cartographier ; plus tard, il s'initiera à des sciences moins physiques et plus éloignées de la matérialité sensible du monde ; au livre III, il apprendra l'économie politique axée sur la « valeur » des arts par la visite des ateliers d'artisan ; au livre IV, il s'initiera au monde social et historique qui met en jeu la « valeur » des hommes par les fables ou par l'histoire, et il se formera le goût pour déterminer le mérite ou la « valeur » des œuvres ; au livre V, il apprendra les principes du droit politique et les critères d'un bon gouvernement. Dans tous ces cas, il apprendra à *exercer son jugement* de manière autonome, sans se laisser influencer par les préjugés en vogue, en ne se laissant pas aveugler par les évaluations arbitraires qui forgent un monde « aliéné ». Il apprendra à s'orienter dans le monde des choses et dans le monde des hommes, à s'orienter dans l'espace et dans la pensée sans que rien d'étranger ne le détermine.

4. *L'éducation négative n'est pas vide ; elle évite seulement l'arbitraire des signes et les conventions factices qui peuvent perturber et vicier le jugement.* De ce fait, Émile n'apprendra pas les sciences de mots ou de purs

signes opposées aux sciences de choses, soit « le blason, la géographie, la chronologie, les langues etc. » qui sont selon Rousseau dénuées de toute utilité pour l'enfant (II, p. 346). Longtemps, la connaissance des symboles lui restera étrangère, puisque ces symboles n'ont de sens et de valeur que dans le monde social. En tant qu'enfant, le cercle limité de ses idées devra tourner autour de lui-même, de sa vie matérielle, sensible et incarnée. Dans tous ces cas de figure, l'élève sera mû par son désir naturel de bien-être et non par un vain désir de culture ou de distinction. Il sera à la fois, nous le verrons, spectateur et acteur de son éducation – n'étant spectateur que pour devenir acteur. Il devra « inventer » la science plus que la découvrir comme un corps étranger, au risque parfois de croire à des aberrations, en privilégiant le géocentrisme plutôt que l'héliocentrisme.

5. *L'éducation négative n'est pas sans médiations : elle éduque les instruments du jugement.* Enfin, l'éducation négative éduque d'abord les organes ou les instruments qui serviront à bien juger, sans préjuger. L'apprentissage de la physique expérimentale et de la morale expérimentale suppose de savoir bien user de leurs instruments. À ce titre, l'éducation des sens fait pleinement partie de l'éducation négative. Buffon en avait déjà affirmé la nécessité. À ses yeux, les enfants mettent longtemps avant d'avoir des sensations justes et complètes : « Les sens sont des espèces d'instruments dont il faut apprendre à se servir ; celui de la vue, qui paraît être le plus noble et le plus admirable, est en même temps le moins sûr et le plus illusoire, ses sensations ne produiraient que des jugements faux s'ils n'étaient à tout instant rectifiés par le témoignage

du toucher »[1]. Rousseau s'inspire de cette vision d'un apprentissage progressif : l'éducation naturelle est d'abord, de manière toute prosaïque, un apprentissage qui permet aux organes de fonctionner correctement.

Là où l'éducation positive s'entend comme instruction et transmission, l'éducation négative s'entend donc comme préparation des dispositions : il s'agit de perfectionner les organes. La thématique de l'instrument est cruciale dans *Émile* : l'éducation donne des outils, non un « bagage ». Elle nous apprend d'abord à « bien connaître l'usage de nos forces, les rapports de notre corps aux corps environnant, l'usage des instruments naturels qui sont à notre portée et qui conviennent à nos organes » (II, p. 369) avant de faire de même pour l'esprit. Perfectionner nos instruments nous permettra ensuite d'acquérir par nous-mêmes les connaissances que l'éducation traditionnelle transmet trop tôt. La raison sera, après les sens, un bon instrument s'il est bien formé. Plus encore, l'éducation devra nous apprendre à fabriquer nous-mêmes nos instruments, afin d'éviter de dépendre de l'outillage social disponible : « Je veux que nous fassions nous-mêmes toutes nos machines, et je ne veux pas commencer par faire l'instrument avant l'expérience ; mais je veux qu'après avoir entrevu l'expérience comme par hasard nous inventions peu à peu l'instrument qui doit la vérifier » (II, p. 442). Mieux vaut des instruments imparfaits que nous saurions maîtriser et comprendre de l'intérieur, plutôt qu'une aliénation dans les techniques qui déréaliserait l'apprentissage. Mieux vaut une appropriation réelle des connaissances qui passe par la manipulation plutôt que la réception passive d'un

1. Buffon, *Œuvres*, « Bibliothèque de la Pléiade », Paris, Gallimard, 2007, p. 194.

savoir abstrait. À ces conditions, l'éducation disposera réellement l'enfant et l'adolescent à la recherche de la vérité et du beau esthétique et moral. C'est cette culture de nos dispositions, cet apprentissage du *bon usage*[1] des instruments qui est au cœur de la *paideia* rousseauiste.

LA BONTÉ NATURELLE DE L'HOMME

Que ce soit dans le domaine épistémique ou éthique, l'éducation négative doit éviter d'altérer les dispositions originelles : loin de tout dressage, elle s'appuie sur des dispositions naturellement droites pour éviter de les déformer et de les corrompre[2]. C'est en raison de la bonté naturelle que l'éducation peut prolonger le naturel au lieu de s'y opposer. Dans le même esprit, Saint-Preux rapporte les idées de Wolmar dans sa lettre sur l'éducation : « Il n'y a point, dit-il, d'erreurs dans la nature. Tous les vices qu'on impute au naturel sont l'effet des mauvaises formes qu'il a reçues »[3]. Cela tient à un postulat d'origine stoïcienne : comme l'écrit Sénèque, « on se trompe si l'on croit que nos vices naissent avec nous : ils nous sont survenus, on nous les inculque.[…] La nature ne nous prédispose pour aucun vice : elle nous a engendrés purs et libres de souillures »[4].

Tout repose donc sur l'hypothèse de la bonté naturelle de l'homme. *Émile* n'est pas seulement un traité d'éducation,

---

1. Voir G. Radica, « L'usage chez Rousseau, entre propriété et activité », dans *Philosophie de Rousseau*, B. Bachofen, B. Bernardi, A. Charrak, F. Guénard (éd.), Paris, Classiques Garnier, 2014, p. 37-50.

2. Voir la comparaison avec Locke, dans F. Guénard, *Rousseau et le travail de la convenance*, *op. cit.*, p. 186-200.

3. *NH*, V, 3, p. 563.

4. Sénèque, *Lettres à Lucilius*, XCIV, 55.

mais aussi un système philosophique fondé sur ce principe ou cet axiome. Une lettre à Cremer reprend ce thème :

> Vous dîtes très bien qu'il est impossible de faire un Émile. Mais je ne puis croire que vous preniez le livre qui porte ce nom pour un vrai traité d'éducation. C'est un ouvrage assez philosophique sur ce principe avancé par l'auteur dans d'autres écrits *que l'homme est naturellement bon*. Pour accorder ce principe avec cette autre vérité non moins certaine que les hommes sont méchants, il fallait dans l'histoire du cœur humain montrer l'origine de tous les vices. C'est ce que j'ai fait dans ce livre souvent avec justesse et quelquefois avec sagacité[1].

La Lettre à Beaumont insistera encore sur le lien entre l'axiome de la bonté naturelle et la méthode de l'éducation négative :

> Si l'homme est bon par sa nature, comme je crois l'avoir démontré, il s'ensuit qu'il demeure tel tant que rien d'étranger à lui ne l'altère ; et si les hommes sont méchants, comme ils ont pris peine à me l'apprendre, il s'ensuit que leur méchanceté leur vient d'ailleurs : fermez donc l'entrée au vice, et le cœur humain sera toujours bon. Sur ce principe, j'établis l'éducation négative comme la meilleure ou plutôt la seule bonne : je fais voir comment toute éducation positive suit, comme qu'on s'y prenne, une route opposée à son but ; et je montre comment on tend au même but, et comment on y arrive par le chemin que j'ai tracé (p. 945).

Fermer la porte au vice est le but premier de l'éducation. L'altération vient du dehors ; elle est une *aliénation*. Dans les *Dialogues*, Rousseau évoquera la métaphore de la

---

1. Lettre à Philibert Cramer, oct. 1764, *CC*, XXI, n°3564, p. 248.

fermeture des portes pour figurer la clôture du cœur aux influences pernicieuses qui s'y introduisent de l'extérieur :

> *Émile* en particulier, ce livre tant lu, si peu entendu et si mal apprécié n'est qu'un traité de la bonté originelle de l'homme, destiné à montrer comment le vice et l'erreur, étrangers à sa constitution, s'y introduisent du dehors et l'altèrent insensiblement (*Dialogues*, p. 934).

> Il a consacré son plus grand et meilleur ouvrage à montrer comment s'introduisent dans notre âme les passions nuisibles, à montrer que la bonne éducation doit être purement négative, qu'elle doit consister, non à guérir les vices du cœur humain, puisqu'il n'y en a point naturellement, mais à les empêcher de naître, et à tenir exactement fermées les portes par lesquelles ils s'introduisent (*Dialogues*, p. 687).

Il reste que Rousseau ne démontre pas la bonté naturelle de l'homme : disons plutôt qu'il la postule ou qu'il en formule l'hypothèse. Cette hypothèse au fondement de la « théorie de l'homme » est à ses yeux la plus probable – au point de figurer au titre de « vérité » morale, attestée de manière introspective[1].

Que signifie au juste cette bonté naturelle ? Si l'on s'en tient aux leçons du second *Discours*, où l'expression n'apparaissait pas encore, il est possible de dégager trois thèses :

1) homme régi par *l'amour de soi*, qui peut satisfaire ses besoins fondamentaux, ne voudra pas nuire à ses semblables, ni entrer en rivalité avec eux ; il ne

---

1. J. Cohen, « The Natural Goodness of Humanity », in *Reclaiming the History of Ethics. Essays for John Rawls*, A. Reath, B. Herman, C. Korsgaard (eds.), Cambridge, Cambridge University Press, 1997, p. 102-139 ; A. Melzer, *Rousseau. La bonté naturelle de l'homme*, trad. J. Mouchard, Paris, Belin, 1998.

voudra pas les dominer, les blesser, les offenser ou les détruire. Ce fait est d'abord infra-rationnel et infra-moral ; il tient à nos passions primitives ou aux « principes » que Rousseau décèle dans la constitution originaire de l'humanité, à défaut de la sociabilité (dont l'existence est affirmée par les jusnaturalistes comme Grotius ou Pufendorf). Telle est la formule négative qui revient sans cesse sous la plume de Rousseau : le philosophe souligne « l'absence de perversité » originaire dans le cœur humain. Aux antipodes de Sade, il ne voit en l'homme nulle cruauté perverse, nul désir de souffrir ou de faire souffrir. La bonté de l'homme est celle de l'amour de soi, passion légitime tant qu'elle ne devient pas amour-propre.

2) Toutefois, cette bonté naturelle a aussi un contenu positif : même si l'homme n'est pas mû par le désir de société ni par une disposition naturelle à vivre en harmonie avec ses semblables, il est doté d'une seconde disposition originaire, ou d'un second « principe » qui dans le second *Discours* complète l'amour de soi : la *pitié* qui servira de fondement à toutes les vertus sociales. Par la pitié, l'homme est instinctivement touché par la souffrance de toutes les créatures sensibles de façon immédiate et anté-réflexive. La pitié est une empathie spontanée, qui ne passe pas par la médiation de représentations : « vertu d'autant plus universelle et d'autant plus utile à l'homme, qu'elle précède en lui l'usage de toute réflexion, et si naturelle que les bêtes mêmes en donnent quelquefois des signes sensibles » (*DOI*, p. 154).

3) Corrélativement, bonté n'est pas vertu : la bonté spontanée est inconsciente, en deçà du bien et du mal, là où la vertu suppose effort et disposition consciente à vaincre ses inclinations maléfiques. Bonté et vertu diffèrent car la seconde est maîtrise et tempérance. Le gouverneur l'explicitera plus loin : « Qu'est-ce donc que l'homme vertueux ? c'est celui qui sait vaincre ses affections. Car alors il suit sa raison, sa conscience, il fait son devoir. Jusqu'ici tu n'étais libre qu'en apparence ; tu n'avais que la liberté précaire d'un esclave à qui l'on n'a rien commandé. Maintenant sois libre en effet ; apprends à devenir ton propre maître ; commande à ton cœur, ô Émile, et tu seras vertueux » (V, p. 818).

D'un point de vue religieux, la thèse est ancrée dans le refus de l'hypothèse du péché originel – ce pourquoi *Émile* fera scandale. C'est ce qu'a montré Arthur Melzer : en disant que « les premiers mouvements de la nature sont bons et droits », Rousseau entend nous dédouaner de la culpabilité et rendre leur énergie spontanée aux âmes viciées par le christianisme mal entendu ; le philosophe considère que l'hypothèse du péché est une hypothèque qui nuit gravement à la moralité des hommes. À ses yeux, aucune inclination naturelle n'est mauvaise, c'est-à-dire nuisible, illusoire, impossible ou contradictoire[1]. Dans la Lettre à Beaumont, Rousseau s'en expliquera longuement pour mieux se défendre (p. 937-940). Contre les augustiniens et les jansénistes, il jugera alors l'hypothèse du péché originel non seulement *incompréhensible*, car la transmission

---

1. A. Melzer, *Rousseau. La bonté naturelle de l'homme, op. cit.*, p. 37.

de la corruption est inexplicable (ce que Pascal admettait aisément[1]), mais profondément *choquante pour notre conscience* : que l'on puisse damner des enfants innocents morts avant le baptême ne peut s'accorder avec nos intuitions morales. La philosophie de Rousseau se veut donc une machine de guerre contre le dogme chrétien du péché originel : ce que Pascal percevait comme une « folie » devant laquelle la foi s'incline devient pour Rousseau une folie pure du christianisme augustinien. La « théorie de l'homme » fondée sur les seules lumières du cœur révèle son antagonisme radical avec la dogmatique du péché. Dans la Lettre à Beaumont, Augustin sera même traité par Rousseau de « rhéteur », car le dogme lui-même est absent des Écritures. Surtout, il n'explique rien : « Le péché originel explique tout excepté son principe, et c'est ce principe qu'il s'agit d'expliquer » (p. 939). En effet, comme le rappelle Rousseau, la méthode généalogique seule peut remonter au principe, en expliquant la transformation causale des passions, leur altération sous l'effet des circonstances, la « fermentation » de l'amour de soi qui devient amour-propre, suscitant *in fine* l'état de guerre (p. 937).

L'explication philosophique qui remonte au principe ne peut donc être que généalogique. « Qui de nous, à votre avis, remonte le mieux au principe ? » (p. 940), demande

---

1. « Nous ne concevons ni l'état glorieux d'Adam, ni la nature de son péché, ni la transmission qui s'en est faite en nous. Ce sont choses qui se sont passées dans l'état d'une nature toute différente de la nôtre et qui passent l'état de notre capacité présente. Tout cela nous serait inutile à savoir pour en sortir et tout ce qu'il nous importe de connaître est que nous sommes misérables, corrompus, séparés de Dieu, mais rachetés par Jésus-Christ ; et c'est de quoi nous avons des preuves admirables sur la terre. » (*Pensées*, Lafuma 430-431).

Rousseau, non sans ironie, à Christophe de Beaumont. Car le principe doit avoir une portée explicative, sans rétro-projeter dans un passé mythique la difficulté qu'il entend expliquer, sans postuler une entité imaginaire (le « tentateur » ou la « tentatrice » du récit de la Genèse). Sur le fond, il est impossible que Dieu ait pu autoriser le péché d'Adam et sa transmission de génération en génération : il serait profondément injuste de considérer la transgression initiale comme un crime punissable, si Adam et Ève étaient privés de la connaissance du bien et du mal ; or nous ne pouvons imputer à Dieu une telle injustice (p. 939). Réfuter le dogme du péché si contraire à la raison, c'est donc comprendre le véritable sens des attributs divins que sont la bonté et la justice. C'est pourquoi l'homme ne peut être que « naturellement bon ».

AUTORITÉ ET LIBERTÉ

Il existe néanmoins une difficulté consubstantielle à l'éducation que Rousseau ne peut aisément résoudre. Grand admirateur de l'*Émile*, Kant a fort bien vu le problème lorsqu'il écrit que l'homme est un *maître qui a besoin d'un maître*. Rousseau est cet éducateur de l'éducateur qui prétend le faire accéder aux principes de l'autonomie. Le philosophe entend éduquer l'éducateur qui éduquera l'enfant selon le même processus, à savoir l'établissement du « règne de [l]a liberté », et non l'empire de la contrainte ou le joug de la violence : « L'esprit de ces règles est d'accorder aux enfants plus de liberté véritable et moins d'empire, de leur laisser plus faire par eux-mêmes et moins exiger d'autrui » (p. 290). Mais ce règne de la liberté n'est pas opposé ici au règne de la nature. L'autonomie est entendue comme capacité de pouvoir faire ce que l'on doit vouloir, sans s'arracher à la nature ou juger pathologiques les dispositions issues de la sensibilité : « La seule habitude qu'on doit laisser prendre à l'enfant est de n'en contracter aucune […] Préparez de loin le règne de sa liberté et l'usage de ses forces en laissant à son corps l'habitude naturelle, en le mettant en état d'être toujours le maître de lui-même et de faire en toute chose sa volonté, sitôt qu'il en aura une » (I, p. 282). L'autonomie est indépendance à l'égard de la volonté d'autrui, capacité à se suffire soi-même, mais non indépendance à l'égard de ses inclinations propres ni mépris du corps et des passions. Cette indépendance désirable, Rousseau la définira au livre II : « Le seul qui fait sa volonté est celui qui n'a pas besoin pour la faire de mettre les bras d'un autre au bout des siens : d'où il suit que le premier de tous les biens n'est pas l'autorité mais la liberté. L'homme vraiment libre ne veut que ce qu'il peut et fait ce qu'il lui plaît. Il ne s'agit que de l'appliquer à l'enfance, et toutes les règles de l'éducation vont en découler » (p. 309).

Tel est l'enjeu de l'éducation négative. Il faut savoir *régler la liberté*, et ne pas abuser de l'autorité : « On a essayé tous les instruments hors un. Le seul précisément qui peut réussir ; la liberté bien réglée » (II, 321). Le lien avec les thèses précédentes se conçoit aisément : l'éducation doit s'entendre comme une manière, pour le maître, de laisser aux dispositions de son disciple les moyens de naître librement, sans se dénaturer. Cela tient à ce que l'homme a naturellement le goût de la liberté. Pour le nourrisson puis l'enfant pré-langagier (*infans*), la liberté est liberté naturelle de mouvement, et c'est elle qui devra être favorisée, en évitant les contraintes inutiles. Le livre I comporte quantité de conseils et de recommandations sur l'hygiène de l'enfant, dont l'une des plus célèbres, outre

la nécessité de l'allaitement, est l'abandon du « maillot »
qui entrave le nourrisson en le privant, comme l'avait déjà
vu Buffon[1], de sa liberté primitive. Mais ensuite, la liberté
devient peu à peu consciente d'elle-même, et l'enfant
s'aperçoit qu'il aime sa liberté plus que tout autre chose.
Émile ne connaît pas de bien supérieur à elle : « Nourri
dans la plus absolue liberté, le plus grand des maux qu'il
conçoit est la servitude » (IV, 536).

Que la liberté soit surveillée n'implique donc pas de
coercition extérieure. L'équilibre est subtil : le gouverneur
devra éviter toute *violence* faite aux penchants et aux
dispositions de l'enfant ; mais il pourra à bon droit *ruser*
et *manipuler*, de telle sorte que l'enfant ignore ce qui le
détermine à agir. De même que le législateur peut user
d'un pieux mensonge pour persuader un peuple jeune
d'adopter de bonnes lois en faisant croire à son autorité
sacrée (*CS*, II, 6-7), l'éducateur peut user de l'illusion pour
faire croire à la liberté et mieux former les mœurs : « Prenez
une route opposée avec votre élève ; qu'il croie toujours
être le maître et que ce soit toujours vous qui le soyez. Il
n'y a point d'assujettissement si parfait que celui qui garde
l'apparence de la liberté ; on captive ainsi la volonté même »
(II, 362). L'un des plus puissants paradoxes de l'éducation
rousseauiste en découle : le gouverneur manipule sans
cesse son élève et conditionne son apprentissage à la liberté ;
il ne cesse de prendre son disciple au piège de mises en
scène qu'il a savamment orchestrées. L'autonomie semble
conditionnée par l'hétéronomie.

Là encore, Rousseau engage un dialogue critique avec
Locke. Celui-ci avait recommandé d'établir son autorité

---

1. Buffon, *Œuvres*, *op. cit.*, p. 198-199 (pour le maillot) et p. 209
(pour l'allaitement).

sur l'enfant afin qu'elle puisse agir sur lui comme un principe naturel, sans qu'il l'éprouve comme une contrainte (§ XCV). Or Rousseau considère que l'établissement même de l'autorité doit être expliqué. Dès la lettre déjà citée de la *Nouvelle Héloïse* de Saint Preux à Milord Édouard décrivant l'éducation donnée à ses enfants par Julie (V, 3, p. 562, note), il souligne que « Locke lui-même, le sage Locke », a oublié d'établir comment s'instaure l'autorité parentale s'il s'agit de ne pas invoquer la raison des enfants, mais plutôt de leur substituer la raison des parents. Qu'il nous soit permis de citer à nouveau cette lettre :

> [...] la première et plus importante éducation, celle précisément que tout le monde oublie est de rendre un enfant propre à être élevé. Une erreur commune à tous les parents qui se piquent de lumières est de supposer leurs enfants raisonnables dès leur naissance, et de leur parler comme à des hommes avant même qu'ils sachent parler. La raison est l'instrument qu'on pense employer à les instruire ; au lieu que les autres instruments doivent servir à former celui-là, et que de toutes les instructions propres à l'homme, celle qu'il acquiert le plus tard et le plus difficilement est la raison même. En leur parlant dès leur bas âge une langue qu'ils n'entendent point, on les accoutume à se payer de mots, à en payer les autres, à contrôler tout ce qu'on leur dit, à se croire aussi sages que leurs maîtres, à devenir disputeurs et mutins ; et tout ce qu'on pense obtenir d'eux par des motifs raisonnables, on ne l'obtient en effet que par ceux de crainte ou de vanité qu'on est toujours forcé d'y joindre.

Dans sa note, Rousseau accuse Locke d'avoir omis, à l'instar des pédagogues ordinaires, la nécessité d'établir l'autorité des gouverneurs et donc d'asseoir l'obéissance des enfants : à ses yeux, le consentement à l'autorité doit être justifié[1]. Locke « dit bien plus ce qu'on doit exiger des enfants, que ce qu'il faut faire pour l'obtenir », accuse Rousseau. De deux choses l'une dès lors : soit l'autorité sera contraignante et s'appuiera sur la crainte des sanctions, soit elle devra reposer sur une forme d'approbation de la raison. Dans les deux cas, l'impasse est évidente : l'éducation ne doit ni forcer, ni dresser, ni supposer un consentement raisonné. Une seule conclusion s'impose : avant que l'enfant n'accède à l'âge de raison et ne décide de consentir à l'autorité du gouverneur, Rousseau *refuse d'user de l'autorité ou de l'empire dans l'éducation*. Moyennant certaines techniques de manipulation, l'éducation sera libre ou ne sera pas.

---

1. Voir J. Marks, « Rousseau's Critique of Locke's Education for Liberty », *The Journal of Politics*, Vol. 74, n°3, 2012, p. 694-706, et J. Lenne-Cornuez, *Être à sa place, op. cit.*, p. 55.

CHAPITRE II

LE LIVRE II : LA RAISON SENSITIVE

La première éducation est celle « de la nature » en tant que développement interne de nos facultés et de nos organes (I, p. 247). Curieusement, la croissance physiologique est donc considérée comme une éducation. Rousseau y tient : l'éducation des hommes, celle du bon usage des facultés, des désirs et des passions, doit se régler sur cette éducation de la nature, des organes et des sens. L'autonomie intellectuelle et morale est indexée sur la croissance physique comme « développement interne ». Dans l'éducation négative, il y va d'abord du développement des forces physiques et des capacités intellectuelles de l'individu à partir de sa double faiblesse et de sa double dépendance initiale. Tel est le fil conducteur des trois premiers livres d'*Émile* : l'acquisition progressive des forces et, corrélativement, des idées, sachant que ces deux aspects sont interdépendants : l'acquisition des idées et de ce que Rousseau nomme la « raison sensitive » doivent être accordées au développement d'abord sensoriel et moteur de l'enfant.

Avant douze ans, l'éducation doit être telle que l'enfant dépende des choses plutôt que des hommes. L'articulation entre le livre I et le livre II d'*Émile* impose donc un triple questionnement : d'un point de vue théorique, comment concevoir à cet âge l'émergence de la conscience de soi ? Comment penser le passage de la raison sensitive à la raison intellective ? Comment comprendre, enfin, l'origine de nos idées morales et sociales, comme l'idée de propriété ?

DÉPENDRE DES CHOSES ET NON DES HOMMES : LA SAGESSE ROUSSEAUISTE

La maxime principale de l'éducation des jeunes enfants est énigmatique : « Dépendre des choses et non des hommes ». On l'a vu, l'éducation d'Émile envisagée par Rousseau est d'abord une éducation à la souffrance physique et au joug de la nécessité, contre toute chaîne morale factice et tout châtiment inapproprié. Si l'âge de l'innocence appelle une éducation qui considère « l'homme dans l'homme et l'enfant dans l'enfant » (p. 303), elle aura d'abord pour objet d'apprendre à endurer les maux physiques tout en prévenant l'introduction de maux moraux qui tiennent à l'opinion. Au livre II, Rousseau l'affirme sans ambages : « nos maux moraux sont tous dans l'opinion », hormis le crime. Il importe pour être heureux de savoir souffrir. La leçon de sagesse doit inspirer l'éducateur : afin de parvenir au bonheur, l'homme ne doit pas « regimber » contre la « dure loi de la nécessité », il doit éprouver sa liberté comme un « pouvoir » qui s'étend aussi loin – mais pas plus – que ses forces naturelles.

Ce paradoxe donne son sens à l'*art de vivre* que Rousseau entend mettre en œuvre afin que l'homme puisse concilier vertu et bonheur. Comme on l'a suggéré plus tôt, la sagesse permet à l'enfant puis à l'homme de se tenir à sa place dans le monde des choses et des hommes sans vouloir en sortir pour aspirer à des biens illusoires ; elle consiste à brider l'imagination qui se projette dans un avenir incertain et risque de sacrifier le bonheur présent à des chimères. Comme le sage stoïcien, l'élève du gouverneur devra se détacher des biens de fortune, ne plus dépendre de son statut pour être homme en toute situation et ne pas se laisser affecter par les coups du sort. Puisque « la Nature ne fait ni prince, ni riches, ni grands seigneurs » (p. 469), il devra demeurer détaché de toutes les affiliations sociales contingentes. Il n'aspirera, pour sa part, qu'à « l'état d'homme ». Comme le sage stoïcien encore, il ne fera pas dépendre sa vertu ni son bonheur du « poison de l'opinion » (p. 444). Il demeurera indifférent aux faux prestiges et aux mérites imaginaires et arbitraires. Il saura attribuer son estime à bon escient. *Suivre la nature* reviendra ainsi à s'en tenir aux désirs naturels et nécessaires ; la sagesse le conduira à éviter le mauvais infini du désir et des besoins factices, à ne pas sacrifier son bonheur à la jouissance. Telle est l'injonction rousseauiste : le bonheur résidant dans l'absence de frustration et non dans la privation objective, il faut absolument maintenir l'homme « près de sa condition naturelle » où la différence entre facultés et désirs est moindre. Mais à la différence du sage stoïcien, Émile n'aspirera pas à dominer ses passions de manière indifférenciée. La sagesse consiste non à diminuer nos désirs ou à étendre nos facultés mais à équilibrer pouvoir et désirs, soit à « diminuer l'excès des désirs sur les facultés, et à mettre en égalité parfaite la puissance et la volonté. C'est alors seulement que toutes les forces étant en action l'âme cependant restera paisible, et que l'homme se trouvera bien ordonné » (II, p. 304).

Dans cette nouvelle version du *Connais-toi toi-même* et du *rien de trop*, Rousseau prend en compte une donnée essentielle, qui est celle du primat des maux dans l'existence humaine : il faudra former l'homme tel qu'il soit capable à la fois de ne pas vouloir le mal, et de subir le mal sans que sa vertu et son bonheur n'en soient réellement altérés ; il faudra former l'homme capable d'être heureux malgré le primat des maux, sachant que l'épreuve du mal est aussi ce qui permet à l'homme d'accéder à une sensibilité morale – à la conscience de l'humanité commune qui est d'abord, nous le verrons, une humanité souffrante (p. 313-4). Il faudra donc d'abord lui apprendre à supporter le joug du mal naturel ou physique, soit le joug de la nécessité ; puis apprendre à éviter le mal moral et social en empêchant la disproportion des facultés ou des ressources et des désirs, car c'est dans cette « disproportion de nos désirs et de nos facultés que consiste notre misère » (p. 303-304).

Mais l'enfant peut-il parvenir au bonheur entendu comme équilibre des facultés et des besoins ? Un texte majeur (p. 311-312) mérite attention : il montre que l'on peut éviter la socialisation perverse, créatrice de faiblesse accrue et de manque moral, donc de servitude ou d'aliénation. Il faut que l'enfant sente sa faiblesse sans en souffrir, et sans que cette faiblesse se retourne dialectiquement en puissance : « il faut qu'il demande et non qu'il commande » (p. 310). Le risque est double, au regard de l'asymétrie de la relation d'éducation : de la part du gouverneur, qui risque d'exercer son commandement et de faire subir son autorité ; de la part de l'enfant lui-même, qui pourrait vouloir instrumentaliser celui qui doit subvenir à ses besoins en l'asservissant à ses désirs et en le soumettant, *ipso facto*, à sa domination – devenant maître du maître, véritable tyran.

Former à la liberté l'enfant qui est par nature dépendant semble une véritable gageure. Or Rousseau prétend résoudre « toutes les contradictions du système social » en distinguant deux formes de dépendance, l'une, naturelle, à l'égard des choses, l'autre, artificielle, à l'égard des hommes ; l'une qui conduit dans la vie sociale à la corruption et à la servitude, l'autre qui préserve la liberté comme reconduction artificielle du règne de la nécessité naturelle.

Le moment initial de notre texte (p. 311-312) vient clore un passage consacré à l'existence des maux liés à l'opinion qui ôtent à l'homme félicité et liberté. Comment ne pas subir les « contradictions du système social » dans l'éducation, dès lors qu'Émile n'est pas un sauvage fait pour vivre dans les déserts, mais l'homme de la nature voué à vivre dans la société civile ? Comment faire en sorte que l'éducation préserve l'enfant des vices et des atteintes à sa liberté qui contreviendraient à son bonheur ? La réponse est claire : grâce à la distinction entre la dépendance des choses qui est de la nature et la dépendance des hommes qui est de la société, Rousseau isole une dépendance « amorale », qui à ce titre n'engendre pas de vices, ne corrompt pas l'homme et ne nuit pas à sa liberté (sans la produire pour autant). La moralité et la liberté ne sont pas altérées par la dépendance physique (à l'égard de la nécessité) mais seulement par la dépendance morale (à l'égard d'autres volontés). Car la société étant désordonnée, nulle concorde des volontés particulières ne peut permettre d'établir la liberté ; toute subordination, toute soumission ou domination est illégitime et corruptrice. En conséquence, l'éducateur doit n'user que des ressorts de la dépendance nécessaire, c'est-à-dire de la dépendance naturelle et ordonnée dans laquelle se trouve l'enfant. Corrélativement, il doit reconduire la dépendance morale ou l'autorité à la dépendance physique (la loi de la nécessité, qui rend possible ou impossible, facile ou difficile mais non prescrit ou prohibé, permis ou interdit).

Il faut le souligner : le précepte de l'éducation négative est ici respecté. Le gouverneur ne doit pas produire des vertus ou instruire l'élève de ses devoirs, mais le prémunir de l'introduction des erreurs et des vices. Il doit préserver l'ordre de la nature en évitant d'introduire le désordre associé aux institutions sociales. Car l'immoralité procède de l'inégalité : « c'est par elle [la dépendance à l'égard des hommes] que le maître et l'esclave se dépravent mutuellement ». De ce leitmotiv de l'œuvre, le second *Discours* donnait déjà une formule accomplie : si l'état civil introduit les dépendances liées à la richesse, au rang ou au pouvoir, il suscite les vices issus de l'amour-propre (envie, haine et servilité, arrogance et mépris…). La généalogie des passions factices en découle : Rousseau montre comment dominés et dominants se corrompent mutuellement, tous déployant des vices pour atteindre leurs fins, tous abandonnant leur liberté pour jouir d'une supériorité factice[1].

Existe-t-il un remède à cette société désordonnée qui engendre tous les vices ? Peut-on passer de la société désordonnée régie par la dépendance à l'égard des hommes, à la société bien ordonnée qui préserve la liberté ? À l'évidence, le mouvement du second *Discours* au *Contrat social* via le Manuscrit de Genève est sous-entendu, même si Rousseau ne fait référence qu'à l'œuvre politique mentionnée en note comme « *Principes du droit politique* » : « dans mes *Principes du droit politique*, il est démontré que nulle volonté particulière ne peut être ordonnée dans le système social ». Le moyen de remédier au désordre introduit par l'expression des volontés particulières consiste donc à « substituer la loi à l'homme », c'est-à-dire à

1. *DOI*, p. 187-193 en particulier p. 174-175.

remplacer une dépendance corruptrice par une dépendance libératrice. La liberté sera autonomie.

Néanmoins, en politique, le règne des lois ne s'étaye que par l'usage occasionnel de la force. La dépendance à l'égard des lois doit être rigoureuse, c'est-à-dire appuyée par la force, car sinon la volonté particulière tendrait à se substituer à la volonté générale et détruirait le corps politique : « afin donc que le pacte social ne soit pas un vain formulaire, il renferme tacitement cet engagement qui seul peut donner de la force aux autres, que quiconque refusera d'obéir à la volonté générale y sera contraint par tout le corps : ce qui ne signifie autre chose sinon qu'*on le forcera d'être libre*; car telle est la constitution qui donnant chaque citoyen à la patrie le garantit de toute dépendance personnelle… » (*CS*, I, 7)[1]. Dans notre texte de même, Rousseau conçoit la façon dont on pourra *forcer l'enfant à être libre* : il s'agit d'« armer les volontés générales d'une force réelle supérieure à l'action de toute volonté particulière » afin d'éviter la tyrannie de ces volontés particulières. L'auteur d'*Émile* pousse l'analogie jusqu'à évoquer l'hypothèse d'une inflexibilité de l'ordre civil qui mimerait l'ordre naturel. Cette hypothèse constitue une expérience-limite : « Si les lois des nations pouvaient avoir comme celles de la nature une inflexibilité que jamais aucune force humaine ne put vaincre, la dépendance des hommes redeviendrait alors celle des choses, on réunirait dans la république tous les avantages de l'état naturel à ceux de l'état civil, on joindrait à la liberté qui maintient l'homme exempt de vices la moralité qui l'élève à la vertu » (p. 311). Mais dans la morale ordinaire, l'ordre artificiel

---

1. Pour une première analyse de ce texte, nous nous permettons de renvoyer à *Rousseau. Les paradoxes de l'autonomie démocratique*, Paris, Michalon, « Le bien commun », 2015.

est reconquis contre le désordre introduit dans l'ordre naturel : il s'agit de faire en sorte que la dépendance des hommes « redevienne » celle des choses. Puisque l'on ne peut plus revenir à la bonté indépendante de l'état de nature, il faut lui substituer une nouvelle forme de dépendance, impersonnelle et nécessaire, qui permette d'éviter l'introduction des vices liés à la particularité de la volonté.

Reste en suspens un problème majeur que Rousseau lui-même a posé dans le *Contrat social* en réfutant le concept même de « droit du plus fort » ; l'obligation morale, en réalité, est irréductible à la nécessité physique : « la force est une puissance physique ; je ne vois point quelle moralité peut résulter de ses effets. Céder à la force est un acte de nécessité, non de volonté »[1]. Or Rousseau ne réintroduit-il pas ici une alliance de la contrainte et de l'obligation, de la nécessité et de la volonté, de la force et du droit, qu'il avait précisément critiquée contre Pascal ou Hobbes ? Quel statut accorder au vocabulaire de la « force » qui permet de penser à la fois les lois de la liberté et les lois de la nature ?

Il faut cerner l'usage de ce « schème » de la force au moment où l'éducation d'Émile rabat en quelque sorte le moral sur le physique. Au début du livre III, Rousseau élargira le concept de force à la force mentale, soit à la faculté de direction de l'esprit : « Il n'est pas question ici de forces physiques, mais surtout de la force et capacité de l'esprit qui les supplée ou qui les dirige » (III, 427). Or c'est cet élargissement de la force physique à la force morale qui permet implicitement l'analogie structurante de notre texte. Nous sommes au moment de l'éducation

---

1. *CS*, I, 3. Voir B. Bernardi, *Le principe d'obligation. Sur une aporie de la modernité politique*, Paris, Vrin, 2007.

où l'obligation se réduit encore à la contrainte, la liberté à l'acceptation de la loi de la nécessité. Rousseau présente ici un instrument pédagogique qui convient à un certain stade du développement physique, intellectuel et moral d'Émile. Les lois qui rendent possible la coexistence des libertés se superposent aux lois nécessaires de la nature. D'où le second moment du texte, qui applique ce principe néo-stoïcien de la liberté par l'acceptation de la nécessité.

Rousseau conseille le gouverneur en énonçant une maxime fondamentale : « maintenez l'enfant dans la seule dépendance des choses ; vous aurez suivi l'ordre de la nature dans le progrès de l'éducation » (p. 311). Il convient de relever à ce titre, les préceptes « négatifs » adressés par Rousseau à l'éducateur : « n'offrez jamais », « n'accordez rien »… La pédagogie doit reconduire l'ordre moral de la volonté à l'ordre physique de la nécessité en usant de récompenses et de sanctions, ressorts de l'éducation, qui ont pour objet de préserver la nature dans son ordre primitif. À ce stade, il ne faut donc offrir à la volonté de l'enfant que des « obstacles physiques ou des punitions qui naissent des actions mêmes », et non des sanctions de l'ordre du blâme ou de la punition. La sanction doit relever des conséquences causales et non d'une imputation finale. Autrement dit, il faut que *tout se passe comme si* la loi morale était une loi physique infaillible. L'enfant ne doit pas obéir aux ordres ; il lui faut seulement tirer les leçons de l'expérience, mieux orienter sa liberté en vue de son utilité. Dans cet esprit, le gouverneur ne doit lui interdire que ce qui est dangereux ou nocif au développement de ses facultés, et non ce qui est socialement inconvenant. La maxime est la suivante : une fois écartée l'idée d'un dressage par la crainte de la sanction, « l'expérience ou l'impuissance doivent seules lui tenir lieu de loi ».

Avant l'entrée dans le monde moral proprement dit, le registre de l'éducation n'est donc pas celui du permis et de l'interdit, de l'autorisé ou du prohibé, mais *du possible ou de l'impossible*. L'éducation, à ce stade, n'est pas discipline sévère mais développement de la puissance propre de l'enfant : il s'agit de lui faire prendre conscience des bornes naturelles à l'exercice de sa puissance. Rousseau oppose ainsi à l'apprentissage des normes préconisé par les pédagogues une éducation négative par les choses et par la *connaissance des limites de sa puissance*.

Ne parler aux enfants que de leurs droits et non de leurs devoirs est un autre précepte. Faire l'inverse, à l'instar des éducations ordinaires, serait un contresens : « c'est encore un des contresens des éducations communes que parlant d'abord aux enfants de leurs devoirs, jamais de leurs droits, on commence par leur dire le contraire de ce qu'il faut, ce qu'ils ne sauraient entendre, et ce qui ne peut les intéresser » (II, p. 329). Cette maxime contient deux aspects : d'un côté, il faut parler à l'enfant de ce qui lui importe, mettre en jeu son intérêt sensible, son désir de bien-être ; de l'autre, il faut éviter de prodiguer des sermons. Comme l'a montré G. Radica, Rousseau dénonce le formalisme et le volontarisme : les règles morales abstraites n'ont aucun pouvoir contraignant[1]. Certes, Locke refusait lui aussi le formalisme des leçons de morale comme l'instruction par la crainte de la sanction ; mais il s'en remettait tout de même au principe d'autorité comme voie d'accès à la moralité : « Ceux donc qui prétendent gouverner leur fils, doivent commencer, quand ils sont tout petits, à obtenir

---

1. Voir G. Radica, *L'Histoire de la raison*, *op. cit.*, p. 432-440. Voir A. Charrak, « Nature, raison, moralité dans Spinoza et Rousseau », *Revue de métaphysique et de morale*, n°3, Juillet-sept. 2002, p. 411-426.

d'eux une soumission complète à leur volonté [...]. La liberté et la complaisance ne peuvent être bonnes pour des enfants. Comme ils manquent de jugement, ils ont besoin de direction et de discipline »[1].

Or pour Rousseau, le risque n'est pas seulement celui de l'inefficacité des préceptes moraux, mais celui de leur nocivité : la morale prodiguée en leçons par un maître sera mal fondée et mal comprise. Elle risque d'empêcher toute moralité véritable de se développer. L'écho d'un argument spinoziste apparaît un peu plus loin au livre II : « sur cette terre dont la nature eut fait le premier paradis de l'homme craignez d'exercer l'emploi du tentateur en voulant donner à l'innocence la connaissance du bien et du mal » (p. 327). Les commandements et les interdictions précoces favorisent le développement des vices. À l'ordre que l'enfant peut toujours contourner, Rousseau substitue la contrainte de la nécessité, qui fait figure de frein à l'exercice de sa puissance.

Comment comprendre cette éducation dénuée de toute leçon morale ? Jusqu'à un certain point, l'enfant n'est pas un être moral, car l'être moral naît de la connaissance des rapports moraux : « Avant l'âge de raison nous faisons le bien et le mal sans le connaître, il n'y a point de moralité dans nos actions » (p. 288). Loin de décrire un pervers polymorphe, Rousseau insiste sur l'amoralité infantile : « Avant l'âge de raison l'on ne saurait avoir aucune idée des êtres moraux ni des relations sociales » (p. 316) ; « connaître le bien et le mal, sentir la raison des devoirs de l'homme n'est pas l'affaire d'un enfant » (p. 318) ; « Dépourvu de toute moralité dans ses actions, il ne peut rien faire qui soit moralement mal » (p. 321).

---

1. Locke, *Quelques réflexions sur l'éducation, op. cit.*, p. 60-61.

Afin d'éviter l'émergence des vices associés à l'essor de l'amour-propre, il convient donc de s'en tenir à ce que réclame l'amour de soi, c'est-à-dire la satisfaction des besoins physiques. Comme le sauvage, l'enfant doit tout ignorer des rapports moraux d'empire et de domination : « qu'il ne sache que ce qu'est qu'obéissance quand il agit, ni ce que c'est qu'empire quand on agit pour lui ». Ainsi cette ignorance innocente permet-elle de préserver sa moralité et sa liberté naturelles. La liberté, à ce stade, est définie comme absence de contraintes ou d'obstacles ; elle est « sentie » et non « connue ». Il faut ajouter que cette épreuve de la liberté suffit au bonheur de l'enfant, car « avant que les préjugés et les institutions humaines aient altéré nos penchants naturels le bonheur des enfants ainsi que des hommes consiste dans l'usage de leur liberté » (p. 310). Aussi les « valeurs » inculquées dans l'éducation supposent-elles de n'accorder d'honneur qu'à la liberté et non à la domination. La seule notion morale susceptible d'émerger dans l'univers encore physique de l'enfant est celle d'*honneur de la liberté*.

L'ÉMERGENCE DE LA CONSCIENCE DE SOI

Dans les premiers livres d'*Émile*, Rousseau articule l'éducation intellectuelle et morale au développement organique et psychique. La « théorie de l'homme » qui suit le développement progressif des facultés envisage le passage d'un état initial où l'enfant n'a « nul sentiment, nulle idée », à peine quelques sensations et aucune conscience de soi, à l'apprentissage du langage et à la formation progressive de la raison. En particulier, l'émergence de la conscience de soi est décisive. Dans le Manuscrit Favre, la trace du *cogito* rousseauiste apparaît, car l'homme se saisit de manière immédiate et indivisible comme « un être étendu, figuré, coloré, pensant, et ~~sensi~~ sentant »[1]. Rousseau hésite encore à l'époque, manifestement, entre « sensible » et « sentant ». Mais il précise aussi que ce *cogito* lui-même a une histoire. Il ne faut pas se fier à l'impression d'immédiateté et d'évidence – pas même pour le « sentiment d'existence ». Trois passages sont ici révélateurs :

1. « Nous naissons capables d'apprendre, mais ne sachant rien, ne connaissant rien. L'âme, enchaînée dans des organes imparfaits et demi-formés, n'a pas même le sentiment de sa propre existence » (II, p. 279-280).

2. « Les premiers développements de l'enfance se font presque tous à la fois. L'enfant apprend à parler, à manger, à marcher à peu près dans le même temps. C'est ici proprement la première époque de sa vie. Auparavant il n'est rien de plus que ce qu'il était dans le sein de sa mère ; il n'a nul sentiment, nulle idée ; à peine a-t-il des sensations ; il ne sent pas même sa propre existence : *Vivit, et est vitae nescius ipse suae* » (II, p. 298)[2].

3. « Un autre progrès rend aux enfants la plainte moins nécessaire : c'est celui de leurs forces. Pouvant plus par eux-mêmes, ils ont un besoin moins fréquent de recourir à autrui. Avec leur force se développe la connaissance qui les met en état de la diriger.

---

1. *Ms F*, f° 150 v°, p. 342. Pour une comparaison avec le « Discours préliminaire » de d'Alembert, voir L. Guerpillon, « Métaphysique mal comprise », dans *La Fabrique de l'*Émile*. Commentaires des manuscrits Favre*, F. Brahami, L. Guerpillon (éd.), Paris, Vrin, 2022.

2. « Il vit, et il est lui-même inconscient de sa propre vie » (Ovide, déjà repris par Montaigne).

C'est à ce second degré que commence proprement la vie de l'individu ; c'est alors qu'il prend la conscience de lui-même. La mémoire étend le sentiment de l'identité sur tous les moments de son existence ; il devient véritablement un, le même, et par conséquent déjà capable de bonheur ou de misère. Il importe donc de commencer à le considérer ici comme un être moral » (II, p. 301).

Comme Locke, Rousseau associe d'abord l'identité personnelle à la mémoire[1]. Mais contrairement à son prédécesseur, il n'indexe pas l'identité personnelle sur les performances mnémiques : loin de toute conception purement mémorielle du moi, il considère la conscience de ses propres forces comme un préalable à la conscience de soi. Le sentiment du « moi » lui-même résulte du sentiment de la puissance d'agir et de ce qui la dirige et la coordonne – ce que nous nommerions la proprioception. Aussi la conscience de soi est-elle aussi un produit de l'éducation. L'enfant acquiert peu à peu la conscience qu'il possède un principe actif : il prend conscience de ses forces et de sa motricité. Il faut que l'enfant se sente comme être physique, avant qu'il ne s'éprouve comme être moral. D'abord, l'éveil de la conscience de soi est confus, car les sensations se distinguent mal ; l'enfant perçoit indistinctement le monde et son rapport à l'ordre physique

---

1. V. Descombes, « Le moi d'Émile », dans *L'Émile de Rousseau : regards d'aujourd'hui*, A.-M. Drouin-Hans, M. Fabre, D. Kambouchner, A. Vergnioux (éd.), Paris, Hermann, 2013, p. 295-314, qui cite les textes précédents. Voir aussi S. Chauvier, « Mémoire autobiographique et identité personnelles », dans *Rousseau et Locke. Dialogues critiques*, J. Lenne-Cornuez, C. Spector (éd.), Oxford University Studies on the Enlightenment, Liverpool, Liverpool University Press, 2022, p. 19-38.

des corps ; encore faudra-t-il donc qu'il passe des sensations de plaisir et de douleur à la conscience d'exercer ses sens.

Mais comment s'opère cette prise de conscience ? Comme nombre de ses contemporains, Rousseau use d'une fiction qui vaut comme une forme d'expérimentation. Imaginons un enfant né dans un corps adulte, qui n'aurait d'autre idée que le moi car sa sensibilité et sa motricité n'auraient pas été formées. Le texte qui relate cette expérience de pensée mérite d'être cité longuement :

> Supposons qu'un enfant eût à sa naissance la stature et la force d'un homme fait, qu'il sortît, pour ainsi dire, tout armé du sein de sa mère, comme Pallas sortit du cerveau de Jupiter ; cet homme-enfant serait un parfait imbécile, un automate, une statue immobile et presque insensible : il ne verrait rien, il n'entendrait rien, il ne connaîtrait personne, il ne saurait pas tourner les yeux vers ce qu'il aurait besoin de voir ; non seulement il n'apercevrait aucun objet hors de lui, il n'en rapporterait même aucun dans l'organe du sens qui le lui ferait apercevoir ; les couleurs ne seraient point dans ses yeux, les sons ne seraient point dans ses oreilles, les corps qu'il toucherait ne seraient point sur le sien, il ne saurait pas même qu'il en a un ; le contact de ses mains serait dans son cerveau ; toutes ses sensations se réuniraient dans un seul point ; il n'existerait que dans le commun *sensorium* ; il n'aurait qu'une seule idée, savoir celle du moi, à laquelle il rapporterait toutes ses sensations ; et cette idée ou plutôt ce sentiment, serait la seule chose qu'il aurait de plus qu'un enfant ordinaire. Cet homme, formé tout à coup, ne saurait pas non plus se redresser sur ses pieds ; il lui faudrait beaucoup de temps pour apprendre à s'y soutenir en équilibre ; peut-être n'en ferait-il pas même l'essai, et vous verriez ce grand corps, fort et robuste, rester en place comme une pierre, ou ramper et se traîner comme un jeune chien (II, p. 280).

De manière implicite, Rousseau reprend certaines critiques adressées par Condillac à Buffon[1]. Dans la section « Des sens en général » de l'*Histoire naturelle* (1749), Buffon imagine un homme au moment de la Création, « dont le corps et les organes seraient parfaitement formés, mais qui s'éveillerait tout neuf pour lui-même et pour tout ce qui l'environne »[2]. Il s'interroge alors : « quels seraient ses premiers mouvements, ses premières sensations, ses premiers jugements ? Si cet homme voulait nous faire l'histoire de ses premières pensées, qu'aurait-il à nous dire ? quelle serait cette histoire ? »[3]. Aussi propose-t-il un récit philosophique en première personne, en se mettant à la place de cet être tout juste sorti des mains de l'auteur de la Nature : « Je me souviens de cet instant plein de joie et de trouble, où je sentis pour la première fois ma singulière existence ; je ne savais ce que j'étais, où j'étais, d'où je venais. J'ouvris les yeux, quel surcroît de sensations ! la lumière, la voûte céleste, la verdeur de la terre, le cristal des eaux, tout m'occupait, m'animait, et me donnait un sentiment inexprimable de plaisir ; je crus d'abord que tous ces objets étaient en moi et faisaient partie de moi-même »[4]. Buffon retrace ainsi la naissance de la perception visuelle, auditive, et plus généralement sensorielle chez ce « premier homme » (un Adam imaginaire). La statue voit, entend, sent, se meut, se touche. En décrivant le plaisir sensuel qui accompagne l'exercice des organes sensoriels, l'auteur de *L'Histoire naturelle* insiste sur le plaisir particulier qui

1. Voir P. Jimack, *La genèse et la rédaction de l'Émile de J.-J. Rousseau, op. cit.*, p. 328-332 ; A. Charrak dans son annotation, note 9, p. 707 ; J. Lenne-Cornuez, *Être à sa place, op. cit.*, p. 104-109.

2. Buffon, *Œuvres, op. cit.*, p. 302.

3. *Ibid.*

4. *Ibid.*, p. 302-303.

accompagne le toucher. La statue se caresse avec une jouissance supérieure à celle causée par la lumière et les sons. Aussi s'attache-t-elle à cette partie solide de son être : « et je sentis que mes idées prenaient de la profondeur et de la réalité »[1]. Mais la statue s'aperçoit aussi, en se touchant, que son corps a des limites ; et le rapport du toucher au regard lui fait pressentir également l'existence possible des illusions visuelles ; enfin, la statue en mouvement se cogne à d'autres objets et découvre le monde extérieur, ce qui l'inquiète ; en méditant, elle s'aperçoit que l'existence du monde lui est attestée comme son corps par le toucher ; enfin, elle découvre le goût en mangeant un fruit, et connaît alors une nouvelle variété de plaisir intense ; la statue s'endort, et se trouble en envisageant la possibilité de son anéantissement ; puis elle s'éveille en sentant à ses côtés un autre être un peu différent – une femme ! À la sentir, la statue se sent naître « un sixième sens » par la volonté de lui donner son existence[2]. Audacieusement, Buffon livre une alternative à la Genèse : Adam a dû ainsi s'éveiller au monde, en goûtant non sans inquiétude les plaisirs sensuels de l'existence.

Or dans son *Traité des animaux* (1755), Condillac renvoie dos-à-dos Descartes et Buffon sur l'animal-machine et accuse le second d'avoir laissé vagabonder son imagination : pourquoi le croire lorsqu'il prétend se mettre à la place de la statue ? Condillac refuse le mécanisme réductionniste : il est impossible à ses yeux de concevoir que le mécanisme puisse régler à lui seul les actions des animaux[3]. Loin de qualifier les mouvements animaux de

---

1. *Ibid.*, p. 303.
2. *Ibid.*, p. 306.
3. Voir F. Markovits, *La statue de Condillac. Les cinq sens en quête de moi*, Paris, Hermann, 2018.

« naturels et mécaniques », l'auteur du *Traité des animaux* attribue aux bêtes la mémoire et pour certaines, la pensée : elles ont des idées, de la mémoire, du jugement. Aussi Condillac reprend-il Buffon sur chaque étape de sa démonstration. S'il était cohérent, l'auteur de *L'Histoire naturelle* aurait dû admettre que son hypothèse conduisait à accorder aux bêtes mémoire, idées, jugement. Pour Condillac, une fois admis que les animaux ont des connaissances, il faut s'intéresser à la genèse de leurs facultés et au « système » de leurs connaissances – même si l'homme demeure supérieur à elles à tous égards[1].

Dans le texte précédemment cité, Rousseau commente ce dialogue entre Condillac et Buffon. Comme Condillac, il entend substituer à l'approche statique de Buffon une approche dynamique, qui fait droit à l'apprentissage de l'usage des sens. Les organes des sens ne naissent pas d'emblée parfaits et aptes à fonctionner ; ils doivent être cultivés et instruits. Nous naissons incapables de distinguer notre perception des objets du monde ; il faut *apprendre à voir*. Pour Buffon, celui qui est dépourvu de toucher croirait que les objets du regard sont dans ses yeux, les objets de l'ouïe dans ses oreilles, les objets de l'odorat dans son nez etc. Or Rousseau, à l'instar de Condillac, lui répond que tel n'est pas le cas : il faut du temps pour être capable d'identifier l'objet qui porte les couleurs, produit des sons et des odeurs, et pouvoir concevoir ces qualités à distance (le toucher ne suffit pas). Comme l'a montré J. Lenne-Cornuez, l'homme-enfant qui n'aurait encore rien appris serait donc un imbécile ou un automate, une

---

1. Condillac, *Traité des animaux*, Paris, Fayard, 1984, chap. v, p. 337-353.

véritable statue, incapable de se représenter des objets du monde[1].

Pour Rousseau comme pour Condillac, la représentation mentale n'est pas seulement l'impression des objets sur le *sensorium* commun. Loin de cette vision réductionniste, il insiste sur la nécessité dans la perception sensible d'un jugement qui compare et rapporte. Il faut pouvoir se « tourner vers » les objets de la perception. Il en va ainsi, a fortiori, pour la connaissance de soi et l'aperception de son corps. Dans sa fiction, Buffon prétendait que le corps de la statue pouvait être discerné sur le mode de la conscience de soi et que l'on pouvait rendre raison de l'origine de l'action comme mise en mouvement. Or Rousseau, après Condillac, refuse ces explications mécanistes. À ses yeux, la statue ou l'homme-enfant aurait bien l'idée du moi, mais cette idée serait embryonnaire et primitive : « il n'aurait qu'une seule idée, savoir celle du moi, à laquelle il rapporterait toutes ses sensations ; et cette idée ou plutôt ce sentiment, serait la seule chose qu'il aurait de plus qu'un enfant ordinaire »[2].

De la même façon, selon J. Lenne-Cornuez, Rousseau suit Condillac dans sa conception de la genèse de l'action : de même que la perception suppose une aperception et donc un jugement actif des rapports, l'action suppose une raison de se mouvoir – une inquiétude face à un objet plaisant et manquant[3]. Rousseau accorde à Condillac qu'il faut toujours de bonnes raisons de sortir de son insensibilité

1. J. Lenne-Cornuez, *Être à sa place*, *op. cit.*, p. 105. Voir aussi M. Rueff, « Apprendre à voir la nuit : L'optique dans la théorie de l'homme », *Corpus*, n° 43, 2003, p. 139-227.

2. Voir Condillac, *Traité des sensations*, II, II, § 1.

3. Nous lui devons cette interprétation : J. Lenne-Cornuez, *Être à sa place*, *op. cit.*, p. 106-109.

et de sa paresse natives : l'homme-enfant resterait immobile, pétrifié, sans raisons d'agir. Pour que la statue devienne un être sensible, il faut qu'elle acquière graduellement la conscience de soi et du monde, la conscience de ses besoins. Il faut encore, comme l'a montré Johanna Lenne-Cornuez, qu'elle acquière une conscience de soi – conscience qui ne sera pas seulement due aux variations des sensations, comme le croyait Condillac, mais aux variations de la puissance d'agir[1]. L'enfant devra prendre conscience qu'il est un *moi* dynamique : en se déplaçant dans l'espace, en exerçant ses membres (en sautant, en courant, en gambadant) et en se souvenant de ses actions, il pourra éprouver sa puissance active et se découvrir une identité personnelle que les sens seuls ne lui confèrent pas.

Tel sera donc le travail du gouverneur, qui aura pour mission de mettre Émile en situation de prendre conscience de lui-même et du monde, d'exercer ses sens et sa motricité. Ce que Rousseau nomme « l'éducation de la nature » suppose « l'éducation des choses » et « l'éducation des hommes » : Émile doit apprendre à connaître le monde et à le mettre à distance ; il doit apprendre à juger les choses et à les évaluer à bon escient[2]. Il faut donc convenir que l'expérience de pensée est probante : l'auteur d'*Émile* entend concevoir « l'origine et le progrès » de nos connaissances en même temps que l'émergence de nos facultés. Il veut comprendre comment les sensations affectives deviennent représentatives.

---

1. J. Lenne-Cornuez, *Être à sa place, op. cit.*, p. 109-112.
2. *Émile*, I, p. 247. Voir l'édition GF-Flammarion annotée par A. Charrak, note 10 et 11, p. 708.

RAISON SENSITIVE ET RAISON INTELLECTUELLE

Le livre II, qui s'ouvre sur l'entrée de l'enfant dans l'univers du langage, amorce également une réflexion sur la genèse des idées. À la suite de Locke et de Condillac, Rousseau souscrit à l'empirisme et récuse l'innéisme. Mais l'originalité de sa théorie est double : *contre le sensualisme* de Condillac, Rousseau redéfinit l'empirisme en refusant la continuité du *sentir* au *juger. Contre la méthode analytique* de Condillac, il propose une *méthode génétique* qui s'intéresse à la connaissance des rapports, sans vouloir remonter aux atomes de connaissance (les sensations) et procéder de manière inductive ; nous ne sommes jamais sûrs, au fond, d'atteindre les « éléments » des connaissances, d'atteindre le simple ou l'ultime insécable auquel conduit l'analyse. Martin Rueff évoque à ce sujet « l'empirisme réfléchissant » de Rousseau. Il invoque un modèle chimique pour penser le « holisme » de la méthode rousseauiste, qui refuse la décomposition en parties composantes une fois le mixte créé[1].

Enfin, l'originalité de la morale expérimentale rousseauiste réside dans la conception des rapports du physique et du moral : la genèse des opérations de l'âme s'opère à partir du déploiement des forces physiques. Le psychisme apparaît pour coordonner ces forces dans les fonctions de motricité et s'émancipe peu à peu de cet enracinement vital à mesure que l'enfant dispose de plus en plus de forces à exercer. Telle est la raison pour laquelle

1. M. Rueff, « L'élément et le principe : Rousseau et l'analyse », *Corpus*, n° 36, 1999, p. 141-162 ; « L'ordre et le système : l'empirisme réfléchissant de J.-J. Rousseau », dans *Rousseau anticipateur-retardataire*, J. Boulad-Ayoub, I. Sculte-Tenckhoff, P.-M. Vernes (éd.), Laval-Paris, Presses de l'Université de Laval-L'Harmattan, 2000, p. 275-344.

la « raison puérile » ou sensitive précède la raison
« intellectuelle ou humaine », capable d'abstraction : l'art
de généraliser vient en dernier, et il serait absurde de le
présupposer chez les enfants. *L'éducation doit donc être
une « physique expérimentale » avant de devenir une morale
expérimentale.* Il faut commencer par la physique car
l'enfant doit apprendre à se situer comme être sensible, à
trouver ses repères dans la nature ; il doit apprendre à
s'orienter. Dans l'*Émile*, l'apprentissage des sciences
répondra à ce véritable besoin : l'utilité norme le savoir.
Peu à peu, les sensations pourront ensuite devenir des
sentiments, et les sentiments des « idées » à proprement
parler.

Cerner la teneur de l'empirisme rousseauiste suppose
de convoquer une séquence de textes où transparaît le
processus de genèse des savoirs, du *simple* qui est le
domaine de la raison sensitive au *complexe* qui est le
domaine de la raison intellectuelle. Rousseau définit la
raison sensitive à partir de l'aptitude à former des idées
simples, la raison intellective à partir de l'aptitude à former
des idées complexes ; la raison s'identifie à l'art de juger,
c'est-à-dire de comparer. Dès que l'on compare des
sensations, on juge et donc on raisonne. Corrélativement,
pour Rousseau les sensations ne nous trompent jamais en
elles-mêmes. Comme Condillac, l'auteur d'*Émile* considère
que toutes nos connaissances nous viennent des sens.
Comme lui, il considère que seul le jugement peut nous
induire en erreur. Sans pouvoir les expliquer intégralement[1],
considérons ainsi la suite des textes qui exposent la théorie
rousseauiste de l'entendement :

---

1. Voir les notes d'A. Charrak à son édition, *passim.*

Émile, II, p. 359

À mesure que l'être sensitif devient actif, il acquiert un discernement proportionnel à ses forces et ce n'est qu'avec la force surabondante à celle dont il a besoin pour se conserver que se développe en lui la faculté spéculative propre à employer cet excès de force à d'autres usages. Voulez-vous donc cultiver l'intelligence de votre élève, cultivez les forces qu'elle doit gouverner. Exercez continuellement son corps, rendez-le robuste et sain pour le rendre sage et raisonnable.

Émile, II, p. 369-370

Les premiers mouvements naturels de l'homme étant donc de se mesurer avec tout ce qui l'environne et d'éprouver dans chaque objet qu'il aperçoit toutes les qualités sensibles qui peuvent se rapporter à lui, sa première étude est une sorte de physique expérimentale relative à sa propre conservation et dont on le détourne par des études spéculatives avant qu'il ait reconnu sa place ici-bas. Tandis que ses organes délicats et flexibles peuvent s'ajuster aux corps sur lesquels ils doivent agir, tandis que ses sens encore purs sont exempts d'illusions, c'est le temps d'exercer les uns et les autres aux fonctions qui leur sont propres, c'est le temps d'apprendre à connaître les rapports sensibles que les choses ont avec nous. Comme tout ce qui entre dans l'entendement humain y vient par les sens, la première raison de l'homme est une raison sensitive ; c'est elle qui sert de base à la raison intellectuelle : nos premiers maîtres de philosophie sont nos pieds, nos mains, nos yeux.

Émile, II, p. 417

C'est par le nombre de ces idées que se mesure l'étendue de nos connaissances ; c'est leur netteté, leur clarté qui fait la justesse de l'esprit ; c'est l'art de les comparer entre elles qu'on appelle raison humaine. Ainsi ce que j'appelais raison sensitive ou puérile consiste à former des idées simples par le concours de plusieurs sensations, et ce que j'appelle raison intellectuelle ou humaine consiste à former des idées complexes par le concours de plusieurs idées simples.

Émile, III, p. 481

Notre élève n'avait d'abord que des sensations, maintenant il a des idées ; il ne faisait que sentir, maintenant il juge. Car de la comparaison de plusieurs sensations successives ou simultanées, et du jugement qu'on en porte, naît une sorte de sensation mixte ou complexe que j'appelle idée.

La manière de former les idées est ce qui donne un caractère à l'esprit humain. L'esprit qui ne forme ses idées que sur des rapports réels est un esprit solide ; celui qui se contente de rapports apparents est un esprit superficiel ; celui qui voit les rapports tels qu'ils sont est un esprit juste ; celui qui les apprécie mal est un esprit faux […]. L'aptitude plus ou moins grande à comparer des idées et à trouver des rapports, est ce qui fait dans les hommes le plus ou le moins d'esprit etc.

Les idées simples ne sont que des sensations comparées. Il y a des jugements dans les simples sensations aussi bien que dans les sensations complexes que j'appelle idées simples. Dans la sensation, le jugement est purement passif, il affirme qu'on sent ce qu'on sent. Dans la perception ou idée, le jugement est actif ; il rapproche, il compare, il détermine les rapports que le sens ne détermine pas.

Ms F, f° 125r° : « Il est impossible que nos sensations nous trompent, car il est toujours vrai que nous sentons ce que nous sentons. Les sensations ne nous font tomber dans l'erreur que quand nous voulons nous même juger de leur nature ; alors ce n'est pas la sensation qui nous trompe c'est le jugement »[1].

Émile, III, p. 486

[…] sitôt que l'esprit est parvenu jusqu'aux idées, tout jugement est un raisonnement. La conscience de toute sensation est une proposition, un jugement. Donc sitôt que l'on compare une sensation à une autre on raisonne. L'art de juger et l'art de raisonner sont exactement le même.

IIIe lettre morale, *OC* IV, p. 1092 : « Nos sens sont les instruments de toutes nos connaissances. C'est d'eux que nous viennent toutes nos idées, ou du moins toutes sont occasionnées par eux ».

Émile, IV, p. 571

« Apercevoir, c'est sentir ; comparer, c'est juger ; juger et sentir ne sont pas la même chose ».

Émile, IV, p. 600, note p. 1559

À certains égards les idées sont des sentiments et les sentiments sont des idées. Les deux noms conviennent à toute perception qui nous occupe et de son objet, et de nous-mêmes qui en sommes affectés : il n'y a que l'ordre de cette affection qui détermine le nom qui lui convient. Lorsque, premièrement occupé de l'objet, nous ne pensons à nous que par réflexion, c'est une idée ; au contraire, quand l'impression reçue excite notre première attention, et que nous ne pensons que par réflexion à l'objet qui la cause, c'est un sentiment.

---

1. *Ms F*, p. 266.

Dans cette séquence épistémologique, Rousseau révèle à la fois ce qu'il doit au sensualisme de Condillac et sa prise de distance à l'égard d'une continuité supposée entre sentir et juger. Condillac écrivait : « Les actions de comparer et de juger ne sont donc que l'attention même : c'est ainsi que la sensation devient successivement attention, comparaison, jugement »[1]. Rousseau, pour sa part, isole l'activité de juger et la considère comme irréductible à l'activité de sentir. Au livre IV, le Vicaire récusera à son tour le sensualisme en même temps que le matérialisme : « Apercevoir, c'est sentir ; comparer, c'est juger : juger et sentir ne sont pas la même chose. Par la sensation, les objets s'offrent à moi séparés, isolés, tels qu'ils sont dans la nature ; par la comparaison, je les remue, je les transporte, pour ainsi dire, je les pose l'un sur l'autre pour prononcer sur leur différence ou sur leur similitude, et généralement sur tous leurs rapports » (IV, p. 571).

Il reste qu'avant cette conclusion, Rousseau avait fait de la raison une « excroissance » de l'activité physique, une manière pour l'esprit de coordonner et d'orienter les mouvements du corps. Même les « idées simples » sont des idées, produites à partir des perceptions. Elles n'apparaissent que progressivement ; ce sont des « sensations comparées » (comme le suggère déjà Buffon, p. 481). Ainsi la raison sensitive est-elle définie par sa fonction biologique à un moment où l'enfant est un système sensori-moteur : la raison sensitive lui permet de s'orienter dans le monde physique. Pour sa part, la raison intellectuelle permet de comparer et donc de concevoir des idées complexes, qu'elles soient économiques, morales, métaphysiques, religieuses ou politiques, en fonction des « rapports » qui

1. Condillac, *Traité des sensations*, Paris, Fayard, 1984, p. 292.

relient le moi au monde ; elle permet d'appréhender les « rapports » qui sont au cœur de l'ontologie rousseauiste.

Cette distinction acquise, la visée de l'éducation s'ensuit : le gouverneur doit apprendre à son disciple à bien juger, en lui apprenant à réfléchir sur ses sentiments et ses idées, mais aussi à analyser les rapports au sein desquels il se trouve. Telle est la raison pour laquelle nous nommerons « généalogique » (plutôt qu'analytique) la méthode rousseauiste[1]. Rousseau cherche après Condillac à décrire l'origine de nos connaissances. Comme d'Alembert dans le « Discours préliminaire » de *L'Encyclopédie*, il veut retrouver « la généalogie et la filiation de nos connaissances, les causes qui ont dû les faire naître, et les caractères qui les distinguent ; en un mot, remonter jusqu'à l'origine et à la génération de nos idées » (*Enc.*, I, ɪ). Mais contrairement à d'Alembert, il veut le faire si simplement que l'enfant puisse tout retrouver de lui-même, sans avoir besoin de livres qui cumulent le savoir des génies et des siècles précédents. C'est cette remontée à l'origine qui est au cœur de la méthode d'éducation.

LA LEÇON SUR LA PROPRIÉTÉ

La leçon sur la propriété en est une illustration[2]. Selon le principe de l'éducation négative, l'enfant doit d'abord éviter tout contact précoce avec les situations sociales qui pourraient induire l'erreur et le vice. Mais une objection surgit : il se peut que l'enfant, quoiqu'innocent

---

1. En 1745, Rousseau rapprochait cependant les deux méthodes. Voir *Idée de la méthode dans la composition d'un livre*, *OC* II, p. 1244.

2. Nous nous permettons de renvoyer à notre ouvrage, *Rousseau et la critique de l'économie politique*, Pessac, Presses Universitaires de Bordeaux, 2017, chap. 2.

– méconnaissant le sens du bien et du mal auquel seule sa raison développée pourra le faire accéder – soit *naturellement* violent ; il se peut qu'il cause du tort à autrui, fût-ce sans le savoir ni le vouloir, dans sa propriété si ce n'est dans sa personne. Le principe tant invoqué de la « bonté naturelle » de l'homme n'exclut nullement la possibilité d'un caractère infantile nuisible. Aux *caractères doux* s'opposent les *naturels violents* qu'il faut éduquer, sous peine de devoir les enchaîner pour les empêcher de nuire. C'est pourquoi Rousseau, alors même qu'il refuse tout endoctrinement précoce, envisage très tôt dans l'*Émile* une première éducation à la justice.

L'éducation a d'abord affaire à un être vulnérable : misère et faiblesse forment le premier état de l'homme, qui s'exprime à l'origine pour obtenir de la sollicitude. Le lien social se trouve ainsi enraciné dans le besoin, qui s'énonce à la fois comme une demande de secours et d'amour – *aimez-moi* autant qu'*aidez-moi*. À l'origine, c'est l'allaitement et le soin, lorsqu'ils ne sont pas « mercenaires », qui initient cet attachement. Selon Rousseau, « la sollicitude maternelle ne se supplée point » (p. 257). Mais la relation morale primordiale excède la sollicitude due à l'attachement ; elle peut comporter une dimension négative, une réaction à l'offense associée à la punition. Rousseau décrit ainsi la scène d'un nourrisson pleureur qui redouble de fureur lorsqu'il est frappé par sa nourrice – première preuve, selon Rousseau, d'une indignation originaire et d'une conscience de l'injustice subie : « Quand j'aurais douté que le sentiment du juste et de l'injuste fut inné dans le cœur de l'homme, cet exemple seul m'aurait convaincu » (p. 286).

Le sens du juste et de l'injuste serait-il originel, présent par nature en l'homme, avant tout développement de la raison, antérieurement à toute éducation ? Rousseau répond positivement : avant que la conscience ne se développe avec les lumières de la raison, les réactions de l'enfance témoignent de l'existence d'un sens qui identifie l'*intention* de nuire et y réagit immédiatement, dans la continuité, non seulement de l'amour de soi (atteinte à l'intégrité corporelle), mais aussi d'une forme d'amour-propre que l'on s'étonnera peut-être de découvrir si tôt présent. L'enfant réagit à ce qu'il perçoit d'emblée, dans le léger coup donné, comme une « intention manifeste de l'offenser » (p. 287). Rousseau associe ainsi la disposition primordiale à la colère à un sens originaire de la justice. Mais comment concevoir ce sens avant la formation des idées, et comment comprendre ce qu'est l'offense si l'on ignore ce qu'est le crime ? Il semble d'abord nécessaire de distinguer un sens moral appliqué à nos propres actions et celui qui s'applique, « parfois », aux actions d'autrui qui nous concernent :

> La raison seule nous apprend à connaître le bien et le mal. La conscience qui nous fait aimer l'un et haïr l'autre, quoique indépendante de la raison, ne peut donc se développer sans elle. Avant l'âge de raison, nous faisons le bien et le mal sans le connaître ; et il n'y a point de moralité dans nos actions, quoiqu'il y en ait quelquefois dans le sentiment des actions d'autrui qui ont rapport à nous (p. 288).

Selon Rousseau, la justice qui suit le sentiment primitif de l'amour de soi est d'abord destinée à faire respecter nos droits. Mais comment faire si ces droits ne sont pas encore établis, ni fondés sur un socle rationnel ? Ayant critiqué les auteurs jusnaturalistes dont le tort est de croire au développement précoce d'un sens de la justice fondé sur la raison, l'auteur d'*Émile* tente d'éviter le même écueil : seul un sentiment de justice issu du mouvement de la nature (du cœur) peut se concevoir chez le sauvage comme chez l'enfant. L'enfant a du moins conscience de chercher à se conserver et à satisfaire son bien-être. Pour autant, ce sentiment suffira-t-il à contrer les dispositions violentes ? S'il veut se prémunir de tout angélisme, le précepteur ne peut éluder le problème de la *violence*, qui chez Rousseau, une fois exclue l'hypothèse métaphysique du péché originel, ne peut être de prime abord qu'un désir physique de s'attaquer aux choses. Cette violence ne sera sans doute pas celle d'Émile, qui est toujours doux, mais plutôt celle d'un élève indocile (c'est ce que précisait la version préparatoire d'*Émile*, le « Manuscrit Favre »). Dans ce cas, à la pulsion primitive de l'enfant désireux d'exercer son corps pour s'approprier ce qu'il désire, éventuellement pour détruire, il faut impérativement que l'éducation réponde. C'est dans ce contexte que surgit donc la première mise en scène destinée à former le sens de la justice. Très tôt, l'éducation doit faire émerger l'idée de propriété et de protection de la propriété privée (p. 329-330).

Donner à l'enfant l'idée de la propriété revient à le faire accéder à son origine, c'est-à-dire à sa production réelle, à son engendrement causal. De ce point de vue, il ne faut pas s'étonner que Rousseau, contempteur dans le second *Discours* des ravages de l'invention de la propriété privée, place ici l'idée de propriété à l'origine de l'éducation à la justice. La rupture, à bien des égards, n'est qu'apparente. D'une part, Rousseau reconnaît dès le second *Discours* que seul le travail, parfois en conflit avec le droit du premier occupant, peut rendre raison de l'appropriation primitive, et que les premières règles de justice suivent l'établissement de la propriété privée[1]. D'autre part, Émile doit vivre dans

---

1. *DOI*, p. 173. Voir V. Goldschmidt, *Anthropologie et Politique. Les principes du système de Rousseau*, Paris, Vrin, 1983.

une société civile régie par la propriété privée, la division du travail et le développement des échanges, alors même que le désir d'appropriation est donné comme un désir naturel et primitif, dépendant de l'amour de soi. Hobbes n'a pas entièrement tort : « c'est une disposition naturelle de l'homme de regarder comme sien tout ce qui est en son pouvoir » (p. 314). Or antérieurement à toute conception de la convention, et à tout sens du respect des conventions, comment contrer le désir d'appropriation (que l'éducation s'efforce de limiter en limitant, selon leurs bornes naturelles, la croissance des besoins) ?

Rousseau part de l'épreuve vécue de l'injustice plutôt que d'un sens supposé de la justice. L'enfant doit prendre conscience qu'il souffre de la privation des choses qui lui appartiennent ; il doit donc être confronté au sentiment d'être privé de ce à quoi il s'est attaché. À cet égard, la mise en scène du gouverneur permet, bien mieux qu'une leçon de morale, de faire comprendre à l'enfant que le soin qu'on accorde sous forme de temps, de peine et de travail attache à l'objet du soin. C'est en investissant affectivement l'objet – en *donnant de sa personne* – que l'on éprouve l'attachement au monde ; et c'est lorsque ce lien créé se trouve détruit que l'on éprouve sa première souffrance morale. Remontant à l'origine de l'idée de propriété, Rousseau procède ainsi à une généalogie de la morale. L'expérience de l'injustice donne lieu à un premier sentiment, au-delà de la réaction primitive face à l'atteinte au corps propre. L'enfant comprend désormais qu'il peut être atteint en ce qui s'étend au-delà de lui, qui est à cet égard son « bien ». La mise en scène est éloquente. Ayant planté des fèves et arrivant l'arrosoir à la main, Émile se trouve confronté à un spectacle tragique – celui de ses fèves arrachées et du terrain sens dessus dessous :

Ah ! Qu'est devenu mon travail, mon ouvrage, le doux
fruit de mes soins et de mes sueurs ? Qui m'a ravi mon
bien ? qui m'a pris mes fèves ? Ce jeune cœur se soulève ;
le premier sentiment de l'injustice y vient verser sa triste
amertume ; les larmes coulent en ruisseaux ; l'enfant
désolé remplit l'air de gémissements et de cris. On prend
part à sa peine, à son indignation ; on cherche, on
s'informe, on fait des perquisitions. Enfin l'on découvre
que le jardinier a fait le coup : on le fait venir (p. 330-1).

Ce premier acte de la tragédie morale se dénoue par la
prise du coupable. La morale se conçoit d'emblée dans un
contexte social : la « triste amertume » soulevée par le
premier sentiment d'injustice s'extériorise dans une plainte
qui, une fois énoncé le sujet du grief (« qu'est devenu mon
travail, mon ouvrage, le doux fruit de mes soins et de mes
sueurs ? ») se tourne vers la recherche de l'auteur d'une
telle faute (qui a ravi le bien ?). Ainsi faut-il souligner que
la première apparition du *bien* dans la philosophie morale
se livre sous les espèces de « mon bien » entendu à la fois
dans sa matérialité et dans son rapport à l'affectivité (le
« doux fruit » de ses soins). C'est la privation accidentelle
de ce bien qui conduit à l'inquisition et aux « perquisitions » :
les adultes qui entourent l'enfant se prêtent à la recherche
du coupable et à l'instauration d'une forme de tribunal où
l'on attend que celui-ci soit jugé. Le sentiment d'injustice,
douleur réelle exprimée par des gémissements et des cris,
entraîne donc la personne vulnérable dans un espace social
où les secours qu'on lui prête expriment la pitié qu'il
suscite. Aussi le contexte domestique (les serviteurs viennent
au secours de l'enfant, c'est le jardinier qui semble être
l'auteur du crime) ne doit-il pas éluder la dimension
d'emblée sociale qui traduit l'expression immédiate et
brute du premier sentiment d'injustice : à peine énoncée

sous la forme primitive du cri, la plainte suscite l'apparition d'un ordre public de la justice. Amour de soi et pitié suffisent, sans la médiation de la raison, à passer de l'ordre immédiat de l'affectivité éprouvée (l'indignation, la douleur morale) à l'ordre public de la recherche rationnelle des causes (l'auteur du mal commis).

Pourtant, il ne s'agit là que du premier acte du drame de la propriété, et le second conduit à un rebondissement inattendu, car le coupable présumé se transforme en victime, et sa défense en réquisitoire :

> Mais nous voici bien loin de compte. Le jardinier, apprenant de quoi on se plaint, commence à se plaindre plus haut que nous. Quoi ! Messieurs, c'est vous qui m'avez ainsi gâté mon ouvrage ! J'avais semé là des melons de Malte dont la graine m'avait été donnée comme un trésor, et desquels j'espérais vous régaler quand ils seraient mûrs ; mais voilà que, pour y planter vos misérables fèves, vous m'avez détruit mes melons déjà tout levés, et que je ne remplacerai jamais. Vous m'avez fait un tort irréparable, et vous vous êtes privés vous-mêmes du plaisir de manger des melons exquis (p. 331).

L'injustice apparente dissimulait donc une injustice plus grave, que l'enfant avait commise sans s'en rendre compte : lui-même s'était rendu coupable d'une destruction de l'objet du travail et des soins d'autrui, en négligeant le droit issu du travail d'un précédent occupant. Le dialogue qui s'engage dès lors témoigne de la complexité sociale du problème de la propriété : il est impossible de séparer la protection de la propriété privée de la question de l'origine et du fondement de l'appropriation.

Faut-il accorder la priorité au droit issu du travail ou au droit du premier occupant ? Le premier donne-t-il la clé du *fondement* de l'appropriation, là où le second n'en

livrerait pour ainsi dire que l'*origine* ou le commencement[1] ?
Le *DOI* avait fait du droit du premier occupant une forme
d'usurpation, toujours menacée par le droit du plus fort
dont il ne diffère pas essentiellement (p. 176). Mais
privilégier le seul droit issu du travail n'a rien d'évident :
certes, le *Contrat social* fait de la culture des terres le seul
« signe de propriété qui au défaut de titres juridiques doive
être respecté d'autrui » (*CS*, I, 9). Mais le second *Discours*
stipulait clairement, contre Locke, que l'appropriation
issue du travail ne peut être justifiée que par un « consentement unanime et exprès du genre humain » – consentement
fort improbable dès lors que les exclus de la propriété ne
sauraient rationnellement consentir au mécanisme de leur
spoliation. Or l'*Émile* répond à son tour au second *Traité
du gouvernement civil* qui refusait précisément l'argument
selon lequel le consentement unanime du genre humain
est requis pour justifier l'appropriation primitive par le
travail :

> La quantité de terre qu'un homme laboure, plante, amende
> et cultive, et dont il peut utiliser le produit, voilà ce qui
> définit l'étendue de sa propriété. Par son travail, il l'enclôt,
> pour ainsi dire, en la séparant de ce qui est commun. On
> n'invalidera pas son droit en disant que tout le monde
> possédait un titre égal et qu'il ne pouvait donc se
> l'approprier ni l'enclore sans le consentement de ses
> copossesseurs, c'est-à-dire de l'ensemble du genre
> humain[2].

---

1. Sur cette opposition entre origine et fondement, voir B. Bachofen,
La Condition de la liberté, Paris, Payot, 2002, p. 131-143 ; et sur le
rapport à Locke, « *Une "robinsonnade" paradoxale : les leçons d'économie
de l'*Émile », *Archives de Philosophie*, 2009/1, t. 72.
2. Locke, *Traité du gouvernement civil*, trad. J.-F. Spitz, Paris, P.U.F.,
1994, § 32, p. 25.

Rousseau réfute ce sophisme : antérieurement au droit positif, seul un « droit précaire et abusif » peut garantir les possessions ; rien ne peut les légitimer en droit, dès lors qu'aucun consentement ne peut justifier que l'appropriation suppose pour certains la privation du droit à l'existence (*DOI*, p. 176-7). La différence est saisissante : là où Locke avait fini par concevoir, avec l'invention de la monnaie, l'abolition des limites d'abord posées par la loi naturelle à l'appropriation (limitations censées rendre compatibles la conservation de chacun et celle du genre humain[1]), Rousseau montre qu'une telle absence de limites rend illégitime toute tentative de dégager un fondement à l'appropriation – le consentement de chacun étant manifestement hors d'atteinte avant que soit énoncé le pacte dupant les dépossédés en invalidant leurs prétentions. Que la propriété ait nécessairement une origine arbitraire, qu'elle soit toujours plus ou moins issue d'un *coup de force* qui laisse le possédant « destitué de raisons valables pour se justifier », voilà ce qu'établit sans équivoque le second *Discours*, et dont on trouve le prolongement dans la mise en scène d'*Émile*. Il reste que face au conflit des prétentions à l'appropriation, l'ouvrage parvient à une solution formelle : le droit issu du travail est adossé, par la médiation de l'héritage, à celui du premier occupant ; il n'y a plus lieu d'opposer le droit issu de l'occupation du droit au travail, l'origine au fondement.

Mais justification n'est pas justice. Des circonstances singulières sont nécessaires pour faire surgir l'utilité des règles de justice : c'est la rareté des terres, une fois l'espace de la Terre saturé par l'appropriation primitive, qui suscite la nécessité d'une régulation. Locke envisageait une

---

1. *Ibid.*, § 27.

abondance originelle, justifiant ainsi que l'activité transformatrice issue du corps propre de l'individu puisse lui donner droit, naturellement, à sa propriété ; il écartait l'hypothèse de controverses sur les titres de propriété liés à l'empiètement des uns sur le droit des autres[1]. Comme l'a montré Blaise Bachofen, Rousseau rompt avec ce mythe fondateur du libéralisme naissant : l'appropriation des uns suppose l'expropriation des autres ; elle contrevient radicalement au *droit naturel* qu'a chacun de subvenir à ses besoins primaires – seule figure du droit naturel qui vaille[2].

Le dialogue d'*Émile* illustre à ce titre la nécessité de démystifier le discours du possédant, sa rhétorique et ses sophismes (ici encore innocents). Car si l'enfant demande pardon en prenant conscience du mal qu'il a commis et du tort qu'il entend immédiatement réparer (le repentir se conjuguant à la promesse de ne plus recommencer ce qui apparaît désormais comme un tort), le jardinier répond en invoquant ce qu'il faut bien nommer la *question sociale* – celle-là même que le second *Discours* avait placé au cœur de son dispositif théorique :

> JEAN-JACQUES : Excusez-nous, mon pauvre Robert. Vous aviez mis là votre travail, votre peine. Je vois bien que nous avons eu tort de gâter votre ouvrage ; mais nous vous ferons venir d'autre graine de Malte, et nous ne travaillerons plus la terre avant de savoir si quelqu'un n'y a point mis la main avant nous.
>
> ROBERT : Oh ! bien, messieurs, vous pouvez donc vous reposer, car il n'y a plus guère de terre en friche. Moi, je travaille celle que mon père a bonifiée ; chacun en fait

---

1. Locke, *Traité du gouvernement civil*, § 32-35, 40-45, 51 : « Ceci ne laissait aucune place aux controverses à propos des titres… » (p. 38).
2. Voir *Émile*, p. 467-468.

autant de son côté, et toutes les terres que vous voyez
sont occupées depuis longtemps (p. 331-332).

Si la question de la justice est indissociablement sociale
et morale, c'est que la question du « surnuméraire » est
inséparable des origines de la propriété privée[1]. C'est parce
que l'appropriation primitive a laissé des hommes démunis,
dépourvus de moyens de subsistance, que l'émergence
première du sentiment d'injustice a égard pour eux – les
laissés-pour-compte du dispositif de l'inégalité. Toutes les
dimensions de la société civile qui appelleront
l'institutionnalisation de la justice sont en un sens contenues
dans ce moment originaire : ceux qui ne peuvent hériter
de la propriété foncière en sont souvent irrémédiablement
exclus, et réduits pour vivre à la dépendance d'autrui. Ainsi
la question de la justice se pose-t-elle d'emblée comme
une question sociale : celle des hommes privés de la
possibilité de travailler pour eux-mêmes et de s'approprier
leur bien propre. À cet égard, l'idée de propriété, antérieure
dans la gradation des idées morales à l'idée de liberté, y
conduit implicitement : celui qui ne peut posséder ne peut
être son propre maître. Tout ceci n'est pas encore accessible
à l'enfant, mais le dispositif rhétorique dans lequel il se
trouve pris lors de sa première épreuve de l'injustice
l'engage sur cette voie. Au moment même où il souffre
pour la première fois d'une atteinte à ce qui lui semble
être sa propriété, Émile est soumis au doute sur la valeur
de ce sentiment apparemment primitif : *sous* la propriété
qu'il s'est acquise, par son soin, gît une autre propriété qui
invalide la prétention précédente – tout titre de propriété
paraissant *in fine* usurpé et arbitraire. La mise en scène

---

1. *DOI*, p. 175. Voir B. Bachofen, *La Condition de la liberté*, *op. cit.*,
p. 143-148.

morale vaut comme une leçon de choses : ce qui est premier
n'est pas originaire ; l'indignation a beau paraître naturelle,
elle n'est pas toujours légitime pour autant.

Loin de tout naturalisme naïf, Rousseau expose donc
les ressorts du mécanisme social qui exclut toute conception
autonome de la morale. Dans la société civile où l'inégalité
est le ressort de la société, la morale ne peut être que
sociale. Mais dans l'*Émile*, il ne s'agit pas tant de critiquer
la société civile « bourgeoise » que d'y préparer l'enfant
sans le corrompre par ses préjugés. Il faudra donc rendre
compte du principe de respect de la propriété et de
l'*obligation* qui en découle. La suite de la fiction en
témoigne :

> ÉMILE : Monsieur Robert, il y a donc souvent de la
> graine de melon perdue ?
>
> ROBERT : Pardonnez-moi, mon jeune cadet ; car il ne
> nous vient pas souvent de petits messieurs aussi étourdis
> que vous. Personne ne touche au jardin de son voisin ;
> chacun respecte le travail des autres, afin que le sien soit
> en sûreté (p. 332).

Le dialogue pourrait s'arrêter là, et la justification de
l'ordre social reposerait dès lors sur le principe prudentiel
de réciprocité : chacun s'engage à ne pas porter atteinte
aux droits d'autrui afin que celui-ci respecte ses propres
droits. Mais il n'en est rien, car le principe de réciprocité
ne peut prendre sens que si ceux qui l'appliquent sont
égaux. *L'asymétrie des positions vient donc hanter le
principe du fonctionnement social.* Rousseau met en lumière
le désordre initial qui engendre toutes les « contradictions
du système social » (p. 311). Le dispositif lockien est
déstabilisé par l'objection très simple du surnuméraire (ici
Émile, fils de riche artificiellement mis dans la peau du

démuni par un échange de place fictif avec le jardinier, son serviteur) :

> ÉMILE : Mais moi je n'ai point de jardin.
>
> ROBERT : Que m'importe ? si vous gâtez le mien, je ne vous y laisserai plus promener ; car, voyez-vous, je ne veux pas perdre ma peine (p. 332).

Le quatrième acte du drame prouve ainsi que la réciprocité ne peut fonder la justice. La voix enfin entendue de l'exclu, du surnuméraire, vient déstabiliser ce qui apparaissait pourtant comme le socle moral de l'ordre social. L'asymétrie empêche de clore le dispositif de réparation de l'injustice : il ne suffit pas de restaurer l'ordre rompu par l'atteinte à la propriété, car cet ordre même s'avère injuste. Loin de s'arrêter à la leçon de Locke et à sa version de la modernité (protéger les droits naturels issus de la propriété, du travail, et ultimement, de la propriété de soi et de son corps), Rousseau subvertit cette morale sociale dont le naturalisme n'est qu'un paravent idéologique. Si l'acquisition primitive doit toujours être soupçonnée d'usurpation, la propriété de soi ne peut servir de fondement naturel à la propriété privée. Éviter que l'invocation de la nature ne soit qu'un leurre, un simulacre qui requiert l'hypothèse métaphysique de la loi naturelle, suppose de démystifier les fausses genèses. La généalogie rousseauiste de la morale ne saurait se satisfaire de la découverte d'une origine qui n'a de naturel que le nom. Mettre à jour les fondements naturels de la morale suppose, une fois l'homme en société, que l'on prenne en compte la dimension sociale – le caractère inégalitaire des rapports sociaux. À ce stade, Rousseau ne s'interroge pas sur la justice de cette origine (pourquoi Émile est-il privé de jardin, pourquoi est-il exclu, soi-disant, des bienfaits de la propriété foncière ?). Mais il montre que l'exclu se trouve confronté à un déni de son questionnement légitime : « peu m'importe », répond le jardinier, peu soucieux de savoir d'où provient son héritage et s'il n'est pas le fruit d'une injustice originelle.

Il reste que cette solution, une fois encore, est insatisfaisante. La justice ne saurait (sur le modèle humien cette fois[1]) s'en tenir au respect de la propriété et des contrats. Le tiers (Jean-Jacques) suggère en effet une négociation ou un compromis :

> JEAN-JACQUES : Ne pourrait-on pas proposer un arrangement au bon Robert ? Qu'il nous accorde, à mon petit ami et à moi, un coin de son jardin pour le cultiver, à condition qu'il aura la moitié du produit (p. 332).

Le cinquième et dernier acte se joue ici : en proposant d'acheter un coin de terre en échange de la moitié du produit du travail qu'il y accomplit, « Jean-Jacques » expose le processus qui conduit ceux qui ne possèdent rien à se vendre en nature, c'est-à-dire à vendre leur force de travail. À nouveau, le modèle lockien se trouve retourné : loin que la propriété des biens procède naturellement de la propriété du corps, c'est la propriété du corps qui se trouve mise en cause par l'absence d'universalité d'une possession des biens ; le « pauvre » devra vendre son corps afin de subvenir à ses besoins. Le dénouement de l'histoire ressemble dès lors à une réconciliation, à une restauration de l'ordre perturbé par le tort d'abord qualifié d'irréparable : le marché est conclu par un « arrangement » à l'avantage d'Émile (le généreux Robert lui faisant grâce de sa contribution en nature). Du point de vue de la genèse du sentiment de justice, la leçon est sans équivoque ; une fois

1. Hume, *Traité de la nature humaine*, Paris, GF-Flammarion, 1995, III, II, 2-5.

qu'une forme de symétrie est établie (Émile devient propriétaire à son tour, quoique seulement pour l'usufruit), c'est bien la réciprocité qui fonde prudentiellement la morale. C'est ce que suggère le jardinier, apaisé mais toujours méfiant : « Je vous l'accorde sans condition. Mais souvenez-vous que j'irai labourer vos fèves, si vous touchez à mes melons » (p. 332).

Antérieurement à toute institutionnalisation de la justice, le marché de l'enfant et du jardinier témoigne donc d'une première genèse du sens de la justice. La « scène originaire » doit servir de leçon et enraciner dans l'imagination de l'enfant les motivations qui devront le conduire au respect des règles protégeant la propriété privée. Cette scène originaire ne recourt pas à la raison pour légitimer les règles et les conventions ; seule l'imagination, sous la forme d'un souvenir traumatique et d'une menace future de représailles en cas de transgression, peut enraciner le sentiment d'obligation.

Corrélativement, cette genèse permet non seulement de *récuser toute conception autonome de la moralité* (une fois l'homme en société, la morale est forcément sociale) mais aussi d'*éliminer toute vision naïvement naturaliste de la morale.* Penser une morale et une politique « selon la nature » revient à dévoiler les artifices dont elle pourrait se parer en se faisant passer pour une morale ou une politique naturelle ; il s'agit de déjouer les ruses de la réciprocité qui voudrait se donner comme fondement naturel et rationnel – fondement que les jusnaturalistes ont cristallisé dans leur règle d'or : *ne pas faire à autrui ce que l'on ne voudrait pas qu'il nous fasse.* De cette règle d'or, fondement de la sociabilité humaine et, de là, de la justice, Rousseau et le gouverneur exposent les limites : la règle de droit ne peut prendre sens qu'entre des êtres

égaux en fait. Il serait absurde de prétendre que les hommes
sont égaux par nature et que la raison leur fait reconnaître
cette règle rationnelle en même temps qu'elle les fait
prendre conscience de leur égalité. Car l'inégalité de fait,
en société, introduit une asymétrie que la morale ne peut
en aucun cas résorber. Les hommes naissent libres et égaux
dans l'état de nature ; mais ils ne naissent plus libres et
égaux dans l'état civil – ne serait-ce qu'en raison de
l'héritage, qui perpétue l'inégalité originelle. En récusant
la thèse attribuée à Filmer d'une propriété fondée sur
l'héritage issu d'Adam, Locke n'a donc fait que perpétuer
le mythe : l'héritage demeure en tant que noyau arbitraire
de la société civile. De ce fait, la justice ne saurait se
restreindre à des règles de stabilisation de la propriété, de
son acquisition à sa conservation et à sa cession. La genèse
du sens de la justice pose d'emblée la question de
« l'individualisme possessif »[1].

Le respect des obligations

L'entrée dans le monde moral est contemporaine de
cette leçon de choses qui introduit à l'idée de propriété et
de droit – leçon qui, dans la pratique, pourra prendre une
année entière, tant l'émergence du sens de la justice est
lente. Il faudra bien d'autres mises en scène afin d'apaiser
la propension de l'enfant à s'approprier et à détruire les
choses qui l'entourent. La suivante contribuera à faire
naître dans l'esprit de l'enfant la première véritable maxime
morale : le respect de la propriété est immédiatement lié
à l'idée du respect des conventions et des obligations. Il
s'agit de faire sentir à l'enfant le préjudice de la privation
de la propriété mais aussi, indissociablement, de la liberté –

---

1. Voir P. Crétois, *Le renversement de l'individualisme possessif.*
De Hobbes à l'État social, Paris, Classiques Garnier, 2014.

la seule chose que l'enfant possède en propre et ce qui lui est le plus cher. Pour cela, les sanctions adéquates sont celles qui se donnent comme des effets naturels de l'action, et non comme des punitions arbitraires. Le gouverneur ne remplacera pas les objets que l'enfant « discole » détériore ; il l'enfermera pour le punir dans un lieu froid et venté puis obscur (où la lumière, en l'absence de vitres que l'enfant a brisées, ne parvient plus). C'est l'enfant lui-même qui doit proposer un accord destiné à restaurer l'ordre qu'il a violé en portant atteinte aux objets : il doit promettre que, si on lui restitue sa liberté, il respectera désormais la propriété. *Le sens de la justice, lié au respect des règles de propriété, émerge réellement au moment où cette promesse est scellée par l'affectivité.* Rousseau conseille au gouverneur une conduite adaptée :

> vous l'accepterez [la convention proposée par l'enfant] à l'instant en lui disant : C'est très bien pensé ; nous y gagnerons tous deux, que n'avez-vous eu plus tôt cette bonne idée ! Et puis, sans lui demander ni protestation ni confirmation de sa promesse, vous l'embrasserez avec joie et l'emmènerez sur-le-champ dans sa chambre, regardant cet accord comme sacré et inviolable autant que si le serment y avait passé. Quelle idée pensez-vous qu'il prendra, sur ce procédé, de la foi des engagements et de leur utilité ? je suis trompé s'il y a sur la terre un seul enfant, non déjà gâté, à l'épreuve de cette conduite, et qui s'avise après cela de casser une fenêtre à dessein. Suivez la chaîne de tout cela. Le petit méchant ne songeait guère, en faisant un trou pour planter sa fève, qu'il se creusait un cachot où sa science ne tarderait pas à le faire enfermer (p. 334).

Dans ce nouvel épisode de l'éducation morale, l'idée « de la foi des engagements et de leur utilité » est donc acquise grâce à un dispositif où l'enfant prend conscience de la menace qui accompagne pour lui l'atteinte à la propriété. Il s'agit bel et bien d'une forme de conditionnement ou de dressage usant des ressorts de l'imagination et de l'affectivité : l'enfant doit associer mécaniquement des faits ou des idées, il doit associer à sa violence l'idée d'atteinte à son intégrité corporelle et à sa liberté, il doit associer au respect de la propriété, surtout, l'affection des êtres aimés. Conformément à l'un des principes de l'éducation négative, la sanction n'est pas infligée comme effet d'autorité mais se présente comme suite naturelle de la mauvaise action commise (le châtiment corporel ne consistant pas à donner des coups mais à exposer l'enfant à la privation de ce qu'il détruit, selon la loi inexorable de la nécessité) ; suivie d'une réconciliation conditionnée, elle doit servir à inculquer le respect de la parole donnée. C'est en vertu de l'accord considéré comme inviolable et sacré que l'enfant s'abstiendra dorénavant d'attenter à la propriété. Tout se passe comme si les *lois morales* devaient désormais constituer un joug aussi indestructible que celui des *lois naturelles* par lesquelles l'enfant subit les conséquences des actes pernicieux qu'il a commis. À l'âge où la nature conduit l'enfant par la loi de la nécessité et non par celle de l'opinion, le sens de l'obligation ne peut émerger que dans le contexte d'un échange utile, d'une forme de pacte ou de contrat qui joue de cette nécessité (de la dépendance des choses et non des hommes) : c'est pour son utilité – pour regagner sa liberté, conçue à son âge comme liberté de mouvement, absence d'entrave à sa mobilité – que l'enfant accepte d'enchaîner sa liberté, par la chaîne morale du respect des conventions et des promesses. La leçon est magistrale : l'enfant demande *lui-même* (après qu'on lui ait suggéré) l'accord qui le met sur la voie de l'autonomie morale. C'est donc bien pour la liberté et par la liberté que le sens de la justice se trouve d'emblée formé.

Ce sens de la justice est-il cependant suffisamment enraciné, et le respect des obligations, principe même de la morale sociale, pourra-t-il dorénavant enchaîner la volonté ? Certes, la maxime morale semble doublement garantie : par la raison (celle à laquelle l'enfant peut accéder, en liant ses actes aux conséquences qu'ils engendrent), par le sentiment (la récompense verbale et la gratification affective octroyées en réponse à la proposition d'accord qui échange liberté retrouvée contre respect de la propriété). La conscience de l'utilité conduit l'enfant à proposer cet accord qui tout à la fois délivre sa liberté (de son cachot physique) et conduit à l'enchaîner (dans l'obligation qui constitue le lien, sinon la prison, du monde moral[1]). Mais suffit-elle à fonder subjectivement le sens de la justice ? Une note ajoutée par Rousseau témoigne de son embarras au moment crucial où s'opère l'entrée dans le monde moral :

> Au reste, quand ce devoir de tenir ses engagements ne serait pas affermi dans l'esprit de l'enfant par le poids de son utilité, bientôt le sentiment intérieur, commençant à poindre, le lui imposerait comme une loi de la conscience, comme un principe inné qui n'attend pour se développer que les connaissances auxquelles il s'applique. Ce premier trait n'est point marqué par la main des hommes, mais gravé dans nos cœurs par l'auteur de toute justice (p. 334).

Dans cette note apparaît la difficulté majeure à laquelle Rousseau se trouve confronté : il se pourrait que l'enfant

---

1. Sur l'obligation comme atteinte à la liberté, voir la VIe Promenade, et notre analyse dans « L'insoutenable légèreté de l'être. Les errances de la conscience dans les *Rêveries du promeneur solitaire* », *Studi Filososofici* XXXVIII, 2015, p. 139-156.

ne soit pas, littéralement, *lié* par le devoir au regard du
« poids » de son utilité – le terme répond à la physique
morale qui correspond à l'âge d'Émile. Ce devoir, en effet,
n'est plus seulement un devoir envers lui-même, dans la
continuité de l'amour de soi ; il est aussi devoir envers
autrui, du moins envers celui qui, par son statut, devient
en quelque sorte *garant des promesses.* L'autarcie morale
se trouve de la sorte rompue, et la question se pose : *du
lien physique peut-on passer, via l'attachement affectif,
au lien moral ?* Toute la question de l'éducation à la justice
est là. Si l'enfant est sensible à son intérêt immédiat (il
veut pouvoir disposer à son gré de son corps et de sa
liberté), cette conscience suffit-elle à enclencher un
mécanisme moral irréversible – l'entrée dans le « monde
moral » étant associée à la soumission volontaire à ses
lois, aussi inflexibles que celles du monde physique ?

Au livre I de *L'Esprit des lois*, Montesquieu avait récusé
le pur rationalisme moral : le monde moral n'est pas aussi
bien gouverné que le monde physique. L'homme, du fait
de son entendement borné et des passions qui affectent sa
volonté, est enclin à ne pas suivre les lois du monde moral
à la manière dont les corps matériels suivent les lois du
monde physique. Seul un être sans passions – un être dénué
de corps et de sensibilité, animé par sa seule rationalité –
serait capable de suivre les lois naturelles d'équité.
L'homme, en tant qu'*être sensible*, ne peut suivre
spontanément la justice à laquelle la volonté d'un être
rationnel se conformerait. C'est précisément pour cette
raison que le législateur doit intervenir et obliger l'homme,
par les lois, au respect de ses obligations[1].

---

1. Nous nous permettons de renvoyer à C. Spector, *Montesquieu.
Liberté, droit et histoire*, Paris, Michalon, « Le Bien commun », 2010,
chap. 1.

Or quelle solution Rousseau propose-t-il à cette question de l'obligation morale destinée à un être sensible ? Celui qui peut prétendre, autant que Montesquieu, au titre de « Newton du monde moral », se trouve confronté ici à une aporie : s'il refuse de faire intervenir le législateur – optique qu'il réserve au *Contrat social* – quelle instance pourra garantir que le consentement donné par l'enfant tiendra plus longtemps que son intérêt sensible et immédiat ? Pourquoi l'enfant, qui vit au présent, lierait-il sa volonté dans le temps de façon indestructible et pourquoi consentirait-il à s'assujettir au respect des conventions qui fonde la société des hommes ? Le recours au « sentiment intérieur » et surtout l'apparition prématurée de la « conscience » trahissent l'immensité de la difficulté : aux yeux de Rousseau, la « loi de la conscience » qui forme le sens de la justice peut seule imposer le respect, par la volonté libre, des obligations ou des devoirs. Mais la conscience associée au sentiment intérieur ne peut apparaître si tôt, pas avant l'adolescence – d'où les indications temporelles de l'auteur, qui traduisent son embarras. Certes, la nature est conçue comme une puissance vouée à s'actualiser lorsque les idées le lui permettront. Mais quel est au juste le statut de cette puissance en réserve, antérieurement à son actualisation ? À ce stade, il est impossible de répondre. Simplement, l'éducation morale consiste à fournir à l'homme les idées qui permettront à la conscience, entendue comme disposition à aimer le bien, d'émerger de façon éclairée : si la raison sans la conscience est moralement vide, la conscience sans la raison est aveugle.

Le champ de la philosophie morale s'étend au-delà de l'intérêt et donc de la crainte de la sanction : « Ôtez la loi primitive des conventions et l'obligation qu'elle impose, tout est illusoire et vain dans la société humaine » (p. 334, note).

Rousseau recourt pour l'expliquer à un modèle qui s'apparente à de la théorie des jeux : « Qui ne tient que par son profit à sa promesse n'est guère plus lié que s'il n'eût rien promis ; ou tout au plus il en sera du pouvoir de la violer comme de la bisque des joueurs, qui ne tardent à s'en prévaloir que pour attendre le moment de s'en prévaloir avec plus d'avantage » (p. 334). La thèse est opposée au modèle de Hobbes et de Diderot, mais aussi au modèle plus subtil de Hume, qui recourait à des exemples issus des jeux de hasard afin de comprendre la formation de la vertu de justice à partir de l'intérêt éclairé : en un mot, Rousseau ne croit pas que l'intérêt suffise à faire respecter les promesses[1]. Il doit dès lors proposer une hypothèse seule capable de suppléer au manque de « poids » du principe d'utilité : l'hypothèse d'un sens de la justice inné, celle de la conscience. L'auteur de l'*Émile* ne se serait-il émancipé du naturalisme lockien et du jusnaturalisme moderne que pour retomber dans un semblable écueil ? La question demeure ici en suspens, et ne pourra trouver sa réponse qu'au livre IV. Pour l'heure, Rousseau se contente de mettre en relief la nécessité de revenir à la genèse du sentiment d'obligation, au-delà de l'intérêt nu ou éclairé : « Ce principe est de la dernière importance, et mérite d'être approfondi ; car c'est ici que l'homme commence à se mettre en contradiction avec lui-même » (*ibid.*).

---

1. Nous nous permettons de renvoyer à C. Spector, *Éloges de l'injustice. La philosophie face à la déraison*, Paris, Seuil, 2016.

CHAPITRE III

LE LIVRE III : L'ÂGE D'INTELLIGENCE

Au livre III, l'équilibre qui prévalait entre forces et besoins devient excès de force relative. Dans la philosophie des âges de la vie de Rousseau, qui répond à celle de Buffon dans l'*Histoire naturelle*, « l'âge d'intelligence » intervient vers douze ou treize ans. Cet âge est celui de la curiosité, qui procède d'une surabondance d'énergie avant la puberté. Que faire de cette énergie nouvelle ? La réponse de Rousseau est économique : « Il tâchera de l'employer à des soins qui lui puissent profiter au besoin » (p. 427). C'est l'âge de la prévoyance ; le superflu sert à anticiper le manque. Mais la nécessité d'accumuler ne renvoie pas à celle de thésauriser : « pour s'approprier véritablement son acquis, c'est dans ses bras, dans sa tête, c'est dans lui qu'il le logera ». Ainsi vient le temps des travaux, des instructions, des études. L'enfant de douze ans est dans un état d'exception : robuste par son corps, et un esprit encore en friche. Concernant cette force surabondante, Rousseau prend soin d'écarter une objection qu'il « pressent », ce qui autorise un passage cocasse sur le fait que son élève ne sera pas une de « ces poupées ambulantes qui voyagent d'une chambre à l'autre, qui labourent dans une caisse et portent des fardeaux de carton » (p. 427). Contre Buffon, il refuse « que la force virile ne se manifeste qu'avec la virilité ». Car sans entrer ici dans l'analyse physiologique évoquée de manière lapidaire (si on la compare à celle de Buffon), il importe de souligner l'opposition réitérée à la « philosophie de cabinet » auquel Rousseau oppose le recours à l'expérience. En réalité, les progrès dans l'intelligence et l'activité de l'esprit qui répondent à l'activité du corps demeurent ordonnés au « désir inné de bien-être » (p. 429). Cette utilité sensible est le ressort de l'éducation, alors que l'entrée dans le monde moral et social n'est pas encore accomplie.

L'originalité de Rousseau tient donc à ce qu'il opère la conjonction de deux types de discours jusqu'alors disjoints : d'une part, le *discours naturaliste* sur le corps humain, son anatomie, sa croissance, qui est un discours de type physiologique que l'on trouve chez Buffon ; d'autre part, le *discours pédagogique* très répandu au moment où écrit Rousseau, et où Locke, l'abbé de Saint-Pierre et Condillac se sont illustrés. En d'autres termes, Rousseau greffe sur un discours naturaliste un discours pédagogique relatif à ce qu'il convient d'apprendre. Au début du Cahier 4 du Ms Favre, le titre du passage déterminera l'existence du livre III d'*Émile* : « l'âge d'intelligence », selon Rousseau, mérite en réalité un livre à part. Surtout, invoquer l'intelligence revient à répondre à l'*Histoire naturelle de l'homme*, qui a manqué le véritable objet d'une théorie de l'homme, soit l'ancrage du moral dans le physique et l'unité indissoluble de la sensibilité. Alors même qu'il n'a de cesse de glorifier la raison humaine, Buffon n'a pas compris l'émergence des aptitudes rationnelles de l'humanité ; en distinguant quatre âges dans la vie de l'homme (l'enfance, l'adolescence, l'âge viril et la vieillesse), il a omis l'émergence de l'esprit et a négligé le fait que les passions puissent s'éveiller avant la raison. Un ajout d'*Émile* au terme de la comparaison entre l'élève du précepteur et les garçons des villes en témoigne. Afin de prouver par l'expérience des garçons des campagnes ou des ouvriers que l'énergie est débordante à cet âge, Rousseau ajoutera alors, pour mieux se démarquer de la théorie buffonienne de l'homme physique : « D'ailleurs il n'est pas ici question seulement de forces physiques, mais surtout de la force et capacité de l'esprit qui les supplée ou qui les dirige »[1].

Du bon usage de la curiosité

En premier lieu, la curiosité n'est pas immédiate ; si elle est un « principe naturel au cœur humain », elle ne se développe « qu'en proportion de nos passions et de nos lumières » (p. 429). Elle prend son essor à l'« âge d'intelligence », au moment où la surabondance d'énergie conduit à accumuler des « provisions » d'idées et à les loger dans son esprit, conçu comme « magasin » (p. 427)[2]. L'intelligence surgit comme une nouvelle faculté liée à un excès d'énergie vitale. Cela ne fait certes pas de Rousseau un matérialiste ; mais cela fait de lui un théoricien profondément original de la raison : la raison intellectuelle est le produit de l'histoire, ou de la croissance corporelle qui libère une énergie « de trop », du point de vue de la conservation de soi, énergie surabondante qui pourra donc être utilisée, au-delà de la raison sensitive, pour le loisir de l'étude.

Néanmoins, cette ressource énergétique n'est pas infinie : il faut donc limiter les études au strict nécessaire.

---

1. *Émile*, p. 427.
2. Sur l'idée d'une curiosité naturelle motrice de l'instruction, voir par exemple l'abbé de Saint-Pierre, *Projet pour perfectionner l'éducation*, Paris, Briasson, 1728, p. 106.

Le choix des connaissances à acquérir sera drastique et se limitera à celles qui sont utiles au pré-adolescent, à ce qui lui importe réellement. L'érudition est proscrite ; elle ne crée que des pédants. Ce lieu commun de la réforme de l'éducation et notamment de l'Académie des sciences depuis Fontenelle est ici infléchi. Car de quelle utilité s'agit-il au juste ? Pour l'enfant, c'est d'abord une utilité sensible, en rapport avec son bien-être ; la question qui l'occupe est « À quoi cela est-il bon ? » (p. 446). L'éducation livresque est donc proscrite. L'aveu de Rousseau est une provocation : « Je hais les livres ; ils n'apprennent qu'à parler de ce qu'on ne sait pas » (p. 454).

Certes, le *Discours préliminaire* de *L'Encyclopédie* distingue déjà les connaissances utiles et les connaissances seulement agréables. Mais d'Alembert y soutient que la recherche fondamentale, liée à la « pure curiosité », pourra parfaitement déboucher un jour sur l'acquisition de connaissances utiles (la physique permettant d'améliorer l'agriculture ou la médecine etc.). À l'inverse, Rousseau récuse l'idée d'une « curiosité pure », qui aurait pour objet fondamental les sciences. Mieux vaut ne pas penser que « penser faux » ou mal. La comparaison avec Locke est également éclairante. Pour l'auteur des *Pensées sur l'éducation*, l'instruction est « la moindre partie de l'éducation »[1]. La lecture, l'écriture et l'instruction ne sont pas les principales affaires de l'éducation ; elles ne valent que pour les esprits bien disposés, mais elle rend les autres plus sots ou plus méchants. Cette réserve effectuée, Locke aborde néanmoins le contenu de l'instruction : il faut éviter, dit-il, d'imposer l'étude comme une tâche ingrate sous peine de provoquer le dégoût ; il faut user de méthodes

---

1. Locke, *Quelques pensées sur l'éducation, op. cit.*, § 24, p. 270.

ludiques, et quand l'enfant sait lire, lui donner un livre proportionné à son intelligence, comme les *Fables* d'Esope illustrées. L'essentiel est là – il ne faut pas lire la Bible trop tôt[1]. La suite est également peu orthodoxe : Locke recommande l'étude de l'écriture, du dessin, des langues étrangères et seulement ensuite du latin. Après les langues, l'enfant pourra apprendre l'arithmétique, la géométrie, la géographie, la chronologie et l'histoire. Avant Rousseau, Locke fait lui aussi de la géographie et de l'astronomie le point de départ de l'instruction bien ordonnée : « C'est par la géographie qu'il conviendrait, je crois, de commencer : en effet, l'étude de la configuration du globe, la situation et les limites des quatre parties du monde, celles des différents royaumes et des contrées de l'univers, tout cela n'est qu'un exercice de la mémoire et des yeux ; et un enfant par conséquent est apte à apprendre avec plaisir et à retenir ces connaissances »[2].

De même que Locke, qui envisageait l'expansion de l'entendement corrélée à l'espace parcouru par les corps[3], Rousseau imagine un savoir incarné. L'astronomie et la géographie seront utiles pour favoriser la liberté de mouvement. Mais Locke conçoit la géographie comme apprentissage de la cartographie, soit des « noms de toutes les grandes rivières, des promontoires, des détroits, des baies, dans tout l'univers » ; l'enfant qu'il appelle de ses vœux sait tout par cœur et « il peut déterminer la longitude

---

1. *Ibid.*, p. 273-280.
2. *Ibid.*, p. 316.
3. Pour Locke, les différences entre les hommes dépendent des « différences d'étendue qu'il a été donné de parcourir à leur entendement » (*De la Conduite de l'entendement*, trad. Y. Michaud, Paris, Vrin, 1974, section 3) ; l'exercice est ce qui nous permet « d'élargir » l'entendement, d'en accroître la surface (7, 14).

et la latitude de chaque pays, et cependant il n'a pas encore dix ans »[1]! La vision de Rousseau est différente : la géographie est désormais ancrée dans l'expérience de l'enfant. Émile devra d'abord apprendre à se situer dans le monde environnant, à trouver ses repères pour ne pas s'y égarer. Il devra prendre connaissance de la topographie pour s'inscrire dans l'espace qu'il parcourt et arpente. Seul son intérêt sensible et sa puissance d'agir le conduiront à apprendre sur le monde environnant ce qui lui permet d'utiliser son corps propre comme son meilleur instrument (II, p. 396).

Pour récuser les apprentissages inutiles, Rousseau n'hésite pas à user de l'apologétique chrétienne et de ses arguments sur la vanité des sciences. Le ton du sermon sert à dissuader d'apprendre par orgueil : « Crains l'attrait spécieux du mensonge et les vapeurs enivrantes de l'orgueil. Souviens-toi, souviens-toi sans cesse que l'ignorance n'a jamais fait de mal, que l'erreur seule est funeste, et qu'on ne s'égare point par ce qu'on ne sait pas, mais par ce qu'on croit savoir » (p. 428)[2]. Rousseau retrouve ici les accents de prédicateur sont il usait dans le *DSA* (p. 15) ou dans la Préface à *Narcisse*[3]. Mais là où les auteurs chrétiens concluaient à la nécessité de substituer l'autorité à la raison, Rousseau veut approfondir l'empirisme, dans le sillage de Locke, Buffier, Condillac ou d'Alembert. En ce sens, son sermon ne se contente pas du thème classique de la docte ignorance : il défend la raison incorporée plutôt que l'autorité. Pour Rousseau, la bonne curiosité est un avatar de la motricité. L'expérience de pensée de « l'île déserte »

1. Locke, *Quelques pensées sur l'éducation, op. cit.*, § 24, p. 317.
2. Voir Henry Corneille Agrippa, *De l'incertitude, vanité, & abus des sciences*, trad. Louys de Mayerne Turquet, 1630.
3. *OC* II, p. 966, 970.

sert à le confirmer : sur cette île, l'enfant n'aurait besoin d'aucun livre et renoncerait à apprendre le « système du monde »[1] ; en revanche, il partirait sans nul doute en exploration des ressources naturelles vouées à sa conservation ou à son bien-être. Tel un nouveau Robinson, il saurait spontanément chercher les provisions utiles.

L'usage pédagogique de la fiction de Robinson est ici crucial : le livre de Defoe sert comme une expérience de pensée à la morale expérimentale. « Le plus heureux traité d'éducation naturelle » (p. 452), seul ouvrage qui composera longtemps la bibliothèque d'Émile, fournit en effet l'étalon de l'utile réel à cet âge. Il décrit un individu isolé sur son île, « dépourvu de l'assistance de ses semblables et des instruments de tous les arts », qui parvient néanmoins à pourvoir à sa subsistance (p. 453). Aussi permet-il de « s'élever au-dessus des préjugés et d'ordonner ses jugements sur les vrais rapports des choses », en distinguant l'utile et le superflu. Afin de se libérer des préjugés du siècle, Émile doit juger comme s'il était Robinson, en s'identifiant au héros pour ne jouir avec bonheur que du « nécessaire » et de la « liberté » (*ibid.*).

Mais la fiction de l'île déserte a aussi une fonction dans l'exposé des sciences : elle donne la pierre de touche du savoir indispensable, qui n'inclut pas la physique ou la mécanique. L'expérience de pensée permet de rejeter certaines sciences jugées vaines : le « système du monde » et les lois d'attraction, dans le style de Voltaire et de Mme de Châtelet traductrice de Newton. Le test permet même de congédier l'étude de *L'Encyclopédie*, puisque d'Alembert voulait que l'on étudie l'espace par ses propriétés abstraites. Contre ces mauvaises abstractions, l'auteur d'*Émile* récuse

---

1. Voir *infra*, chap. 3.

tout apprentissage livresque pour inviter l'enfant à explorer le monde :

> Transformons nos sensations en idées, mais ne sautons pas tout d'un coup des objets sensibles aux objets intellectuels. C'est par les premiers que nous devons arriver aux autres. Dans les premières opérations de l'esprit, que les sens soient toujours ses guides : point d'autre livre que le monde, point d'autre instruction que les faits. L'enfant qui lit ne pense pas, il ne fait que lire ; il ne s'instruit pas, il apprend des mots (III, p. 430).

Loin de gaver l'enfant de connaissances et d'en faire comme l'écrit Montaigne un « âne chargé de livres », on laissera surgir sa curiosité naturelle. La « marche du système » suivra la marche de la nature :

> Rendez votre élève attentif aux phénomènes de la nature, bientôt vous le rendrez curieux ; mais, pour nourrir sa curiosité, ne vous pressez jamais de la satisfaire. Mettez les questions à sa portée, et laissez-les lui résoudre. Qu'il ne sache rien parce que vous le lui avez dit, mais parce qu'il l'a compris lui-même ; qu'il n'apprenne pas la science, qu'il l'invente. Si jamais vous substituez dans son esprit l'autorité à la raison, il ne raisonnera plus ; il ne sera plus que le jouet de l'opinion des autres (*ibid.*).

Il convient de s'arrêter sur cette formule : « qu'il n'apprenne pas la science, qu'il l'invente ». S'agit-il pour chacun de refaire le parcours de l'invention scientifique ? La phrase est délicate à interpréter. Il ne s'agit pas seulement de dire que les signes ne doivent pas se substituer aux choses, les noms aux réalités, l'autorité à l'apprentissage en première personne. L'invention des sciences désigne une méthode qui fait de l'enfant un acteur de son apprentissage, un sujet du savoir au sens fort. Les conséquences sont audacieuses : en inventant la géographie ou la cosmographie, l'enfant n'apprendra pas le système héliocentrique de Copernic, dont il ne peut comprendre la vérité de la place qui est la sienne; il s'en tiendra au géocentrisme, qui est conforme à son expérience et à sa perception sensible. Pour l'enfant, la révolution copernicienne n'a pas eu lieu[1].

Analyse et synthèse

Quelle sera dès lors, selon Rousseau, la bonne méthode pour étudier les sciences? L'auteur d'*Émile* prend place dans la controverse contemporaine sur le choix entre analyse et synthèse dans l'étude des sciences. La première suit l'engendrement de nos idées, tandis que la seconde part des principes et adopte une méthode déductive; la première suit l'ordre de découverte pour le sujet connaissant; la seconde, l'ordre d'exposition d'un système. Or Rousseau soutient que « la meilleure manière d'instruire les hommes, c'est de les conduire par la route qu'on a dû tenir pour s'instruire soi-même » (p. 434). Émile devra suivre la « chaîne des faits » et passer « d'idée sensible en idée sensible » (p. 433). Il devra ainsi établir les principes des sciences qui ne sont au fond que des faits plus généraux.

Dans l'*Essai sur l'origine des connaissances humaines* (1746), Condillac avait défini l'analyse comme méthode philosophique de recherche de la vérité : « on voit que l'ordre qu'on doit suivre dans la recherche de la vérité est le même que j'ai déjà eu occasion d'indiquer, en parlant de l'analyse. Il consiste à remonter à l'origine des idées, à en développer la génération et à en faire différentes compositions ou décompositions, pour les comparer par

---

1. Voir la contribution de J. Lenne-Cornuez, dans *La Fabrique d'*Émile : « La Fabrique d'Émile : nommer, identifier, inventer ».

tous les côtés qui peuvent en montrer les rapports » (II, II, 3, § 36). C'est cette méthode qui sert de référence à Condillac à la fois dans l'ordre de découverte et dans l'ordre d'exposition de sa science de l'homme, qu'il nomme aussi « psychologie » dans son *Cours d'études* en en faisant la seule métaphysique qui vaille : « si l'analyse est la méthode qu'on doit suivre dans la recherche de la vérité, elle est aussi la méthode dont on doit se servir pour exposer les découvertes qu'on a faites »[1].

Il s'agit donc pour Condillac de comprendre les mécanismes psychologiques ou les opérations de l'âme qui permettent de passer des idées simples aux idées complexes : « j'appelle idée complexe la réunion ou la collection de plusieurs perceptions ; et idée simple, une perception considérée toute seule » (I, III, § 1). Dans l'optique du sensualisme, la philosophie doit permettre de comprendre comment l'on parvient de l'une à l'autre, d'une perception passive à une réflexion active qui produit des « notions ». La méthode analytique permet de résoudre les idées complexes en idées simples, l'art de raisonner en propositions, les propositions en mots, qui sont les signes des idées : « On ne peut bien connaître les idées complexes, prises dans le sens auquel je viens de les restreindre, qu'en les analysant ; c'est-à-dire qu'il faut les réduire aux idées simples dont elles ont été composées, et suivre le progrès

---

1. Condillac, *Essai sur l'origine des connaissances humaines* (1746), II, IV, § 53, Paris, Vrin, 2002, p. 190. Voir M. Fuchida, « Au-delà de l'analyse. Les méthodes philosophiques chez Rousseau », Mémoire de M2 soutenue sous la direction de Y. Citton, *Littératures.* 2014. dumas-01023871, p. 14-18. L'article « Analyse » de *L'Encyclopédie* due à l'abbé Yvon (1751) reprend des termes voisins de ceux de Condillac : « L'*analyse* consiste à remonter à l'origine de nos idées, à en développer la génération & à en faire différentes compositions ou décompositions pour les comparer par tous les côtés qui peuvent en montrer les rapports » (*Enc.*, I, p. 401).

de leur génération » (I, III, § 9). L'analyse permet de décomposer en éléments simples, puis de recomposer le complexe. Elle s'oppose à la synthèse employée par les philosophes systématiques comme Descartes ou Spinoza, qui partent des principes abstraits entendus comme axiomes pour déduire leur système. L'empirisme condillacien récuse ainsi l'esprit de système jugé spéculatif et sans contrôle sûr de l'expérience : il faut partir des faits, et prendre pour « principe » des conjectures établies à partir des faits – hypothèses qui sont susceptibles, comme l'avait vu Newton, d'être vérifiées par l'expérience[1].

Or Rousseau, pour sa part, semble douter de l'inductivisme dans les sciences. Les « principes » des sciences ne peuvent être établis par inférence à partir des cas particuliers que nous donne l'expérience. À ses yeux, la « voie analytique » doit donc être exclue de la philosophie. Dans une lettre de 1761 à Don Deschamps, il écrit :

> Il paraît que vous établissez votre principe sur la plus grande des abstractions. Or la méthode de généraliser et d'abstraire m'est très suspecte, comme trop peu proportionnée à nos facultés. Nos sens ne nous montrent que des individus, l'attention achève de les séparer, le jugement peut les comparer un à un, mais voilà tout. Vouloir tout réunir passe la force de notre entendement, c'est vouloir pousser le bateau dans lequel on est sans rien toucher au-dehors. Nous jugeons par induction jusqu'à un certain point du tout par les partie[s] ; il semble au contraire que de la connaissance du tout vous voulez déduire celle [des] parties. Je ne conçois rien à cela. *La voie analytique est bonne en géométrie, mais en philosophie il me semble qu'elle ne vaut rien*, l'absurde

---

1. *Ibid.*, p. 20. M. Fichida cite ici le chapitre 1 du *Traité des systèmes*.

où elle mène par de faux principes ne s'y faisant point
assez sentir[1].

D'un côté, Rousseau s'oppose comme Condillac à une
méthode spéculative et abstraite dans l'étude des sciences ;
de l'autre, il refuse de tout ramener à l'élément simple, à
l'atome de connaissance qu'est la sensation. Son empirisme
n'est pas « standard » ; il propose plutôt une *critique interne
de l'empirisme*[2]. Dans son annotation d'*Émile*, André
Charrak a situé le livre III en dialogue avec trois œuvres
majeures de son temps : *L'Histoire naturelle* de Buffon
(« De la manière d'étudier et de traiter l'Histoire naturelle »),
le *Traité des systèmes* de Condillac (en partic. chap. 17)
et l'article « Éléments des sciences » de *L'Encyclopédie*.
À ses yeux, Rousseau se serait en particulier opposé aux
définitions de l'analyse et de la synthèse dans l'article
« Éléments des Sciences » de d'Alembert[3].

Mais pourquoi Rousseau récuse-t-il l'induction ? Dans
la troisième lettre morale, il dénonce la volonté de découvrir
les principes généraux qui répliqueraient dans l'ordre de
la connaissance les lois générales de la nature. Le problème
de la généralisation inductive est qu'elle est trop souvent
hâtive, sans qu'un nombre suffisant de cas permette de
prouver la « règle universelle ». L'induction ne permet pas
de fournir des lois universelles et nécessaires :

> À force d'étendre et d'abstraire un petit fait, on le change
> ainsi en une règle universelle ; on croit remonter aux

1. Rousseau à Dom Léger-Marie Deschamps, le 8 mai 1761, *CC* VIII,
n°1407, p. 321-322, n.s., cité par M. Fuchida, *op. cit.*, p. 27.
2. Voir A. Charrak, *Rousseau. De l'empirisme à l'expérience*, Paris,
Vrin, 2013, p. 113-124.
3. Comme le montre Johanna Lenne-Cornuez, les définitions de
Rousseau dans *Émile* sont assez proches de l'article « Analyse » de
L'Encyclopédie auquel l'article de d'Alembert renvoie au demeurant
(J. Lenne-Cornuez, *Être à sa place, op. cit.*, p. 143-145).

principes, on veut rassembler en un seul objet plus d'idées que l'entendement humain n'en peut comparer, et l'on affirme d'une infinité d'êtres ce qui souvent se trouve à peine vrai dans un seul (*OC* IV, p. 1090).

Aussi faut-il adopter une autre méthode. Rousseau tente de surmonter une difficulté de la méthode encyclo-pédique. Contre Condillac, il avait établi au livre II que les idées ne sont pas des images dans la mesure où elles comportent des rapports qui les lient les unes aux autres[1]. Or en reprenant cette thèse issue de Descartes ou de la *Logique* de Port-Royal contre l'empirisme condillacien, Rousseau propose une thèse nouvelle sur la genèse des opérations de l'esprit : ce qui importe est la manière dont l'enfant acquiert progressivement l'aptitude à combiner des idées et surtout à juger ou à raisonner en comparant les jugements, à mesure que ces idées relèveront de son intérêt sensible. La raison définie comme art de comparer les idées se développera au fur et à mesure que les idées trouveront leur champ d'application.

Mais cette thèse, raffinée au livre III, permet aussi à Rousseau de se positionner face à d'Alembert, auteur notamment du *Discours préliminaire* et de l'article « Eléments des sciences ». Plutôt que de connaître le « système » des sciences et des arts qui intéresse le philosophe, avec sa « chaîne » qui les unit[2], Émile devra être attentif à la chaîne qui relie les objets de l'expérience en fonction de son propre intérêt. C'est sa curiosité naturelle qui l'oriente dans la pensée, et non un système des sciences qui reste hors de sa portée. Là où D'Alembert invoquait la « chaîne invisible qui lie tous les objets de nos

1. Voir A. Charrak, *Émile, op. cit.,* p. 726-727.
2. D'Alembert, *Discours préliminaire,* M. Malherbe éd., Paris, Vrin, 2000, p. 84.

connaissances » et qui permettrait de réduire à un principe unique les éléments de toutes les sciences (chaîne qui n'est pas accessible à l'esprit humain mais seulement à l'entendement divin)[1], Rousseau décrit la chaîne sensible qui permet d'ordonner les idées dans l'ordre matériel en partant des objets concrets entre lesquels l'enfant établit des rapports selon ses besoins.

L'ordre généalogique tel que l'entend Rousseau différera donc de l'ordre généalogique des Encyclopédistes. D'Alembert avait fixé le programme de la recherche de la vérité dans des termes célèbres : afin de parvenir à un système des connaissances humaines qui comprenne les branches infiniment variées des sciences, il importe de suivre d'abord « la généalogie et la filiation de nos connaissances, les causes qui ont dû les faire naître et les caractères qui les distinguent ; en un mot, de remonter jusqu'à l'origine et la génération de nos idées »[2]. Le dictionnaire raisonné des connaissances humaines doit commencer par ce processus qui restitue l'origine de nos connaissances. Mais ensuite, l'ordre d'exposition de *L'Encyclopédie* sera distinct de cet ordre d'invention : son ordre, suivant le dictionnaire, sera arbitraire et artificiel[3]. À l'inverse, Rousseau veut unifier l'ordre généalogique et l'ordre encyclopédique, faire en sorte que la marche des sciences suive la marche de la nature. Sa méthode généalogique privilégie les « vrais maîtres » que sont « l'expérience et le sentiment » (p. 445) :

1. Voir l'article « Éléments des sciences », V, p. 91 et la note d'A. Charrak, *Émile, op. cit.,* p. 743-744.

2. D'Alembert, *Discours préliminaire, op. cit.,* p. 84.

3. M. Groult, « Les métaphysiques dans l'*Encyclopédie* », *Revue philosophique de la France et de l'étranger*, vol. 138, no. 4, 2013, p. 485-503.

Il y a une chaîne de vérités générales par laquelle toutes les sciences tiennent à des principes communs et se développent successivement : cette chaîne est la méthode des philosophes. Ce n'est point de celle-là qu'il s'agit ici. Il y en a une toute différente, par laquelle chaque objet particulier en attire un autre et montre toujours celui qui le suit. Cet ordre, qui nourrit, par une curiosité continuelle, l'attention qu'ils exigent tous, est celui que suivent la plupart des hommes, et surtout celui qu'il faut aux enfants (p. 436).

Par là même, Rousseau tente d'inventer une alternative à l'ordre des connaissances et à l'arborescence des sciences présentée dans *L'Encyclopédie*. Alors que d'Alembert, dans le *Discours préliminaire* de l'*Encyclopédie*, tenait un discours conquérant sur « l'ordre & l'enchaînement des connoissances humaines », Rousseau semble récuser le projet encyclopédique lui-même et l'idée d'une chaîne ou d'une arborescence des sciences. De la même façon, il revient sur la méthode de l'analyse et de la synthèse en affirmant qu'il est inutile de choisir :

On dispute sur le choix de l'analyse ou de la synthèse pour étudier les sciences ; il n'est pas toujours besoin de choisir. Quelquefois on peut résoudre et composer dans les mêmes recherches, et guider l'enfant par la méthode enseignante lorsqu'il croit ne faire qu'analyser. Alors, en employant en même temps l'une et l'autre, elles se serviraient mutuellement de preuves (p. 334).

L'enfant devra donc apprendre par lui-même en faisant des expériences et en créant ses propres instruments ; au lieu de se soumettre à l'autorité ou même de trouver une méthode pour abréger l'étude des sciences et apprendre sans effort, il deviendra ainsi plus ingénieux « à trouver des rapports, à lier des idées, à inventer des instruments » – ce qui est la méthode de la science. L'enfant commencera par découvrir son habitat ou son « propre séjour » (p. 434) en étudiant la géographie (une géographie incarnée à partir du corps propre, avec de simples repères qui lui permettent d'identifier sa place en se repérant entre le soleil et sa maison) ; il apprendra ensuite la cartographie qui lui permettra de passer de l'observation à sa mise en forme, sans s'attarder encore sur les lois de la nature. Ensuite, il enchaînera l'acquisition des connaissances utiles, en suivant un ordre naturel ancré dans son attention. La loi d'attention est ici une loi d'attraction entre les objets de la curiosité : « chaque objet en attire un autre et marque toujours celui qui le suit ». Les connaissances s'appellent les unes les autres, comme l'illustrent les pages qui suivent : la cartographie implique de recourir à des méridiennes, ce qui conduit à l'étude du magnétisme pour fabriquer une boussole, par où l'enfant s'initie à la physique. À chaque fois, seuls les « éléments » fondamentaux des sciences sont redécouverts, quelques « vérités lumineuses » comprises – charge ensuite à l'adulte, s'il le désire, d'approfondir ce à quoi il s'est initié et auquel il a pris goût.

La physique expérimentale

Au regard des sciences de la nature, la thèse de Rousseau est audacieuse : il faut exclure une certaine physique systématique abstraite, qui perd son ancrage dans l'expérience. Comment comprendre cette défiance à l'égard des systèmes du monde ? Dans ses premiers mémoires pédagogiques, Rousseau avait exprimé un refus des hypothèses et des systèmes, qu'ils soient cartésiens ou newtoniens :

> Il y a des Systêmes de Physique c'est-à-dire des hypothèses suivant lesquelles supposant que le Monde [est] arrangé,

on part de là pour rendre raison de tous les Phénoménes ; je lui expliquerai les deux principaux qui sont à la mode aujourdui, plustôt pour les lui faire connoître que pour les lui faire adopter ; je n'ai jamais pu concevoir comment un philosophe pouvoit imaginer sérieusement un Systême de Physique ; les Cartésiens me paroissent ridicules de vouloir rendre raison de tous les effets naturels par leurs suppositions, et les Neutoniens encore plus ridicules de donner leurs suppositions pour des faits : Contentons-nous de savoir ce qui est, sans vouloir rechercher comment les choses sont, puisque cette connoissance n'est pas à notre portée[1].

À l'époque, Rousseau semblait récuser l'idée même d'un système complet des lois de la nature. Tel n'est plus tout à fait le cas dans *Émile*. La Profession de foi reviendra sur ce point en distinguant les lois et leur fondement ontologique. Sans accès aux substances, il est possible de connaître les lois (le *comment*) sans comprendre leur fondement (le *pourquoi*) : « S'il faut admettre des lois générales dont je n'aperçois point les rapports essentiels avec la matière, de quoi serai-je avancé ? Ces lois n'étant point des êtres réels, des substances, ont donc quelque autre fondement qui m'est inconnu. L'expérience et l'observation nous ont fait connaître les lois du mouvement, ces lois déterminent les effets sans montrer les causes ; elles ne suffisent point pour expliquer le système du monde et la marche de l'univers » (IV, p. 575). La critique de Descartes et de Newton est alors réitérée, mais de manière différente – les lois physiques du mouvement de la matière ne nous disent rien de l'origine du monde, qui suppose une intelligence et une première volonté. Aussi l'histoire

---

1. *Mémoire présenté à Monsieur de Mably sur l'éducation de M. son fils*, *OC*, t. IV, p. 31.

naturelle, qui nous initie au « spectacle du monde », doit-elle supplanter la philosophie naturelle ou l'approche complète du « système du monde ».

En physique, l'approche spéculative est ainsi congédiée ; mais Rousseau ne récuse pas toute étude « systématique » pour autant. L'apprentissage de la physique expérimentale suppose une autre forme de système. Si l'apprentissage de l'objectivité visuelle au livre II a été qualifié de « physique expérimentale » dans le Manuscrit Favre[1], la version définitive d'*Émile* parlera bien de « physique systématique » pour évoquer ce qu'Émile doit désormais apprendre (p. 443) – quand bien même on en reste à ce stade à des rudiments. La mention finale de la « physique systématique » est révélatrice : face à d'Alembert, Rousseau entend réviser la notion de système.

Paru en 1759, l'*Essai sur les éléments de philosophie ou les principes des connaissances humaines* en fournit la méthode et la matrice, en faisant du newtonianisme qui mathématise la nature le « vrai système du monde »[2]. À tous égards, Rousseau tente donc d'inventer dans l'*Émile* une alternative à l'ordre des connaissances et à l'arborescence des sciences présentée dans l'*Encyclopédie*. Le philosophe tente ici de surmonter une aporie de la méthode encyclopédique notamment relevée, dès la parution du *Prospectus*, par le Père Berthier[3], qui suscite les réponses de d'Alembert. Le projet encyclopédique se heurte en effet à deux difficultés

1. *Ms F*, p. 167.
2. D'Alembert, *Essai sur les éléments de philosophie ou les principes des connaissances humaines*, Paris, Fayard, 1986, p. 10, voir p. 150-151. Descartes se voit également reconnaître d'être « le premier qui ait traité du système du monde avec quelque soin et quelqu'étendue » (p. 149).
3. Voir P. Benhamou, « Un Adversaire de *L'Encyclopédie* : le Père Berthier », *The French Review*, Vol. 46, n°2, Décembre 1972, p. 291-298.

majeures : d'une part, *du point de vue de l'objet*, la variété et la disparité des sciences et des arts qui doivent être ordonnées en une chaîne pour en restituer l'unité méthodique ; d'autre part, *du point de vue du sujet*, la difficulté liée aux limites de la connaissance humaines et à la nécessité d'une histoire des sciences. Dans le *Discours préliminaire*, l'exposition dite « métaphysique » est là pour suppléer à une exposition des connaissances qui suivrait réellement l'ordre de la nature. À défaut, l'exposition historique est censée suivre le progrès des opérations de l'esprit humain[1]. L'ordre naturel est celui de l'esprit, qui suit l'*origine* des sciences et leurs *liaisons*. Mais la difficulté persistante, dès lors, est de faire coïncider ce que d'Alembert nomme la « généalogie et filiation de nos connaissances »[2] et la présentation de l'arbre encyclopédique lui-même. Le projet systématique de *L'Encyclopédie* se heurte au fait que l'on ne peut superposer l'ordre d'exposition et l'ordre d'invention : si « l'ordre encyclopédique » reste distinct de « l'ordre historique », les deux doivent être « conciliés »[3]. La statique du système encyclopédique se heurte à la dynamique, même si le « système figuré » des connaissances tente d'y remédier en présentant, à la fin du *Discours*, verticalement l'ordre généalogique des facultés et horizontalement l'ordre encyclopédique, dont le principe est la division entre genre et espèces.

Rousseau répond donc à d'Alembert en proposant une contre-généalogie des sciences et des arts, qui part du corps et de l'origine et des progrès du développement des facultés. Ainsi la généalogie des opérations de l'esprit se superpose-

---

1. D'Alembert, *Discours préliminaire*, *Encyclopédie*, t. I, x ; éd. M. Malherbe, Paris, Vrin, 2000, p. 117. Voir « Éléments des sciences », t. V, p. 491-492.

2. D'Alembert, *Discours préliminaire*, *op. cit.*, p. 84.

3. *Ibid.*, p. 110.

t-elle à l'ordre métaphysique d'exposition au cours de l'éducation. Il n'y a plus lieu d'opposer l'ordre d'exposition à l'ordre d'invention, puisque la génétique des connaissances suit la marche concrète et vitale du corps et de l'esprit humain, mû par l'amour de soi. C'est ce que l'on peut qualifier, chez Rousseau, d'ordre *généalogique* des sciences, ancré dans l'unité de la sensibilité : contrairement à l'ordre historique de d'Alembert, il n'oppose plus les « grands génies » (Bacon, Descartes, Newton, Locke) aux autres mais fait le pari d'un apprentissage à la mesure des entendements ordinaires. De ce fait, la « marche de la nature » exclut désormais l'étude abstraite du « système du monde ». L'ancrage expérimental n'empêche pas la mise en ordre progressive du monde ; mais il ne faut pas confondre cette mise en ordre incarnée avec la systématicité abstraite des philosophes.

LES LEÇONS D'ÉCONOMIE POLITIQUE

Une fois appris la physique et quelques rudiments de mathématique, il convient de passer de « la recherche des lois de la nature » (p. 443) à celle des lois du monde humain qui sont immédiatement utiles au pré-adolescent qui doit apprendre un gagne-pain. Au livre III, l'éducation du pré-adolescent va de ce fait avoir un objet privilégié : l'économie politique[1]. Le questionnement économique procède d'abord d'un questionnement pragmatique : quel métier Émile doit-il choisir ? C'est afin d'orienter ce choix pratique que la réflexion théorique sur la valeur des arts est menée. Émile doit choisir un métier utile – sachant que le choix

---

1. Voir C. Spector, *Rousseau et la critique de l'économie politique*, Pessac, PUB, 2017 ; B. Bachofen, « *Une robinsonnade paradoxale : les leçons d'économie de l'*Émile », *Archives de Philosophie*, vol. 72-1, 2009, p. 75-99.

de l'oisiveté, malgré sa richesse, lui est refusé. Rousseau tente ainsi de comprendre la logique de ce qu'il convient de nommer la « société civile », et d'envisager l'économie comme savoir à son niveau propre : antérieurement à la morale, qui ne sera plus régie par l'utilité, mais par la convenance et la bonté. L'économie se situe entre l'étude de la nature et celle de la société : son registre discursif s'inscrit entre la physique expérimentale et la morale expérimentale. Il s'agit d'une médiation entre le physique et le moral ; l'économie devient nécessaire au moment où la sphère des besoins excède celle des ressources immédiates, appelant un usage de la prudence. La sagesse économique est associée à la raison instrumentale : il faut savoir supporter un mal immédiat afin d'éviter un plus grand mal. Le primat des maux sur les biens engendre ici le primat de l'arithmétique des peines sur celle des plaisirs. Cette figure de la prudence ne doit pas être méprisée : « de cette prévoyance bien ou mal réglée naît toute la sagesse ou toute la misère humaine » (p. 444). À cet égard, l'économie fait partie de *ce qui nous importe*, avant la morale ; elle relève de l'intérêt sensible, c'est-à-dire de la contribution au bien-être ; son objet est le profit et non le bien.

Il faudra donc prendre l'économie au sérieux, et procéder à son apprentissage afin d'orienter les choix pratiques. Seule la connaissance des arts et de leur hiérarchie permettra à Émile de s'orienter dans l'espace social et d'*attribuer justement la valeur ou l'estime*. Seule la compréhension de l'économie lui fera comprendre pourquoi, dans les sociétés modernes, « l'homme est la plus vile des marchandises » au point que le droit de propriété privilégie les choses plutôt que les personnes (IV, p. 543). Il reste que l'économie politique ne saurait figurer au stade ultime de l'acquisition des connaissances : elle relève d'une étape encore précoce du savoir ou de la science. L'économie prolonge la physique en ce qu'elle a pour objet la production et la consommation des choses matérielles ; mais elle ouvre à la morale en ce qu'elle doit viser une juste attribution de la valeur et de l'estime publique. Son instrument privilégié, la monnaie, est le premier signe auquel Émile a accès, avant qu'il ne sache user d'autres signes sensibles mais plus immatériels – les mots. Or si le passage par l'économie est indispensable dans l'apprentissage de la culture symbolique, son risque, de même que celui du langage, est de se déconnecter de la sphère des choses matérielles et de s'autonomiser selon des principes arbitraires. Le risque de l'économie est celui de l'enfance : s'absorber dans le signe jusqu'à oublier la chose. Tout le travail du gouverneur consistera donc à ancrer la convention dans la nature, à l'empêcher de se détacher d'elle de façon arbitraire : l'artifice de la monnaie et des arts ne doit pas se retourner contre l'ordre des besoins mais demeurer à son service.

L'économie comme art de l'instrument

Après la physique, l'étude de l'économie est celle des instruments au service de la satisfaction des besoins et du bien-être. Or dans cet ordre, « le plus grand instrument de l'homme est l'homme, et le plus sage est celui qui se sert le mieux de cet instrument » (p. 457). Tout l'enjeu de la pédagogie sera donc, dans la continuité de l'éducation négative, d'éviter d'armer l'homme de mauvais instruments, mais aussi d'éviter qu'il se fasse instrumentaliser, c'est-à-dire qu'il devienne « une machine entre les mains d'autrui » (p. 445). Il s'agira également de se garder de faire entrer l'individu dans la vaine logique de la concurrence, qui diffère de l'émulation. Le choix final d'Émile – devenir menuisier – sera déterminé par ces différentes contraintes : outre ses qualités intrinsèques (propreté, utilité, adresse requise), ce métier permet de subvenir partout à ses besoins sans dépendre de quiconque. Il permet de rester indépendant et de pouvoir partir (en emportant simplement ses bras) si les vexations le menacent (p. 470). L'élève du gouverneur pourra assurer sa subsistance en toute indépendance, sans être assigné à résidence. La valeur du métier de menuisier réside dans son aptitude à élever l'homme au-dessus de certains aléas du sort en le libérant de toute servilité et de toute attache à des instruments sédentaires ou même à une terre. Si le « sauvage » voué à habiter les villes ne peut plus, comme l'homme sauvage du second *Discours*, être parfaitement autarcique, du moins peut-il retrouver un *analogon* de la liberté naturelle : sans avoir les défauts du commerce itinérant qui manie exclusivement l'argent, l'artisanat libère. Dans les sociétés corrompues, l'homme risque toujours d'être victime d'injustices et de devoir choisir l'exil ; aussi doit-il pouvoir transporter avec lui ce qui satisfait ses besoins élémentaires, dans la logique nomade de l'amour de soi.

Le livre III de l'*Émile* ouvre ainsi à une réflexion sur l'économie au sein de l'ordre du savoir et de l'architectonique des sciences. L'ordre des connaissances que déploie Rousseau n'a rien à voir avec la méthode de certains philosophes pervertis par l'esprit de système : conformément à la « marche de la nature », *Émile* suit l'ordre de progression de l'attention et subordonne l'acquisition du savoir théorique à son usage pratique. En un mot, il s'agit de parvenir à *saisir les rapports, à lier les idées, à inventer les instruments* : telle est la nature du savoir économique comme du savoir physique. Le statut intermédiaire de l'économie est plus évident encore en ce que celle-ci utilise l'esprit pour guider le corps, et pour l'essentiel la main, dans l'activité productive. La philosophie de Rousseau est, à ce stade, une *philosophie de l'apprenti*. À l'âge d'Émile, il n'y a pas lieu d'envisager la contemplation indépendamment de l'action, et l'on évitera à tout prix de développer l'activité de l'esprit aux dépens de celle du corps. Le travail manuel sera préféré au travail intellectuel : « au lieu de coller un enfant sur des livres, si je l'occupe dans un atelier ses mains travaillent au profit de son esprit, il devient philosophe et croit n'être qu'ouvrier » (p. 443). Ainsi les « jeux de la philosophie » permettent-ils de s'élever aux « véritables fonctions de l'homme ».

La réflexion économique est donc réflexion sur la fonction de l'homme en tant que machine capable d'inventer et d'utiliser des machines ou du travail humain ; elle propose un savoir de l'esprit au service de l'adresse du corps ; elle expose la façon dont l'appropriation du monde et de la nature peut devenir utile pour l'homme qui travaille à la transformer. Tout savoir légitime est ordonné à l'amour de soi : « Que nous reste-t-il à faire après avoir observé tout ce qui nous environne ? D'en convertir à notre usage tout ce que nous pouvons nous approprier, et de tirer parti de notre curiosité pour l'avantage de notre bien-être » (p. 466). Si travailler consiste à exercer sa force sur les choses, encore faut-il en effet savoir réguler cette force ; encore faut-il savoir le faire en société, car l'économie n'est pas un rapport immédiat de l'homme à la nature, du besoin à son objet. Au-delà de la mécanique qui permet de s'approprier la nature, Rousseau envisage la dynamique sociale à partir d'une réflexion sur la division du travail. C'est la division du travail qui va intégrer Émile à la société civile. Mais avant de pouvoir mesurer la valeur des biens et des arts qui les produisent, il est nécessaire de connaître la mesure des besoins : Robinson Crusoë servira ici d'étalon fictif.

Robinson Crusoë, Bible des économistes ?

Robinson Crusoë est le premier livre que lira Émile,
le seul qui pendant longtemps composera sa bibliothèque
et constituera le socle de son apprentissage des sciences.
Pourquoi accorder un tel privilège à ce « merveilleux »
ouvrage, qui tient ici lieu de Bible ? Robinson est un
individu contraint à l'autosuffisance dans un univers hostile
où il doit pourvoir à sa subsistance ; il est l'homme redevenu
sauvage par la force des choses, accidentellement privé
des ressources de la civilisation. Seul sur son île, il est
« dépourvu de l'assistance de ses semblables et des
instruments de tous les arts » (p. 455). Robinson apprend
à ne compter que sur lui-même et sur l'usage de ses propres
forces, corporelles et intellectuelles. Ce « personnage
conceptuel » fait figure d'étalon : Émile devra apprendre
à juger le social à l'aune de cet homme civil revenu de
force à la nature. Son état, cependant, n'est pas un modèle
à imiter – ce serait impossible en société, où les hommes
dépendent nécessairement les uns des autres : « un homme
qui voudrait se regarder comme un être isolé, ne tenant du
tout à rien et se suffisant à lui-même, ne pourrait être que
misérable » (p. 467).

Comment comprendre, par conséquent, le modèle de
Robinson ? Rousseau l'a dit plus tôt : « l'île du genre humain
c'est la terre » (p. 429-430). L'insularité de Robinson est
donc factice. À l'instar de l'état de nature, la fiction permet
de juger de l'état social et de mesurer sa perversion. Là où
Defoë manifestait les vestiges de la civilisation jusque dans
le dénuement solitaire, Rousseau inverse la donne : il s'agit
de découvrir le point de vue à partir duquel l'ordre social
peut être légitimement jugé, une fois dissipés les préjugés
de la société « civilisée ». Robinson fournit la place d'où

le jugement doit procéder : « le plus sûr moyen de s'élever au-dessus des préjugés et d'ordonner ses jugements sur les vrais rapports des choses, est de se mettre à la place d'un homme isolé, et de juger de tout comme cet homme en doit juger lui-même, eu égard à sa propre utilité » (p. 455). Robinson incarne l'unité de mesure du monde social au moment où ce monde n'est composé que d'individus et d'objets. Tel est le coup de force théorique de Rousseau : la fiction permet de faire fi des préjugés de l'opinion et de déterminer le « juste prix » des biens, dédouané des faux prestiges de la société corrompue.

Rousseau remet donc l'économie à sa place, dans l'ordre de l'utile, de l'instrumental, du mécanique, hors de l'ordre moral qu'elle devra pourtant préparer et servir. Une fois écartées toutes les notions de relations sociales qui demeurent hors de sa portée, Émile rencontre l'économie comme moment dans l'enchaînement des connaissances : cet enchaînement correspond à la « mutuelle dépendance des hommes », ici abordée du point de vue mécanique. L'avantage est que les arts qui fabriquent les machines et transforment la nature rendent les hommes « utiles les uns aux autres » ; le risque est celui de l'instrumentalisation et de l'exploitation. Comment s'en prémunir et mettre le travail à profit ?

La solution de Rousseau, ici comme ailleurs, consiste en un renversement des rôles : le spectateur doit devenir acteur, l'apprenti théoricien apprenti praticien. Le déplacement du regard doit s'accompagner d'un travail de la main : « En le promenant d'atelier en atelier, ne souffrez jamais qu'il voie aucun travail sans mettre lui-même la main à l'œuvre, ni qu'il en sorte sans savoir parfaitement la raison de tout ce qui s'y fait, ou du moins de tout ce qu'il a observé. Pour cela, travaillez vous-même, donnez-lui partout l'exemple ; pour le rendre maître, soyez partout apprenti, et comptez qu'une heure de travail lui apprendra plus de choses qu'il n'en retiendrait d'un jour d'explications » (p. 456). Le renversement des rôles sociaux est le levier de l'éducation. Si l'inégalité ne peut être évitée (c'est également le cas à Clarens, où existent des maîtres et des serviteurs), du moins faut-il empêcher que le service ne devienne servitude : l'échange de places permet de bannir la tentation de l'abus de pouvoir dans les relations inégalitaires.

Comment faire en sorte que les rapports sociaux inégalitaires ne corrompent pas Émile ? Pour ne pas pervertir son jugement, il faudra le prémunir des préjugés sur les conditions et les rangs que la société civile constitue en « opinion publique ». Le choix d'être artisan répond à cette préoccupation morale : refuser le statut privilégié qui semble lui être destiné évitera à Émile de se laisser prendre au piège de l'arrogance et du mépris. Savoir évaluer les personnes à leur juste valeur implique de savoir évaluer les arts et les biens à leur juste prix. L'économie suppose le passage de l'ordre physique des lois de la nature à l'ordre moral de l'évaluation, celui de « l'estime publique » (p. 456). Encore faut-il que les jugements sur la valeur s'ordonnent à « l'utilité réelle » : pour Rousseau, il n'y a d'autre valeur que la valeur d'usage. À l'inverse, la société civile juge la valeur des arts « en raison inverse » de leur utilité réelle ; la rareté fait le prix. Ainsi les lois de l'économie réelle contredisent-elles celles de l'économie naturelle : « les arts les plus utiles sont ceux qui gagnent le moins parce que le nombre des ouvriers se proportionne au besoin des hommes, et que le travail nécessaire à tout le monde reste forcément à un prix que le pauvre peut payer » (p. 456-457).

Il faut le souligner : loin de s'indigner ici, comme dans le premier *Discours*, face aux froids calculs de l'arithmétique politique qui réduisent le *citoyen* au *consommateur*, Rousseau ne récuse en rien la logique économique qui permet de corréler salaire et prix, offre et demande ; il souligne seulement le risque d'arbitraire qu'elle comporte. Sans dénoncer le mode de raisonnement et de calcul dont l'économie se prévaut, Rousseau livre sa propre version des faits : c'est en vertu d'une loi nécessaire que la valeur des arts les plus utiles, mesurée au salaire de ceux qui les pratiquent, est la plus faible. Parce que les objets les plus utiles sont produits en quantité et à faible coût, les salaires de ceux qui les produisent sont les plus bas. Or l'estime publique valorise paysans et artisans à l'aune de cette estimation économique de ce que vaut leur travail ; elle accorde plus de prestige à ceux qui peuvent acquérir ou produire des biens d'exception (orfèvres, graveurs...). C'est la division de la société en classes, riches et oisifs d'une part, pauvres et travailleurs de l'autre, qui conduit de la sorte à l'abandon de l'ordre de la nature : le « prix arbitraire » des objets réalisés par ceux qui se disent artistes (plutôt qu'artisans) n'est plus ordonné au bien-être mais à l'opinion. Ainsi la logique du prestige se déploie-t-elle de façon autonome, selon sa rationalité propre : le prix élevé fait partie du « mérite » des objets que l'on « estime à proportion de ce qu'ils coûtent » (p. 457). La valeur d'usage est supplantée par la valeur d'opinion, dictée par la loi du nanti et son désir de distinction. Le « vrai mérite des arts » et la « véritable valeur des choses » se perdent dans la contradiction entre le prix « de fantaisie » associé à la consommation ostentatoire et celui qui serait mesuré à l'utilité réelle.

LA DIVISION DU TRAVAIL

Au livre III de l'*Émile*, la réflexion sur l'économie devient ainsi réflexion sur les conséquences de la division sociale du travail. Les arts d'industrie n'émergent qu'avec l'apparition du superflu, qui « rend indispensable le partage et la distribution du travail » (p. 456). Ainsi la division du travail est-elle à la fois l'effet et la cause de la société : l'effet car elle naît des désirs d'opinion ; la cause dès lors qu'elle suppose le concours actif de plusieurs personnes spécialisées dans une tâche. À ce titre, Rousseau ne se contente pas de nier toute pertinence à la question classique de l'origine de la division du travail (procède-t-elle de la propension naturelle des hommes à échanger ou en est-elle la cause ?). La spécialisation est l'effet naturel de la propension des hommes à choisir l'occupation qui leur convient le mieux, et à produire plus que ne l'exigent leurs besoins. Tel est du moins le discours dominant, auquel Rousseau accorde une place ambiguë :

Supposons dix hommes, dont chacun a dix sortes de besoins. Il faut que chacun, pour son nécessaire, s'applique à dix sortes de travaux ; mais, vu la différence de génie et de talent, l'un réussira moins à quelqu'un de ces travaux, l'autre à un autre. Tous, propres à diverses choses, feront les mêmes, et seront mal servis. Formons une société de ces dix hommes, et que chacun s'applique, pour lui seul et pour les neuf autres, au genre d'occupation qui lui convient le mieux ; chacun profitera des talents des autres comme si lui seul les avait tous ; chacun perfectionnera le sien par un continuel exercice ; et il arrivera que tous les dix, parfaitement bien pourvus, auront encore du surabondant pour d'autres. Voilà le principe apparent de toutes nos institutions. Il n'est pas de mon sujet d'en examiner ici les conséquences : c'est ce que j'ai fait dans un autre écrit (p. 466-467 ; il s'agit bien sûr du *DOI*).

L'analyse rousseauiste met en lumière une nouvelle contradiction du système social : d'un côté, la division sociale du travail permet le passage d'une économie de subsistance à une économie d'abondance : « cent hommes travaillant de concert gagneront de quoi en faire subsister deux cents » (p. 456). Mais de l'autre, cet avantage apparent pourrait bien être un inconvénient réel, car il suffit de retourner la proposition pour en mesurer les conséquences sociales. À la collaboration efficace se substitue la division en classes : « Sitôt donc qu'une partie des hommes se repose, il faut que le concours des bras de ceux qui travaillent supplée au travail de ceux qui ne font rien »[1].

Loin de valoriser la production accrue et l'élévation générale du niveau de vie rendues possibles par la division du travail, Rousseau met en exergue les conséquences néfastes de la division entre travail et non travail : il ne s'agit pas de dire que la spécialisation améliore les talents et augmente *in fine* le bien-être de tous, fût-ce au prix de l'altération des facultés de certains, cantonnés aux basses œuvres et aux tâches pénibles (ce qu'admettront Ferguson ou Smith), mais de montrer que la distribution du travail est toujours distribution du travail et du non-travail. La division du travail permet l'existence d'une classe oisive qui vit de ses rentes, et suppose celle d'une classe condamnée à l'insertion instrumentale dans la division du travail. Corrélativement, l'ordre naturel qui accorde l'estime aux arts proportionnellement à deux critères (leur utilité et leur indépendance) est bafoué : « Tous ces gens si fiers de leurs talents dans Paris ne seraient rien dans notre île, et seraient nos apprentis à leur tour » (p. 460).

---

1. Voir B. Bachofen, « Rousseau : une économie politique républicaine ? », *Le Philosophoire*, 2013/1, n° 39, p. 117-145.

Mais la perversion inhérente au « principe apparent de toutes nos institutions » n'est pas seule en cause. L'ordre corrompu de la société civile contrevient en effet à l'impératif social le plus fondamental : pourvoir à la conservation de tous. À sa façon, l'*Émile* pose à nouveau la question du *surnuméraire* qui hantait le second *Discours* : une fois la terre « couverte du tien et du mien », l'homme qui n'a que son corps ne peut trouver le nécessaire physique pour se conserver qu'en s'asservissant à ceux qui voudront rémunérer sa force de travail[1]. Autrement dit, la réflexion sur l'ordre social ne peut que partir de ce moment initial où les « surnuméraires » se virent exclus de l'appropriation primitive, sans avoir failli eux-mêmes et en un sens, « sans avoir rien perdu » (*DOI*, p. 175). C'est cette exclusion primitive qui désavantage certains de façon décisive au sein du processus de la division du travail (ou plutôt du travail et du non-travail). Restaurer la justice sociale suppose de prendre conscience du fait que la société a étouffé la pitié au moment où la situation primitive d'abondance des ressources naturelles a été remise en cause par l'appropriation privative des terres :

> *Monseigneur, il faut que je vive*, disait un malheureux auteur satirique au ministre qui lui reprochait l'infamie de ce métier. – *Je n'en vois pas la nécessité*, lui repartit froidement l'homme en place[2]. Cette réponse, excellente pour un ministre, eût été barbare et fausse en toute autre bouche. Il faut que tout homme vive (p. 467).

---

1. Voir B. Bachofen, *La Condition de la liberté. Rousseau critique des raisons politiques*, Paris, Payot, 2002.

2. Il s'agirait d'une réponse de l'abbé Guyot-Desfontaines au comte d'Argenson, citée par Voltaire, *Œuvres complètes*, éd. Moland, Paris, 1877-1885, t. III ; p. 381 ; voir *OC* IV, p. 1438, note 3.

Il faut que l'homme du peuple vive, ou que *l'humanité soit* : la réflexion sur la justice met en jeu la possibilité de donner au moins à chacun selon ses besoins – les besoins primaires étant les mêmes, universellement. Ce que Rousseau nomme la « loi de nature », parfois qualifiée de « droit naturel proprement dit » par opposition au « droit naturel raisonné », relève d'un droit absolu, au sens d'une nécessité absolue. Tel est le contenu résiduel de la loi de nature, après la critique rigoureuse du jusnaturalisme. Le droit naturel n'est que le droit à survivre en s'appropriant les moyens nécessaires à sa subsistance : « la première loi de la Nature est le soin de se conserver » ; « tout homme a naturellement droit à tout ce qui lui est nécessaire »[1].

Une fois encore, Rousseau fait donc surgir la contradiction du système social. L'aveuglement des grands, leur manque d'empathie face au cri de la nature (« *Je n'en vois pas la nécessité* ») étant contraires à l'humanité, il ne reste plus qu'à faire droit à la nature elle-même, en réduisant le droit à la puissance d'appropriation : « tout est permis par elle [la nature] à quiconque n'a nul autre moyen possible pour vivre ». La leçon hobbesienne se trouve transposée sur le terrain social : c'est désormais dans l'état civil, et non dans l'état de nature, que « tout est permis » pour satisfaire au désir primordial de conservation. La violence du propos ne doit pas être sous-estimée : contre l'ordre établi et ses lois violentes contre les mendiants, les voleurs et les vagabonds, Rousseau soutient que « ce n'est pas le malfaiteur qu'il faut pendre, c'est celui qui le force à le devenir » (p. 468).

La leçon ne s'arrête pas là. La possibilité d'un renversement de l'ordre social, d'une destruction des rangs, d'une abolition des privilèges et d'un renversement des

---

1. *Émile*, p. 467 ; *CS*, I, 9, p. 365.

fortunes – qui donne lieu à la célèbre prophétie de Rousseau selon laquelle « nous approchons de l'état de crise et du siècle des révolutions » (p. 468) – impose en effet au riche et au noble d'apprendre à vivre comme les plus démunis des hommes : nul ne peut être libre s'il ne sait vivre hors de sa condition. Sans vouloir attiser la guerre des classes ou des ordres, Rousseau préconise non seulement de développer la pitié à l'égard des plus démunis, mais aussi de favoriser l'aptitude de celui qui entend rester heureux et libre à vivre en démuni. Il s'agit d'apprendre à l'enfant bientôt homme à se conserver de façon autonome, quelle que soit la configuration de l'ordre social et quelle que soit sa place dans cet ordre. Plutôt que d'envisager un « voile d'ignorance » destiné à conduire chacun à se mettre de façon imaginaire à la place de tous les autres, Rousseau imagine le bouleversement de l'ordre social qui provoque l'échange involontaire des places : Émile doit se mettre fictivement à la place des plus défavorisés de la société, non pour choisir les principes de justice qui pourraient convenir à la société future à laquelle il entend participer, mais pour choisir le métier qui lui permettra de vivre dans n'importe quelle société. La fiction théorique de la *révolution* a le même effet que celle du *voile d'ignorance* : conduire à se placer dans un lieu exposé aux maux, qui contraindra l'individu à un choix raisonnable et rationnel, juste et utile.

Richesse et dette sociale

Or l'appréciation des droits et des devoirs issue de cette fiction heuristique est claire : le droit à la propriété privée des uns s'accompagne d'un devoir strict de subvenir aux besoins de ceux qui sont dépourvus d'accès à la propriété. Dans un passage théorique dense, Rousseau explique à quelle condition la propriété appartient à l'homme – sous réserve de son usage social. Il introduit ainsi l'idée cruciale d'une « dette sociale » :

> L'homme et le citoyen, quel qu'il soit, n'a d'autre bien à mettre dans la société que lui-même ; tous ses autres biens y sont malgré lui ; et quand un homme est riche, ou il ne jouit pas de sa richesse, ou le public en jouit aussi. Dans le premier cas il vole aux autres ce dont il se prive ; et dans le second, il ne leur donne rien. Ainsi la dette sociale lui reste tout entière tant qu'il ne paye que de son bien. Mais mon père, en le gagnant, a servi la société… Soit, il a payé sa dette, mais non pas la vôtre. Vous devez plus aux autres que si vous fussiez né sans bien, puisque vous êtes né favorisé. Il n'est point juste que ce qu'un homme a fait pour la société en décharge un autre de ce qu'il lui doit ; car chacun, se devant tout entier, ne peut payer que pour lui, et nul père ne peut transmettre à son fils le droit d'être inutile à ses semblables ; or, c'est pourtant ce qu'il fait, selon vous, en lui transmettant ses richesses, qui sont la preuve et le prix du travail (p. 469-470).

Le patrimoine et l'héritage n'ont rien d'évident : le rentier doit s'acquitter d'une dette envers la société qui subvient à ses besoins et protège ses biens[1]. Ainsi comprend-on que l'obligation politique dont il sera question au livre V d'*Émile* est précédée d'une obligation sociale : c'est parce qu'il jouit de la protection des lois et y consent tacitement dès lors qu'il ne quitte pas le territoire que le sujet d'un État doit obéir à ses lois (p. 858) ; c'est parce qu'il jouit du travail d'autrui que l'individu oisif – aristocrate, clerc ou bourgeois – doit s'acquitter de sa dette envers la société et envers le peuple qui, pour l'essentiel, la compose.

---

1. Voir J. Lenne-Cornuez, *Être à sa place*, *op. cit.*, p. 219-226 ; p. 287-289.

Comment penser la société civile sans autorégulation des intérêts ? Récusant le modèle d'avantages réciproques inhérent à l'apologie du luxe, Rousseau ne peut envisager le riche que comme un prédateur ou un parasite : dans son usage de ses biens, il a le choix entre voler aux autres ce dont il se prive (ce qui arrive lorsqu'il jouit du travail d'autrui en vertu d'un bien qu'il n'a pas lui-même produit), ou ne rien leur donner s'il se contente de thésauriser. Né favorisé, le possédant n'a en aucun cas le droit d'user et d'abuser de sa propriété, qui, comme l'a montré le livre II d'*Émile*, ne peut être légitimement issue que du travail (parfois en conflit avec le droit du premier ou du précédent occupant). La propriété reste toujours soumise à la règle morale du jeu social : « Celui qui mange dans l'oisiveté ce qu'il n'a pas gagné lui-même le vole ; et un rentier que l'État paye pour ne rien faire ne diffère guère, à mes yeux, d'un brigand qui vit aux dépens des passants. Hors de la société, l'homme isolé, ne devant rien à personne, a droit de vivre comme il lui plaît ; mais dans la société, où il vit nécessairement aux dépens des autres, il leur doit en travail le prix de son entretien ; cela est sans exception. Travailler est donc un devoir indispensable à l'homme social. Riche ou pauvre, puissant ou faible, tout citoyen oisif est un fripon » (p. 470).

Il reste que la conclusion du livre III paraît problématique : certes, rien n'oblige encore l'enfant et celui-ci peut donc se concevoir comme un être sans attaches, capable de « faire son bagage » et de partir chaque fois que son intégrité ou sa liberté sont menacées. La dette sociale d'Émile peut être acquittée à ce stade dans n'importe quelle société, puisqu'elle ne tient qu'au fait qu'il doit pourvoir à sa subsistance. Mais cette posture est-elle viable ? Ce choix n'est-il pas faussé par ce qu'il occulte – la nécessité des attaches qui apparaîtront au moment où le jeune homme devra, au sens propre comme au figuré, « s'installer » ?

LA « LETTRE SUR LA VERTU » : QUELLE OBLIGATION ?

Dès la *Lettre sur la vertu* (1757), Rousseau pose le problème du devenir de la bonté naturelle dans la société civile. L'entrée dans un univers de relations provoque en effet un bouleversement profond. Les « rapports artificiels » et les « passions factices » qui apparaissent dans la société civile engendrent une redéfinition de la vertu désormais « convenable » à cette existence relationnelle : « Aujourd'hui que ma vie, ma sûreté, ma liberté, mon bonheur, dépendent du concours de mes semblables, il est manifeste que je ne dois plus me regarder comme un être individuel et isolé, mais comme partie d'un plus grand tout, comme membre d'un plus grand corps de la conservation duquel dépend absolument la mienne et qui ne saurait être mal ordonné que je ne me sente de ce désordre »[1]. L'appartenance envisagée n'est pas seulement celle du citoyen envers sa patrie ; c'est également celle de l'individu envers la société. Dans l'état civil, où la propriété et le travail ne se conçoivent que de façon collective, l'individu n'est plus en droit de se considérer de façon isolée. La sortie de l'état de nature coïncide avec l'abandon de l'autosuffisance : « l'homme social est trop faible pour pouvoir se passer des autres » ; il a besoin du concours d'autrui pour vivre[2]. Telle est également la leçon de l'*Émile*. Désormais, le modèle de Robinson Crusoë ne peut être qu'une fiction : « un homme

---

1. Rousseau, *Lettre sur la vertu, l'individu et la société* (1757), dans *Annales Jean-Jacques Rousseau*, tome 41, Genève, Droz, 1997, p. 313-327, ici p. 320. Voir le commentaire de B. Bernardi, *Le principe d'obligation : une aporie de la modernité politique*, op. cit., p. 293-294.

2. Rousseau, *Lettre sur la vertu*, p. 322.

qui voudrait se regarder comme un être isolé, ne tenant du tout à rien et se suffisant à lui-même, ne pourrait être que misérable. Il lui serait même impossible de subsister ; car, trouvant la terre entière couverte du tien et du mien, et n'ayant rien à lui que son corps, d'où tirerait-il son nécessaire ? En sortant de l'état de nature, nous forçons nos semblables d'en sortir aussi » (p. 467).

La division du travail crée donc débiteurs et créanciers, selon qu'ils participent ou non à la production réelle des ressources qui pourvoiront aux besoins. Comme le dit encore la *Lettre sur la vertu*, la division du travail social donne lieu à un « quasi-contrat » : « Sans ce contrat tacite qu'ils ont passé il n'y aurait ni gain, ni propriété ni véritable industrie. Dans l'état de nature rien n'existe que le nécessaire, et tout le superflu qu'on voit parmi nous n'est point la somme des travaux de particuliers, mais le produit de l'industrie générale qui fait avec cent bras agissant de concert plus que cent hommes ne pourraient faire séparément »[1]. En distinguant l'ordre civil de ses abus, Rousseau propose ainsi sa propre théorie de la société civile : celle-ci n'est pas la simple « somme des travaux des particuliers », mais le « produit de l'industrie générale ». Supérieure à la somme de ses parties, association plutôt qu'agrégation, la société issue de la division du travail est régie par sa solidarité propre – qu'il n'est pas abusif de comparer à celle que Durkheim analysera sous le nom de « solidarité organique »[2]. L'obligation morale et sociale

---

1. Rousseau, *Lettre sur la vertu*, p. 323.
2. Durkheim, *De la division du travail social*, Paris, P.U.F., 1998. Durkheim n'utilise pourtant pas ce fil conducteur dans sa lecture de Rousseau centrée sur le *Contrat social, Le « Contrat social » de Rousseau* (1918), Paris, Kimé, 2008. Voir C. Spector, « Aux origines de la sociologie. « Le *Contrat social* de Rousseau » d'Émile Durkheim (1918) », *Les Études philosophiques* 4, 2018, p. 535-630.

en découle : par le fait de la division du travail, la société civile est un réseau de droits et de devoirs dont l'homme social ne saurait s'excepter.

Avant l'*Émile*, la *Lettre sur la vertu* livre donc une leçon d'envergure sur l'organisation de la société civile comme système des échanges. Qu'il s'agisse de la « société des arts » qui consiste en « échanges d'industrie », de la société du commerce qui consiste en échange de choses ou de la société des banques qui consiste en échanges de signes et d'argent, la société est reconduite à sa mesure commune, qui est la monnaie. L'égalité (conventionnelle) est au fondement de la société : « Nulle société ne peut exister sans échange, nul échange sans mesure commune, et nulle mesure commune sans égalité. Ainsi, toute société a pour première loi quelque égalité conventionnelle, soit dans les hommes, soit dans les choses » (p. 461). Or le passage de la société civile à l'État est rendu nécessaire pour la garantie de l'égalité : « L'égalité conventionnelle entre les hommes, bien différente de l'égalité naturelle, rend nécessaire le droit positif, c'est-à-dire le gouvernement et les lois ». Alors que pour Montesquieu l'inégalité réelle rend nécessaire le droit et l'État afin de trancher les litiges liés à la propriété privée[1], Rousseau défend la thèse inverse : plutôt que le respect de la propriété privée et des contrats, c'est l'impératif de maintenir l'égalité qui engendre le droit. La société civile n'est en rien issue de l'harmonie spontanée des intérêts ; seul l'État est en mesure d'y faire respecter l'ordre des échanges qui y est constamment transgressé. L'ordre d'exposition d'*Émile* apparaît ici en filigrane : le livre V, reprenant l'exposé des principes du *Contrat social*, permettra de parachever la réflexion sur la société civile amorcée au livre III. Seul le contrat social

---

1. Voir C. Spector, *Montesquieu et l'émergence de l'économie politique*, Paris, Honoré Champion, 2006, chap. 1.

permettra de donner toutes ses garanties au « quasi-contrat » et d'assurer, par l'impôt notamment, le paiement de la dette sociale.

In fine, la leçon d'économie d'*Émile* coïncide donc avec l'apprentissage de l'*ordre naturel* que l'ordre social a perverti. Partie de l'éducation négative, elle conduit à congédier les fausses croyances et à envisager les moyens de ne pas subir ni perpétuer, dans le jugement comme dans la conduite, les effets de la domination oppressive de certaines classes sur d'autres – Rousseau ne distinguant pas, au demeurant, l'avantage social que confère la richesse du privilège issu de la naissance. Si l'inégalité ne peut être supprimée, du moins doit-elle être dissociée du mépris social et rendue compatible avec le seul droit naturel qui vaille, à savoir la subsistance de tous. Le *Contrat social* le stipule en défendant la réduction de l'inégalité des conditions : « tout homme a naturellement droit à tout ce qui lui est nécessaire » (*CS*, I, 9, p. 365). *Émile* le confirme en écartant la possibilité d'une réforme de la législation et en se cantonnant à l'éducation. De même qu'il devra, plus tard, se faire valet pour pouvoir être maître (p. 688), l'élève du gouverneur doit se faire apprenti pour éprouver l'existence des rapports sociaux inégalitaires et éviter de transformer sa situation privilégiée en exploitation inique et en perversion morale. C'est lorsqu'il se trouve en situation de recevoir (des ordres, du travail, sa subsistance) que le fils de riche est conduit à s'interroger sur les raisons qui justifient que certains soient en situation de donner des ordres, du travail ou de la subsistance à d'autres. Pourquoi certains sont-ils libres, à l'abri du besoin, alors que d'autres s'épuisent, sous la férule d'un maître, à gagner leur salaire ? La réponse du gouverneur ressemble à une esquive : « Voilà, cher Émile, une excellente question ; je vous promets d'y répondre pour moi, quand vous y ferez pour vous-même une réponse dont vous soyez content ». Mais la justice réside bien dans la volonté de *rendre* à chacun ce qui lui revient, car il lui a été préalablement dérobé, sous forme d'extraction de la force de travail : « En attendant, j'aurai soin de rendre à vous et aux pauvres ce que j'ai de trop, et de faire une table ou un banc par semaine, afin de n'être pas tout à fait inutile à tout ». En vertu de cette logique, le superflu des uns doit soulager la misère des autres.

Regrettera-t-on que ce don de ce que l'on a de trop ne remette pas en cause l'ordre établi – pâle figure de la justice réduite à la charité ? Du moins la contribution aux besoins des plus démunis n'est-elle pas une simple aumône, mais une compensation de l'improductivité et de l'inutilité sociale. Éviter qu'« une poignée de gens regorge de superfluités, tandis que la multitude affamée manque du nécessaire »[1] ne tient pas de la générosité mais du devoir. Le livre III d'*Émile* a permis de le montrer : la réparation des injustices dans les sociétés modernes ne passe pas par l'économie du luxe, selon le modèle de Mandeville, Melon, Hume ou Montesquieu ; elle suppose un *usage social* de la propriété. Au livre IV, la fiction du « si j'étais riche » permettra d'évoquer le bon usage des richesses, en vue de la volupté et non de la vanité. Pour devenir jouissance, la propriété doit être inclusive et non exclusive : « Je voudrais que ma fortune mit de l'aisance, et ne fît jamais sentir l'inégalité »[2]. La valeur de l'économie en dépend : elle se mesure à son aptitude à satisfaire les besoins réels de tous comme par sa capacité à ne pas transformer l'homme en oppresseur ni en esclave.

---

1. *DOI*, p. 194 (il s'agit des derniers mots du texte).
2. *Émile*, p. 682-683. Voir D. C. Rasmussen, « If Rousseau were rich ; another model of the good life », *History of Political Thought*, Vol. 36, n° 3, 2015, p. 499-520.

CHAPITRE IV

LE LIVRE IV : L'ÉDUCATION MORALE

Le livre IV couvre l'adolescence d'Émile, de quinze à vingt ans. Il commence par la description du phénomène physiologique de la puberté. Véritable métamorphose de l'être, la puberté s'apparente pour l'individu à une seconde naissance. En suscitant le désir sexuel et en ouvrant le sujet à l'altérité, elle crée un désir de « vivre » qui outrepasse le simple désir biologique d'exister : « Nous naissons pour ainsi dire deux fois : l'une pour exister et l'autre pour vivre, l'une pour l'espèce et l'autre pour le sexe » (p. 489).

La puberté est un bouleversement profond, qui engage, outre l'être physique, l'être moral tout entier. Comme Buffon, dans la section « De la puberté » de l'*Histoire naturelle*, Rousseau prend la mesure de la transformation corporelle et sexuelle qui se produit alors. Buffon s'était émerveillé de la soudaine surabondance d'énergie de l'adolescent. L'auteur de l'*Histoire naturelle* avait souligné l'importance décisive de cette phase dans l'histoire de l'homme : l'adolescent ne « végète » plus ; il vit et peut faire vivre. Mais sa description restait purement physiologique :

> Jusqu'alors la Nature ne paraît avoir travaillé que pour la conservation et l'accroissement de son ouvrage, elle ne fournit à l'enfant que ce qui lui est nécessaire pour se

nourrir et pour croître, il vit, ou plutôt il végète d'une
vie particulière, toujours faible, renfermée en lui-même,
et qu'il ne peut communiquer ; mais bientôt les principes
de vie se multiplient, il a non seulement tout ce qu'il lui
faut pour être, mais encore de quoi donner l'existence à
d'autres[1].

Pour sa part, Rousseau tire les conséquences *morales*
du bouleversement hormonal. L'apparition de la sexualité
crée une transformation des passions qui peut être utilisée
pour mettre en œuvre l'éducation morale. L'enfant,
jusqu'alors, a été est formé pour lui-même, en vue de sa
conservation et de son bien-être. À l'instar du sauvage du
second *Discours*, il n'est devenu ni un être moral ni un
être social. Autocentré et conduit par l'amour de soi, il n'a
pas senti ni conçu de notions morales abstraites. Émile n'a
jusqu'alors développé, au titre de faculté rationnelle, que
la connaissance des rapports de son corps aux corps
environnants : « Avant l'âge de raison l'on ne saurait avoir
aucune idée des êtres moraux ni des relations sociales »
(p. 316). Il n'a pas éprouvé de rapports moraux à ses
semblables. Son innocence est à la mesure de son ignorance :
« connaître le bien et le mal, sentir la raison des devoirs
de l'homme n'est pas l'affaire d'un enfant » (p. 318) ;
« Dépourvu de toute moralité dans ses actions, il ne peut
rien faire qui soit moralement mal » (p. 321). Nous sommes
à un stade peu différent au livre III alors même que certains
rapports sociaux commencent à être sentis. D'où l'inquiétude
qui peut poindre chez le lecteur face au portrait d'un *enfant
sauvage*, parfaitement amoral, dénué de tout souci d'autrui.
Rousseau anticipe l'objection. N'aurait-il formé qu'un

1. Buffon, *Œuvres*, « Bibliothèque de la Pléiade », Paris, Gallimard,
2007, p. 212.

individu égoïste, soucieux de son seul bonheur ? « Que deviendra pour les autres un homme uniquement élevé pour lui ? » (p. 251).

La réponse est négative. Car tout se modifie à partir de l'apparition du désir sexuel. Paradoxalement, alors que la tentation surgit et que l'expérience du mal se profile, l'éducation morale peut commencer. Le surgissement du désir produit un tournant : désormais, l'adolescent ne peut plus éviter le rapport à autrui. Il n'éprouve plus seulement des sensations, mais des sentiments ; il ne cherche plus seulement sa place dans le monde physique ou économique, mais également dans l'ordre moral des mérites. Ce tournant dans l'éducation est résumé à l'issue du livre III, au moment où Rousseau effectue une forme de bilan du chemin parcouru et envisage la route qui reste à parcourir : « Après avoir commencé par exercer son corps et ses sens nous avons exercé son esprit et son jugement. Enfin nous avons réuni l'usage de ses membres à celui de ses facultés. Nous avons fait un être agissant et pensant ; il ne nous reste plus pour achever l'homme, que de faire un être aimant et sensible ; c'est-à-dire de *perfectionner la raison par le sentiment* » (p. 481, n. s.).

L'enjeu du livre IV est ainsi énoncé : il s'agit de créer un être « aimant et sensible » et de « perfectionner la raison par le sentiment ». La formule est énigmatique. La morale d'*Émile* sera-t-elle sentimentaliste[1] ? Quelles seront les véritables motivations et les modalités d'effectuation de la vertu ? Comme nous le verrons, la morale expérimentale mise en scène par Rousseau repose sur une théorie générale de l'affectivité : elle part du fait fondamental selon lequel

---

1. Voir R. Derathé, *Le Rationalisme de J.-J. Rousseau*, Paris, P.U.F., 1948.

on n'a prise sur les passions que par elles. L'éducation morale reste une éducation *négative* : moraliser l'individu revient à favoriser sa sensibilité empathique et à éviter l'essor pervers de sa vanité en neutralisant l'influence des préjugés. Elle consiste à mettre en place des dispositifs (tableaux, spectacles, discours, récits) qui susciteront le développement de sa sensibilité « positive » et la mise en œuvre équitable de sa pitié, sans laisser naître les passions envieuses et cruelles vouées à corrompre l'humanité.

Dès lors, la philosophie morale de Rousseau se caractérise par certains traits fondamentaux. En premier lieu, l'auteur d'*Émile* ne conçoit pas la morale comme soumission extérieure à la Loi ni comme adhésion de la volonté à un Bien préexistant. Il la définit comme acquisition de dispositions bienveillantes et vertueuses (clémence, générosité, humanité). Pour devenir membre plein de l'espèce et mettre en œuvre ses devoirs envers la société et envers l'humanité, Émile ne devra recevoir du gouverneur ni leçons ni sermons. Ses devoirs ne seront jamais énoncés sous la forme d'un catalogue abstrait (devoirs envers soi, envers autrui, envers Dieu), comme si l'éducation morale consistait à s'instruire de ces devoirs pour les appliquer. La méthode rousseauiste s'oppose aux préceptes de la morale chrétienne comme aux différentes versions du jusnaturalisme moderne : c'est la formation de l'affectivité de l'individu qui permettra à Émile d'accéder aux concepts moraux. Tel est le sens de l'empirisme rousseauiste : les notions du bien et du mal, du juste et de l'injuste seront tout à la fois senties, connues et appliquées, une fois convenablement motivées[1]. La philosophie morale est

---

1. Voir G. Radica, *L'Histoire de la raison*, *op. cit.*, p. 493-537 : « Les affections morales ».

donc ancrée dans la science de l'homme, qui est connaissance de ses passions dominantes et généalogie de leur transformation. L'histoire de la nature humaine ou le « beau roman » que Rousseau transcrit décrit cette genèse : de l'amour de soi dérive la *pitié*, de l'amour-propre *l'envie*, qui sont les principales modalités du rapport à autrui et la matière première de l'éducation. En société, les vices dériveront de l'envie ; les vertus de la pitié, une fois celle-ci rationalisée et généralisée à tout le genre humain.

Corrélativement, Rousseau ne conçoit pas la morale comme soumission des passions à la raison, mais comme développement immanent de la sensibilité morale. Ce sont les passions elles-mêmes qui seront orientées en privilégiant certaines (issues de l'amour de soi) au détriment des autres (issues de l'amour-propre). Après Montesquieu, Diderot, Helvétius, D'Holbach et d'autres auteurs du siècle, Rousseau participe du mouvement de « réhabilitation » des passions : « Nos passions sont les principaux instruments de notre conservation ; c'est donc une entreprise aussi vaine que ridicule de vouloir les détruire » (IV, p. 490-491). En un sens, le philosophe propose ainsi une théorie morale aussi distante d'un pur rationalisme que d'un pur volontarisme qui conduirait à opposer la raison aux passions ou la volonté libre aux inclinations pathologiques de la sensibilité. D'une part, la raison devra être réglée en raison de ses abus possibles ; d'autre part, la vertu elle-même fera l'objet d'un intérêt sensible – la conscience se présentant comme l'instance permettant de penser l'intérêt pour le bien ou le beau moral, au-delà du calcul égoïste. Nous y reviendrons : la morale expérimentale d'*Émile* identifie les lois de l'affectivité en cernant les véritables *besoins du cœur humain*, qui fournissent les prises de l'éducation. Plutôt qu'à l'interdiction énoncée par la religion ou par la froide raison, le gouverneur doit recourir à des moyens plus subtils, qu'il s'agisse de *substitution* (*transfert* de l'objet d'une passion vers un autre objet) ou de *sublimation* (l'énergie passionnelle, et en particulier sexuelle, étant élevée vers des fins culturelles ou morales). L'expérimentation à laquelle le jeune homme est soumis doit créer les circonstances propices : par des tableaux de l'humanité souffrante, qui joueront sur son imagination et induiront une certaine « pente » de ses passions, Émile deviendra sans le savoir ni le vouloir sujet de sa propre moralisation.

ÉDUQUER LES PASSIONS

Il faut distinguer deux moments essentiels dans la pédagogie morale, selon le développement de la subjectivité comme sensibilité. Dans les trois premiers livres d'*Émile*, seules les dimensions les plus primitives du rapport aux objets sont abordées ; le véritable critère éthique est celui de l'*utile*, de la satisfaction des besoins primaires, de l'intérêt pour la conservation et le bien-être. La bonté de l'enfant suppose d'abord la vigueur et l'endurance aux maux et aux privations physiques, la non-multiplication des désirs superflus ; elle implique surtout de ne pas satisfaire ses besoins physiques par intervention prématurée du pouvoir sur autrui, des rapports d'obéissance et de commandement. Dès lors, la règle d'or en morale est de n'infliger aucun mal : « La seule leçon de morale qui convienne à l'enfance et la plus importante à tout âge est de ne jamais faire de mal à personne » (II, p. 340).

Cependant, cette position paraît délicate à tenir : en recherchant son utilité propre, Émile ne peut éviter d'entrer en contact avec ses semblables et de devenir un être social. Rousseau esquisse donc dès le livre II les premières leçons pré-morales sur la propriété et les promesses, et engage une réflexion sur le sens de l'obligation[1]. On arrive ainsi, à l'issue du livre III, aux frontières du monde moral : à ce stade, « Émile a de la vertu tout ce qui se rapporte à lui-même » mais non ce qui concerne les vertus sociales, qui doivent désormais être acquises.

Dans les premiers livres d'*Émile*, tout est fait pour que l'éducation maintienne l'enfant dans son ordre, qui est l'ordre physique des corps ; la raison elle-même n'est qu'une « physique expérimentale » adaptée au développement de l'enfant comme corps en mouvement (II, p. 370) ; l'essor de l'imagination définie comme faculté des possibles doit à tout prix être évité. L'imagination étend en effet la mesure des possibles, soit en bien soit en mal, et excite les désirs par l'espoir de les satisfaire (p. 304). Elle accentue ainsi la faiblesse de l'homme en lui faisant éprouver le *manque* de ce qu'il ne possède pas : « La société a fait l'homme plus faible, non seulement en lui ôtant le droit qu'il avait sur ses propres forces, mais surtout en les lui rendant insuffisantes » (p. 309). L'éducateur doit donc maintenir les désirs de l'enfant dans les limites de ses forces effectives et contenir l'apparition des désirs superflus. Ce thème épicurien se conjugue en l'occurrence avec des échos du stoïcisme : la liberté consiste à accepter la *loi de la nécessité* (« dure loi ») et à ne pas se laisser asservir par les faux prestiges des biens d'opinion, qui engendrent des maux véritables : « Ô homme ! resserre ton existence au-dedans de toi, et tu ne seras plus misérable [...] Ta liberté, ton pouvoir ne s'étendent qu'aussi loin que tes forces naturelles et pas au-delà ; tout le reste n'est qu'esclavage, illusion, prestige. La domination même est servile quand elle tient à l'opinion » (p. 308). La véritable liberté de l'enfant est indépendance à l'égard de l'opinion.

Or au livre IV d'*Émile*, tout s'inverse : le but de l'art conforme à la nature n'est plus de modérer les désirs en les indexant sur le besoin physique et en évitant le déploiement des passions et de l'imagination, tout au contraire. Tout se passe comme si l'éveil du désir sexuel, sa force irrépressible, rendait impossible la solution de la sagesse antique – celle de la modération des désirs. Il s'agit donc désormais d'user des passions et de l'imagination, et plus précisément de détourner la passion sexuelle de son objet ; il s'agit en un mot de la *sublimer*[1]. À cet égard, le livre IV est encore un livre d'éducation négative, mais en un tout autre sens : il s'agit désormais de différer ou de reporter l'accomplissement sexuel du désir, en le reportant sur d'autres objets (les travaux corporels et la chasse notamment). En devenant sensible à l'autre sexe, Émile devient sensible à ses amis, à ses semblables et, de proche en proche, à toute son espèce. Il éprouve un désir de soulager activement les êtres souffrants et, s'il est bien éduqué, un amour de l'humanité tout entière.

L'originalité de Rousseau se mesure ici : loin de reconduire un discours classique sur la maîtrise des passions par la raison entendue comme faculté législatrice des fins, il conçoit la vertu à partir d'une *généralisation de l'amour-propre et de la pitié*. En ce sens, *Émile* est loin de proposer une théorie des facultés qui permettrait de distinguer en l'homme une faculté supérieure et une faculté inférieure de désirer, et de faire émerger une raison pure pratique libérée de toute forme d'intérêt ; la raison est toujours

---

1. Voir A. Bloom, *L'Amour et l'Amitié*, trad. P. Manent, Paris, Fallois, 1996, chap. 1.

impure, immergée dans la sensibilité et dans l'affectivité qui constitue l'être sensible comme tel. La morale, à ce titre, ne sera pas rupture avec la dimension « pathologique » de l'humanité ; elle consistera en une rationalisation des passions fondée sur leur généralisation.

Nous suivrons l'ordre du livre IV qui permet à Émile de trouver sa juste place au sein de son espèce : le premier moment de l'analyse sera consacré au devenir vertueux ou vicieux des passions primitives de l'homme ; le deuxième à la Profession de foi du vicaire savoyard (désormais PF), qui constituera le moment le plus long et le plus délicat de cette analyse, puisqu'il s'agira de déterminer le statut du « détour » par la religion naturelle afin de fonder l'obligation morale ; le troisième moment, enfin, sera destiné à mettre en lumière les principes de l'éducation à la culture qui scelleront l'entrée véritable dans le monde social.

MORALISATION ET SUBLIMATION

Le désir sexuel n'est pas seulement un phénomène physiologique : il ouvre au monde moral en créant une inquiétude qui porte vers autrui pour se satisfaire. Au début, cette « seconde naissance » demeure inconsciente. Émile « devient sensible avant de savoir ce qu'il sent ; il est inquiet sans raison de l'être » (p. 490). L'éducation négative doit donc s'intercaler, ici, entre le désir et son objet ; elle vise à « ruser avec le désir »[1], à l'empêcher de se contredire. Elle a pour tâche de régler le désir sans le secours d'une norme transcendante sous la forme d'interdits ou de commandements, forcément inefficaces. L'amitié et l'amour seront alors les deux formes du rapport passionnel à autrui

1. F. Worms, *Émile, ou de l'éducation, op. cit.*, p. 47.

qui fourniront les leviers adéquats de la moralisation ;
l'amour-propre et la pitié les dispositions dérivées de
l'amour de soi sur lesquelles l'éducation devra travailler.

Les passions comme instruments de la liberté

L'éducation morale repose d'abord sur une généalogie
des passions. Rousseau refuse le sophisme selon lequel
les passions vicieuses de l'homme sont inhérentes à sa
nature. Comme le philosophe n'aura de cesse de le dire,
il n'existe pas de perversité originaire dans le cœur humain.
Tel est l'axiome de la bonté naturelle de l'homme. C'est
de la société, et non de la nature, que proviennent tous nos
vices : « Nos passions naturelles sont très bornées, elles
sont les instruments de notre liberté, elles tendent à nous
conserver. Toutes celles qui nous subjuguent et nous
détruisent nous viennent d'ailleurs ; la nature ne nous les
donne pas, nous nous les approprions à son préjudice »
(p. 491). Les passions ne sont donc pas pernicieuses en
elles-mêmes, tout au contraire : elles sont les instruments
de notre conservation et de notre liberté. Ce texte essentiel
doit être articulé à celui, déjà cité, de la lettre à Christophe
de Beaumont :

> Le principe fondamental de toute morale, sur lequel j'ai
> raisonné dans tous mes écrits, et que j'ai développé avec
> ce dernier [*Émile*] avec toute la clarté dont j'étais capable,
> est que l'homme est un être naturellement bon, aimant
> la justice et l'ordre ; qu'il n'y a point de perversité
> originelle dans le cœur humain, et que les premiers
> mouvements de la nature sont toujours droits. J'ai fait
> voir que l'unique passion qui naisse avec l'homme, savoir
> l'amour de soi, est une passion indifférente en elle-même
> au bien et au mal ; qu'elle ne devient bonne ou mauvaise
> que par accident et selon les circonstances dans lesquelles

elle se développe. J'ai montré que tous les vices qu'on impute au cœur humain ne lui sont point naturels ; j'ai dit la manière dont ils naissent ; *j'en ai, pour ainsi dire, suivi la généalogie*, et j'ai fait voir comment, par l'altération successive de leur bonté originelle, les hommes deviennent enfin ce qu'ils sont[1].

Ainsi Rousseau refuse-t-il l'explication théologique par le péché originel, qui n'explique rien de l'origine du mal. La lettre à Beaumont fournit les raisons de ne pas se fier à la théorie augustinienne[2]. Pour Rousseau, le péché originel n'explique rien ; et corrélativement, le baptême ne pourrait miraculeusement éliminer un processus de corruption affectant la nature humaine[3]. La faute d'Adam est assez pardonnable aux yeux de Rousseau et la punition imaginée par les théologiens, totalement disproportionnée. La nature n'est pas déchue, ni pécheresse. Dans l'*Émile* déjà, il s'agit donc de comprendre comment le vice peut apparaître en l'homme comme modification d'une passion originellement bonne, au point que la nature finit par se retourner contre elle-même : « c'est alors que l'homme se trouve hors de la nature et se met en contradiction avec soi » (p. 491).

Amour de soi et amour-propre

Il faut d'abord comprendre le sens de l'amour de soi[4]. Dans le sillage du second *Discours*, l'amour de soi est défini au livre II comme désir de conservation et de

1. *Beaumont*, p. 935-936.
2. *Ibid.*, p. 937-938.
3. *Ibid.*, p. 939.
4. Sur la généalogie philosophique du concept, voir Ch. Litwin, *Politiques de l'amour de soi. La Boétie, Montaigne et Pascal au démêlé*, Paris, Classiques Garnier, 2021.

bien-être : « Nos premiers devoirs sont envers nous ; nos sentiments primitifs se concentrent en nous-mêmes ; tous nos mouvements naturels se rapportent d'abord à notre conservation et à notre bien-être. Ainsi le premier sentiment de la justice ne nous vient pas de celle que nous devons, mais de celle qui nous est due » (p. 329). L'amour de soi est absolu, il ne prend en compte ni le regard d'autrui ni la comparaison avec quiconque. Il ne se soucie que de satisfaire les besoins fondamentaux et non les désirs factices produits par l'opinion. L'amour de soi est la source de nos passions, « l'origine et le principe de toutes les autres » ; il s'agit d'une « passion primitive, innée, antérieure à toute autre et dont toutes les autres ne sont en un sens que des modifications » (p. 491). Caractérisé comme « toujours bon et conforme à l'ordre », il rend raison de la « bonté naturelle de l'homme ». On se reportera aux premières phrases d'*Émile* : « tout est bien sortant des mains de l'auteur des choses » ; et au livre II : « Posons donc pour maxime incontestable que les premiers mouvements de la nature sont toujours droits : il n'y a point de perversité originelle dans le genre humain. Il ne s'y trouve pas un seul vice dont on ne puisse dire comment et par où il y est entré » (p. 322). L'amour de soi est donc la seule passion *originelle* si bien que l'attribut de l'origine se répercute sur ses dérivations : toutes les passions, « si l'on veut, sont naturelles » (p. 491). L'enjeu de la morale expérimentale est d'étudier la manière dont une passion engendre une autre, et comment les passions simples se transforment en passions complexes sous l'effet des circonstances. Dans la Lettre à Christophe de Beaumont, l'« unique passion qui naisse avec l'homme » est dite par elle-même « indifférente au bien et au mal » : elle ne « devient bonne ou mauvaise que par accident et selon les circonstances dans lesquelles elle se développe »[1].

L'amour de soi dépend des circonstances. Il est voué à se transformer. L'homme est le sujet d'une histoire, qui est l'histoire de sa sensibilité. La bonté naturelle peut disparaître et l'homme devenir cruel, vicieux, insensible, méchant : sous l'action de causes étrangères, les inclinations « changent le premier objet et vont contre leur principe ». Doit-on en conclure que l'amour de soi est à l'origine de sa propre perte ? Rousseau montre que cette perversion n'est pas une fatalité. Il y a place pour une transformation bénéfique de l'amour de soi, pour une genèse « qui ne contredirait pas l'origine »[2]. Dès le plus jeune âge, l'amour de soi trouve en effet sa première extension dans un attachement à autrui. Le nourrisson s'attache à sa mère ou à sa nourrice en raison du bien-être que celles-ci lui procurent, et cet attachement, d'abord instinct aveugle, se transforme peu à peu. Au-delà de l'attachement primitif, l'amour apparaît en effet lorsque le tout jeune enfant devient capable d'identifier une disposition bienveillante envers lui, une *intention* qui traduit l'existence d'un être moral et qui inspire par réciprocité une intention semblable. L'individu ne perçoit plus seulement en autrui ce qui lui est utile, mais celui qui *veut* l'être, ce qui suscite son amour : il s'agit d'une véritable loi du cœur (p. 492).

Il reste que cette première extension de la sensibilité n'est pas sans danger : l'amour de soi court le risque d'une altération profonde. Dès l'origine, l'enfant veut être préféré et il peut exprimer un désir de distinction voire de domination.

1. *Beaumont*, p. 936.
2. Voir F. Worms, *Émile, ou de l'éducation*, *op. cit.*, p. 52.

Devenu impérieux et capricieux, il peut se rebeller contre ce qui lui résiste. Ainsi la disposition à la méchanceté naît-elle simultanément à la bienveillance, lorsque l'amour de soi se transforme en amour-propre. Le livre II fournit les prémisses de cette distinction en évoquant l'amour-propre « en soi » ou relatif à autrui : « La seule passion naturelle à l'homme est l'amour de soi-même ou l'amour-propre pris en un sens étendu. Cet amour-propre en soi ou relativement à nous est bon et utile, et comme il n'a point de rapport nécessaire à autrui, il est à cet égard naturellement indifférent ; il ne devient bon ou mauvais que par l'application qu'on en fait et les relations qu'on lui donne » (II, p. 322). La philosophie morale étudie la passion non en elle-même mais *en relation* ; elle étudie ses transformations en fonction de son *application.* Le principe permet de voir comment une même source passionnelle peut être orientée ou dirigée au bien ou au mal, selon son usage.

Dans le sillage du second *Discours*, *Émile* fait donc procéder l'amour de soi et l'amour-propre d'une même source, selon que le regard d'autrui est engagé ou non dans le rapport à soi. La médiation du regard d'autrui métamorphose un être capable de satisfaire ses besoins en être insatiable et toujours insatisfait, car la reconnaissance, par essence, ne peut s'attribuer aux uns que par exclusion des autres : « L'amour de soi, qui ne regarde qu'à nous, est content quand nos vrais besoins sont satisfaits ; mais l'amour-propre, qui se compare, n'est jamais content et ne saurait l'être, parce que ce sentiment, en nous préférant aux autres, exige aussi que les autres nous préfèrent à eux, ce qui est impossible. Voilà comment les passions douces et affectueuses naissent de l'amour de soi, et comment les passions haineuses et irascibles naissent de l'amour-propre » (p. 493). Selon Rousseau, le risque est celui du déploiement précoce d'une sensibilité « négative », envieuse et haineuse, opposée à la sensibilité « positive », joyeuse et aimante. La comparaison entre le jeune homme élevé dans le monde et Émile est éloquente à ce titre : la physionomie même annonce le caractère superficiel et brillant mais envieux, arrogant et malheureux de l'un, sain, heureux et dénué d'envie de l'autre (p. 512-516).

Voué à vivre dans une société inégalitaire régie par la distinction des ordres et des rangs, Émile ne pourra cependant éviter que son amour-propre ne se développe. Dès l'adolescence, il désirera « la première place » : malgré sa bonne éducation, ce passage du moi absolu au « moi relatif » est inéluctable. La métamorphose de l'amour de soi en amour-propre est liée au moment où le jugement sur la valeur et le mérite s'opère de manière comparative au sein d'une société où les talents sont évalués et où la hiérarchie sociale détermine le prestige. Mais Rousseau en tire les conséquences : il faudra transformer la méthode éducative, et assigner à Émile une place parmi les hommes où il puisse rester vertueux, heureux et libre, sans avoir à opprimer ni à instrumentaliser ses subordonnés. Désormais, le gouverneur devra trouver à Émile une « place » sociale qui lui permette de ne pas avoir à exercer son empire ou sa cruauté : « pour décider si celles de ces passions qui domineront son caractère seront humaines ou douces, ou cruelles et malfaisantes, il faut savoir à quelle place il se sentira parmi les hommes, et quels genres d'obstacles il pourra croire avoir à vaincre, pour parvenir à celle qu'il veut occuper » (p. 523-524).

Pour éviter l'introduction des passions néfastes issues de l'amour-propre, le gouverneur doit procéder en plusieurs temps. Pendant l'enfance, il suffit que l'enfant s'en tienne à ses vrais besoins, qu'il évite la comparaison et les faux prestiges de l'opinion, en empêchant la découverte du plaisir de la domination : « Ainsi ce qui rend l'homme essentiellement bon est d'avoir peu de besoins et de peu se comparer aux autres, ce qui le rend essentiellement méchant est d'avoir beaucoup de besoins et de tenir beaucoup à l'opinion » (p. 493). Mais le désir qui apparaît à la puberté suppose par nature le désir d'estime et de préférence : il appelle la comparaison et l'aspiration à la « première place » car il faut être choisi et préféré à tout autre. L'amour-propre naît alors « malgré nous » : il faut donc le réorienter, à défaut de pouvoir l'anéantir (p. 494). Ainsi l'éducation ne devra-t-elle pas jouer sur le ressort de la vanité, afin d'éviter l'hypertrophie vaniteuse : « surtout point de vanité, point d'émulation, point de gloire » (p. 510). De fait, « l'amour-propre est un instrument utile, mais dangereux » ; rarement il procure du bien sans susciter du mal (p. 536).

Le sommaire de la sagesse

Dans un texte essentiel, Rousseau fournit « le sommaire de toute la sagesse humaine dans l'usage des passions » (p. 500-501). Ce « sommaire » est un analogue du *tetrapharmakon* épicurien : il permet à chacun de savoir comment éviter le malheur en quelques maximes portatives. Deux règles d'or constituent la « sagesse » en prenant en compte les rapports qui relient le sujet moral à ses semblables et à son espèce. Il faut : « 1. Sentir les vrais rapports de l'homme tant dans l'espèce que dans l'individu ; 2. Ordonner toutes les affections de l'âme selon ces rapports ». L'empirisme moral, à nouveau, livre une méthode en deux temps : le sujet doit d'abord « sentir », et sentir les « vrais rapports » qui l'unissent à ses semblables ; il doit ensuite « ordonner » ses affections de l'âme pour tenir compte de cette juste place au sein de l'espèce.

Mais comment « sentir » l'ordre des rapports et agir en conséquence ? Dans la morale expérimentale conçue par Rousseau, le gouverneur devra conduire l'élève, par lui-même, à ordonner ses inclinations. Il mettra en forme les situations pour que les passions du jeune homme ne s'irritent pas contre des obstacles qui le conduiraient à voir en autrui un rival ou un ennemi. Il choisira des circonstances expérimentales qui induiront le cours voulu et prévu de ses inclinations, en faisant en sorte que l'expansion de l'amour de soi l'emporte sur le développement atrophié et pervers de l'amour-propre : « il s'agit moins ici de ce qu'un homme peut faire sur lui-même que de ce que nous pouvons faire sur notre élève par le choix des circonstances où nous le plaçons ». Tel est le ressort de l'éducation morale : pour parvenir à ses fins, l'éducateur doit mettre en place des dispositifs, ménager des occasions, préparer des expériences dont l'élève sera à la fois le sujet et l'objet, l'acteur et le spectateur ; il doit organiser et agencer les circonstances afin de le conduire plutôt que de l'instruire. Les leçons de l'expérience seront toujours plus efficaces que les lois, les sermons, les prêches et les commandements. Rousseau réitèrera ce précepte lorsqu'Émile en sera au temps des fautes, dont le gouverneur ne doit qu'éviter les dangers : « ce qui fait ici le plus grand art du maître, c'est d'amener les occasions et de diriger les exhortations de manière qu'il sache d'avance quand le jeune homme cèdera, et quand il s'obstinera, afin de l'environner partout des leçons de l'expérience, sans jamais l'exposer à de trop grands dangers » (IV, p. 540). Les principes de la moralité doivent émerger de l'expérience, conformément aux principes de la « morale sensitive » ou du « matérialisme du sage » que M. de Wolmar mettait en œuvre, déjà, dans

Julie, ou la Nouvelle Héloïse[1]. Toute tentative pour concevoir une morale abstraite ou « métaphysique » est vouée à l'échec : « Que si vous voulez l'instruire par principe et lui faire connaître, avec la nature du cœur humain, l'application des causes externes qui tournent nos penchants en vices, en le transportant ainsi tout d'un coup des objets sensibles aux objets intellectuels, vous employez une métaphysique qu'il n'est point en état de comprendre ; vous retombez dans l'inconvénient, évité si soigneusement jusqu'ici, de lui donner des leçons qui ressemblent à des leçons, de substituer dans son esprit l'expérience et l'autorité du maître à sa propre expérience et au progrès de sa raison » (p. 526).

Pour ce faire, le gouverneur est invité à jouer des instruments mêmes qu'il devait éviter de mettre en branle dans les premiers temps de l'éducation morale : l'imagination et les passions, qui vont devoir « s'arranger d'elles-mêmes », conformément à la nature. L'imagination, en particulier, jouera un rôle crucial dans l'éveil de la conscience morale, sans que sa dimension pernicieuse soit éveillée : « Il faut que le sentiment enchaîne l'imagination et que la raison fasse taire l'opinion des hommes ».

Certes, Rousseau reprend ici certains conseils de Locke, en refusant la sévérité d'une éducation qui prétend inculquer la vertu par la sanction[2]. Mais l'auteur des *Pensées sur*

1. Sur le livre que Rousseau n'a jamais écrit, voir *Confessions*, I, p. 409. Voir l'ouvrage de M. Ménin déjà cité, et É. Gilson, « La méthode de M. de Wolmar », dans *Les Idées et les Lettres*, Paris, Vrin, 1932, 1955, p. 275-298.

2. Voir *Rousseau et Locke. Lectures croisées*, J. Lenne-Cornuez, C. Spector (éd.), Oxford-Liverpool, Oxford University Studies on the Enlightenment-Liverpool University Press, 2022, en particulier l'article de G. Radica, « Signification et utilité des sanctions chez Locke et Rousseau », p. 159-179.

l'éducation concevait la vertu comme le fait de soumettre ses inclinations au gouvernement de la raison : « le grand principe, le fondement de toute vertu, c'est que l'homme soit capable de se refuser à lui-même la satisfaction de ses propres désirs, de contrarier ses propres inclinations, et de suivre uniquement la voie que la raison lui indique comme la meilleure, quoique ses appétits l'inclinent d'un tout autre côté »[1]. Or Rousseau prône une tout autre sagesse : les vrais « rapports » qui insèrent l'individu dans le monde moral et social existent et c'est en fonction de cette appréhension de la place qu'il occupe et doit occuper parmi ses semblables qu'Émile pourra concevoir son devenir-vertueux. L'art d'éduquer selon la nature est celui de favoriser la sensibilité expansive de l'adolescent. Pour cela, l'éducation morale mobilise l'amour et l'amitié, principaux leviers du cœur humain. La naissance des premières affections à l'égard d'autrui fournit le premier instrument de moralisation : « le cœur s'ouvre aux premières affections humaines et devient capable d'attachement » (p. 502). Paradoxalement, les dépendances ou les « chaînes » affectives se retournent alors en ressorts de l'autonomie morale. La morale expérimentale fournit un analogue de la physique expérimentale : les « attachements » entre les cœurs sont les équivalents dans le monde moral des lois physiques qui relient les corps par l'attraction. Il faudra jouer sur ces ressorts pour éviter que la sensibilité négative ne pervertisse l'adolescent.

---

1. Locke, *Quelques pensées sur l'éducation*, trad. G. Compayré, Paris, Vrin, 2007, p. 84.

La généralisation de la pitié

L'attachement que nous éprouvons à l'égard de nos semblables tient d'abord à la pitié éprouvée face aux maux auxquels ils sont exposés : « nous nous attachons à nos semblables moins par le sentiment de leurs plaisirs que par celui de leurs peines ; car nous y voyons bien mieux l'identité de notre nature et les garants de leur attachement pour nous » (p. 503). L'éducation morale est avant tout éducation de la pitié, qui nous attache à l'humanité. De nouveau, la thématique du « garant » apparaît : le sentiment de peine éprouvé par autrui est le « garant » qu'il sera attaché à nous, car nous pourrons satisfaire ses besoins affectifs, le consoler et lui prêter secours. Ce gage sensible conduira, mieux qu'un raisonnement rationnel, à faire éprouver « l'identité de nature » qui nous unit au sein du genre humain : nous nous sentirons *humains*, membres de l'espèce dont nous partageons la condition vulnérable, exposée aux duretés du sort. Comme l'avait montré le second *Discours*, la pitié est une passion pré-réflexive, inscrite dans la sensibilité naturelle de l'individu face à la souffrance. Elle se nourrit du sentiment de la « peine » : dans la pitié, il s'agit de compatir sans éprouver la même souffrance, de se *mettre à la place d'autrui sans sortir de la sienne*.

La morale rousseauiste entend donc privilégier la pitié et neutraliser l'envie. De ces deux modalités du rapport à autrui dans une société inégalitaire (la pitié pour celui qui nous semble au-dessous de nous en termes de bonheur, l'envie pour celui qui paraît nous toiser au-dessus), seule la première favorise l'expression de la sensibilité positive, sans susciter l'éveil de l'amour-propre. La vulnérabilité fait accéder à l'humanité au double sens de la *conscience de notre appartenance à l'espèce* et du *désir de venir en aide à ceux qui souffrent* : alors que le bonheur d'autrui produit l'envie, associé au désir d'usurper sa place, la pitié suscite le désir d'alléger la peine subie, car la souffrance d'autrui nous est réellement pénible : alors que l'envie est « amère » en insufflant le désir de nous mettre à la place de celui que l'on croit plus heureux que nous, ou le regret de ne pas l'occuper, « la pitié est douce, parce qu'en se mettant à la place de celui qui souffre on sent pourtant le plaisir de ne pas souffrir comme lui » (p. 503-504).

Pour favoriser l'éveil de la pitié dont le germe (l'amour de soi) se trouve dans le cœur humain, la morale expérimentale procèdera donc désormais par « tableaux ». Il faudra montrer à Émile le « tableau de l'ordre social » et, à mesure qu'il découvre l'inégalité des conditions qui particularise les hommes et les distingue, mettre sous ses yeux le « triste tableau de l'humanité souffrante ». Le jeune homme accèdera à sa place au sein de l'espèce par un sentiment plutôt que par un raisonnement : il devra « se sentir » membre de l'humanité en se découvrant désireux de venir en aide aux malheureux. Or dans une société inégalitaire, le malheureux sera d'abord l'homme du peuple. L'originalité théorique de Rousseau se mesure ici : s'il faut « jeter dans le cœur du jeune adolescent les premières semences de l'humanité », c'est parce que l'humanité comme genre se découvre d'emblée scindée au regard de l'inégalité des rapports sociaux. La célèbre maxime rousseauiste trouve un champ d'application privilégié : « Il faut étudier la société par les hommes et les hommes par la société : ceux qui voudront traiter séparément la politique et la morale, n'entendront jamais rien à aucune des deux » (IV, p. 524). Dans une société où une minorité de nobles et de nantis domine une masse de pauvres démunis, la morale doit à la fois désamorcer la haine contre le riche et empêcher le grand de s'insensibiliser devant les maux des plus mal lotis. L'usage des « tableaux » se comprend ainsi, car l'imagination est le point d'insertion de la moralisation des affects[1]. Le travail d'information des passions devient alors *mise en scène* : le gouverneur a pour mission de placer le jeune homme face au « spectacle » misérable de la condition humaine de telle sorte qu'il n'en soit pas seulement *spectateur* détaché, mais *acteur* désireux d'alléger les souffrances du peuple.

La morale expérimentale orchestrée par Rousseau trouve ici son exposé le plus clair. Dans la tactique du gouverneur jouant sur l'occasion, c'est toujours la *leçon de choses* qui doit être privilégiée, à la fois contre la leçon de mots et contre le savoir livresque (« Je ne me lasse point de le redire : mettez toutes les leçons des jeunes gens en actions plutôt qu'en discours ; qu'ils n'apprennent rien dans les livres de ce que l'expérience peut leur enseigner »). C'est donc grâce à une succession de tableaux que la pitié sera cultivée ; la vision sensible des tableaux de la misère humaine doit incliner le jeune homme à faire le bien. Dès la Lettre à d'Alembert, Rousseau s'indignait de la complaisance stérile des contemporains face aux souffrances fictives du théâtre ; pour éviter l'atrophie des sentiments moraux, il voulait que le spectateur se fasse toujours acteur. L'*Émile* reprend cette antienne : aux antipodes de l'indifférence, de la morgue ou de la condescendance aristocratique face au spectacle de la misère du peuple, l'intérêt moral d'Émile s'identifiera à l'intérêt des opprimés : il faut « que l'intérêt des indigents soit toujours le sien » (p. 544).

1. Voir G. Radica, « La pitié chez Rousseau », dans *Les Affections sociales*, F. Brahami (éd.), Besançon, Presses Universitaires de Franche Comté, 2008, p. 173-201.

En agissant par pitié pour soulager les peines des opprimés, l'élève du gouverneur ne s'engagera certes pas dans une lutte réformatrice ou révolutionnaire pour l'amélioration de leur condition ; il n'attisera pas la lutte des classes ni ne subvertira l'ordre social établi ; mais il contribuera, par ses bonnes œuvres, à défendre la cause du peuple et à régénérer le lien social. Grâce à l'intercession d'Émile au sein de l'ordre hiérarchique, les infortunés auront enfin un porte-voix qui demandera justice en leur nom : « Combien d'opprimés qu'on n'eut jamais écoutés obtiendront justice quand il la demandera pour eux avec cette intrépide fermeté que donne l'exercice de la vertu ; quand il forcera les portes des grands et des riches ; quand il ira, s'il le faut, jusqu'aux pieds du trône faire entendre la voix des infortunés à qui tous les abords sont fermés par leur misère, et que la crainte d'être punis des maux qu'on leur fait empêche même d'oser s'en plaindre » (IV, p. 544). La pitié pour les plus démunis aura alors son efficacité pour combattre l'injustice.

Rousseau résout ainsi le problème laissé en suspens par les analyses de la pitié qu'il avait menées dans ses œuvres précédentes. La présentation de l'*Émile* marque une évolution significative par rapport au second *Discours* et à l'*Essai sur l'origine des langues*[1]. Le second *Discours* insistait sur le caractère pré-rationnel de la pitié et sur l'opposition entre « voix de la nature » et « voix de la raison ». Rousseau y affirmait que la réflexion associée à la perfectibilité de l'homme risque d'altérer le sentiment spontané et de le recouvrir de façon sophistique. Par la pitié, l'homme est touché de la souffrance de toutes les

---

1. Sur cette séquence, voir G. Radica, *L'Histoire de la raison, op. cit.*, p. 527-535, que nous suivons pour cette analyse.

créatures sensibles de façon immédiate et anté-réflexive :
« vertu d'autant plus universelle et d'autant plus utile à
l'homme, qu'elle précède en lui l'usage de toute réflexion,
et si naturelle que les bêtes mêmes en donnent quelquefois
des signes sensibles »[1]. Or la raison restreint le mouvement
expansif de la pitié : « c'est la raison qui engendre l'amour-
propre, et c'est la réflexion qui le fortifie ; c'est elle qui
replie l'homme sur lui-même ; c'est elle qui le sépare de
tout ce qui le gêne et l'afflige : c'est la philosophie qui
l'isole ; c'est par elle qu'il dit en secret, à l'aspect d'un
homme souffrant, *péris si tu veux, je suis en sûreté* »[2].

Cependant, cette présentation du second *Discours*
rencontrait plusieurs difficultés : la pitié, en particulier,
peut être passive[3]. Le plaisir lié à la communication des
affections peut être tel qu'il engendre une complaisance
affective au lieu d'une résolution à l'action. De ce point
de vue, la pitié peut apparaître comme une émotion
pathologique, une forme de contagion des cœurs tendres.
L'animal qui se détourne de la vue de son semblable
souffrant ne lui vient pas en aide. Or dans l'état civil, la
pitié doit donner naissance à des vertus sociales actives
(clémence, générosité, bienveillance, humanité[4]). Comment
passer dès lors de la dimension négative d'un sentiment
qui compatit avec la souffrance et inhibe la violence, au
sentiment positif de vouloir faire du bien, de soulager
autrui de sa souffrance ? Comment ne pas se complaire au
spectacle de la souffrance dont on est soi-même exempt ?

---

1. *DOI*, p. 156.

2. *Ibid*.

3. Sur les critiques philosophiques de la pitié depuis les Stoïciens,
voir M. Nussbaum, *Upheavals of Thoughts. The Intelligence of Emotions*,
Cambridge, Cambridge University Press, 2003.

4. *DOI*, p. 155-156.

L'*Essai sur l'origine des langues* reprend la question à nouveaux frais. Désormais, la pitié n'est plus opposée à la réflexion, tout au contraire : « Celui qui n'a jamais réfléchi ne peut être ni clément ni juste ni pitoyable »[1]. Ce sont la raison et l'imagination qui permettent de comprendre l'éveil et l'extension de la passion :

> Les affections sociales ne se développent en nous qu'avec nos lumières. La pitié, bien que naturelle au cœur de l'homme resterait éternellement inactive sans l'imagination qui la met en jeu. Comment nous laissons-nous émouvoir à la pitié ? En nous transportant hors de nous-mêmes ; en nous identifiant avec l'être souffrant. Nous ne souffrons qu'autant que nous jugeons qu'il souffre ; ce n'est pas dans nous c'est dans lui que nous souffrons. Qu'on songe combien ce transport suppose de connaissances acquises ! Comment imaginerais-je des maux dont je n'ai nulle idée ? Comment souffrirais-je en voyant souffrir un autre si je ne sais même pas qu'il souffre, si j'ignore ce qu'il y a de commun entre lui et moi ?[2]

Mais comment former la pitié et lui ôter ses défauts les plus évidents (partialité, stérilité, instabilité) ? Martha Nussbaum a rappelé les objections stoïciennes contre la compassion. Fondée sur un jugement souvent erroné, la pitié nous attache à ceux qui nous affectent immédiatement ; elle est étroite, faible et peu fiable. Soit son extension est limitée comme l'est la perception sensorielle, soit elle peut être faussée par l'imagination[3].

---

1. *EOL*, p. 395.

2. M. Nussbaum, *Political Emotions*, Cambridge MA, The Belknap Press of Harvard University Press, 2013, chap. 6. Voir J. Lenne-Cornuez, « Éduquer à la compassion. Martha Nussbaum au prisme de Rousseau », *Lumières*, 2020, p. 127-146.

3. *Ibid.*, p. 361.

Dès lors, il ne peut s'agir que d'une motivation dangereuse, en morale (car elle nous prive de l'accès à l'universel) comme en politique (car elle nous empêche d'accéder à l'impartialité et à la justice). Enfin, la compassion est liée à d'autres émotions peu recommandables. Source directe de Rousseau qui dialogue avec lui dans le second *Discours*, Mandeville l'avait souligné. Dans la *Fable des abeilles*, il associe la pitié à d'autres passions comme la colère, l'orgueil ou la peur : « La pitié a beau être la plus douce et la moins nocive de toutes nos passions, elle n'en est pas moins un défaut de notre nature tout autant que la colère, l'orgueil ou la peur. Les esprits les plus faibles en sont généralement les mieux pourvus, et c'est pour cela que personne n'est plus compatissant que les femmes et les enfants. Il faut avouer que, de toutes nos faiblesses, c'est la plus aimable et celle qui a le plus de ressemblance à la vertu. Et même, sans une proportion considérable de pitié, la société aurait peine à subsister. Mais puisque c'est un mouvement de la nature, qui ne consulte ni l'intérêt public ni notre raison, elle peut produire le mal tout comme le bien »[1]. Mandeville est formel : la pitié peut servir la justice ou l'injustice (chez des juges trop cléments), selon l'usage qui en est fait.

Les maximes de la pitié

Or pour répondre à ces critiques, la morale expérimentale d'*Émile* mise sur la rationalisation de la pitié par généralisation. La première étape de l'éducation morale est la réduction du mécanisme de la pitié en « maximes » qui décrivent le fonctionnement du sentiment ; la seconde est l'exposition du même sentiment à des situations ou

---

1. Mandeville, *La Fable des abeilles*, trad. P. et L. Carrive, Paris, Vrin, 1998, p. 51-52.

« tableaux » qui le rationalisent et l'empêchent de se
corrompre. À un moment où il s'agit de réprimer l'activité
sexuelle, les tableaux touchants que le gouverneur présentera
à Émile auront l'effet inverse des spectacles affriolants
des grandes villes : loin d'exciter les sentiments, ils les
inhibent ; loin « d'enflammer leurs sens », ils « en répriment
l'activité » (p. 517). Les maximes de la pitié permettront
de rétablir la nature altérée par la division sociale, c'est-
à-dire par les conditions artificielles au sein desquelles les
passions doivent désormais s'exprimer. Ces maximes
rétabliront l'unité et le lien de l'espèce, au moment où
l'inégalité les met en péril ; elles opèreront, grâce à la
compassion, une forme d'égalisation morale par-delà
l'inégalité sociale des conditions. La morale expérimentale
révèle ainsi son fonctionnement : dans l'énoncé des
« maximes », l'observation des affections morales vient
avant les prescriptions qui forment le « système » de
Rousseau.

Il faut donc suivre l'ordre des maximes, qui sont autant
de « lois du cœur » observables dans l'expérience. La
première traduit la manière dont peut s'opérer l'échange
de places ou l'identification avec nos semblables : « Il
n'est pas dans le cœur humain de se mettre à la place des
gens qui sont plus heureux que nous, mais seulement de
ceux qui sont plus à plaindre ». Rousseau part des effets
pervers de la division sociale : l'expansion des passions
bienveillantes est inhibée par l'envie. Les hommes
s'identifient spontanément aux plus malheureux qu'eux :
en les plaignant, ils souhaitent les voir délivrés de leurs
maux (p. 505). La deuxième maxime stipule que nul ne
compatit avec des maux dont il se croit exempt. Or les
riches des pays où les conditions sont stables se croient à
l'abri des infortunes du sort : comme le suggère G. Radica,
« l'état de riche empêche l'identification et disloque le lien

de l'espèce »[1]. Il faut donc contrer cette insensibilité en faisant comprendre à Émile que le sort des malheureux pourrait être le sien. Enfin, la troisième maxime énonce qu'on mesure la pitié non « sur la quantité du mal » mais sur le sentiment qu'on prête à ceux qui le souffrent (p. 508). Cette loi du cœur traduit une approche non quantitative des phénomènes moraux : loin de l'arithmétique des plaisirs et des peines, elle révèle le primat qualitatif du « sentiment » que l'on attribue à ses semblables. Une société divisée en ordres et en conditions sera peu propice à la compassion ; elle négligera le sort des pauvres et des paysans. Cette situation est d'autant plus contre-nature que Rousseau part d'un fait social irréductible, qui commande en un sens toute sa philosophie morale : « c'est le peuple qui compose le genre humain : ce qui n'est pas peuple est si peu de chose que ce n'est pas la peine de le compter » (p. 509). Cette donnée quantitative est essentielle si l'on veut bien ordonner l'éducation morale. En tenant compte de ce fait primordial, l'éducation doit prévenir les préjugés et corriger l'erreur de perspective sur la réalité sociale. Elle doit contrer la tendance spontanée du riche à l'indifférence et lui donner le désir d'agir activement en faveur des plus mal lotis[2]. Le but n'est pas d'entretenir la haine sociale, mais de la désamorcer : « apprenez à votre élève à aimer tous les hommes et même ceux qui les déprisent » (p. 510).

1. G. Radica, *L'Histoire de la raison*, *op. cit.*, p. 529. Voir également C. Larrère, « Sentiment moral et passion politique : la pitié selon Rousseau », *Cahiers philosophiques de Strasbourg*, t. XIII, printemps 2002, p. 175-199.

2. Voir C. Orwin, « Rousseau et la compassion politique », *La Pensée politique. Écrire l'histoire du xxe siècle*, n° 2, Seuil-Gallimard, 1994 ; et la critique de C. Larrère, « Adam Smith et Jean-Jacques Rousseau : sympathie et pitié », *Kairos*, n° 20, 2002.

Le spectacle de la condition humaine conduit l'adolescent, qu'il le veuille ou non, sur la voie de la moralité. Dans l'*Émile*, le gouverneur doit former les vertus évoquées dans le second *Discours*, qui reviendront au cœur de la PF : commisération, clémence, générosité, humanité. Ces vertus sont décrites comme des passions qui conduisent les hommes à entrer dans des relations d'attraction et de répulsion. Le schème semble newtonien : aux « passions attirantes et douces » s'opposent les « passions repoussantes et cruelles » nourries par l'amour-propre (envie, convoitise, haine, p. 506).

À ce titre, c'est de la « sensibilité surabondante » de l'adolescent qu'émerge son intérêt pour autrui et son désir de bien faire. Il faut relever ici l'originalité profonde de Rousseau : l'homme qui jouit à la fois de la pitié pour les maux de ses semblables et du bonheur qui l'en exempte « se sent dans cet état de force qui nous étend au-delà de nous, et nous fait porter ailleurs l'activité superflue à notre bien-être ». Autant dire que la conduite morale résulte d'une surabondance énergétique, d'une extension de l'amour de soi qui va rendre possible la « vigueur » de l'âme et l'expansion de la bienveillance active, de proche en proche, jusqu'à l'humanité tout entière. L'éducation de la pitié et de l'amour-propre s'achèveront ainsi par leur extension et leur généralisation : « pour empêcher la pitié de dégénérer en faiblesse, il faut donc la généraliser et l'étendre sur tout le genre humain » ; et plus loin : « Étendons l'amour-propre sur les autres êtres, nous le transformerons en vertu, et il n'y a point de cœur d'homme dans lequel cette vertu n'ait sa racine » (p. 547)[1].

---

1. Nous tentons de rendre raison de ce passage difficile dans notre contribution à *La fabrique de l'*Émile. *Commentaire des Manuscrits Favre*.

Une fois cette transformation effectuée, la pitié ne sera plus un sentiment moral partial. Désormais « on ne s'y livre qu'autant qu'elle [la pitié] est d'accord avec la justice, parce que, de toutes les vertus, la justice est celle qui concourt le plus au bien des hommes. Il faut, par raison, par amour pour nous, avoir pitié de notre espèce encore plus que de notre prochain; et c'est une très grande cruauté envers les hommes que la pitié pour les méchants » (p. 548). Rousseau propose une conception immanente de la justice comme extension des *sentiments moraux*. Une fois cultivée, la pitié est source de la vertu la plus haute, qui est la justice ou l'amour de l'humanité.

LA JUSTICE COMME AMOUR DE L'HUMANITÉ

Mais comment penser l'extension de la sensibilité bienveillante à l'humanité tout entière, sachant que l'idée du genre humain ne donne lieu à aucune obligation réelle[1]? Pour qu'Émile devienne pleinement humain, il doit pouvoir être impartial et équitable, mais aussi bienfaisant et généreux à l'égard de tout membre de son espèce. La réponse de Rousseau est analogue, à l'échelle de l'humanité, à celle du *Contrat social* au niveau de la généralité du corps politique : il entend créer l'identité de l'homme comme appartenance, transformer une unité absolue en unité fractionnaire, l'entier numérique en « membre » d'un plus grand corps. Cette identité est passionnelle avant d'être rationnelle : il faut former les liens, créer la dépendance

---

1. Rousseau l'a établi dans le Manuscrit de Genève. Nous nous permettons de renvoyer à notre article « De Diderot à Rousseau : la double crise du droit naturel moderne », dans Rousseau, *Du contract social, ou Essai sur la forme de la République (Manuscrit de Genève)*, B. Bachofen, B. Bernardi, G. Olivo (éd.), Paris, Vrin, 2012, p. 141-153.

affective et former ainsi les liens intangibles qui attacheront Émile à son espèce. Toute la difficulté est là, car le proche sera spontanément privilégié sur le lointain. La sensibilité préfère spontanément le semblable au différent, le connu à l'inconnu, l'ami à l'homme quelconque :

> En dirigeant sur elle sa sensibilité naissante, ne croyez pas qu'elle embrassera d'abord tous les hommes, et que ce mot de genre humain signifiera pour lui quelque chose. Non, cette sensibilité se bornera premièrement à ses semblables ; et ses semblables ne seront point pour lui des inconnus, mais ceux avec lesquels il a des liaisons, ceux que l'habitude lui a rendus chers ou nécessaires, ceux qu'il voit évidemment avoir avec lui des manières de penser et de sentir communes (p. 520).

Rousseau doit donc concevoir un mécanisme de généralisation de la sensibilité morale. Pour que l'individu aime l'humanité, c'est-à-dire le Tout au sein duquel il prend place, il doit y trouver un intérêt du point de vue de son amour de lui-même. Et pour concevoir ce qui le relie au genre humain, il doit opérer par « réflexions », nombreuses et progressives, à partir des mouvements du cœur qu'il observe en lui ou chez tel ou tel particulier : ce n'est qu'« après bien des réflexions sur ses propres sentiments et sur ceux qu'il observera dans les autres, qu'il pourra parvenir à généraliser ses notions individuelles sous l'idée abstraite d'humanité, et joindre à ses affections particulières celles qui peuvent l'identifier avec son espèce » (ibid.).

Le cosmopolitisme moral suppose un difficile travail de généralisation. Il s'agit d'éviter le piège dans lequel est tombé Diderot, qui défendait à l'article « Droit naturel » de L'Encyclopédie l'idée d'une société générale du genre humain sans se soucier d'ancrer l'obligation naturelle dans une motivation forte. Rousseau récuse l'idée d'une conscience spontanée de son insertion dans l'espèce, ou l'idée d'une « obligation » naturelle éprouvée à l'égard de l'humanité. Nous n'aimons que le singulier ; nous ne sommes redevables qu'à ceux auxquels nous sommes liés par un sentiment de gratitude ou de dette. Rousseau refuse que le cosmopolitisme soit un alibi, un prétexte pour ne rien faire autour de soi : « Défiez-vous de ces cosmopolites qui vont chercher au loin dans leurs livres des devoirs qu'ils dédaignent de remplir autour d'eux. Tel philosophe aime les Tartares pour être dispensé d'aimer ses voisins », I, p. 249). Charité bien ordonnée commence par ses voisins, plutôt que par ses « prochains » trop lointains. Mais la difficulté, en morale, est que l'on ne peut s'en tenir à des devoirs à l'égard de ceux que nous connaissons et chérissons ; il faut aimer et respecter tous nos semblables même s'ils ne sont pas littéralement nos « frères ». La possibilité d'une universalisation de nos maximes est donc au cœur de l'éducation morale.

À ce stade du livre IV, Rousseau s'en tient pour aborder ce problème à un curieux effet d'annonce. Dans un texte crucial, il rejoint le mot d'ordre anti-jusnaturaliste du second *Discours* (ne pas présupposer d'idée innée de la justice sous la forme d'une « loi naturelle »), tout en anticipant les difficultés qui surviendront dans la Profession de foi :

> Si c'en était ici le lieu, j'essayerais de montrer comment des premiers mouvements du cœur s'élèvent les premières voix de la conscience ; et comment des premiers sentiments d'amour et de haine naissent les premières notions du bien et du mal. Je ferais voir que justice et bonté ne sont point seulement des mots abstraits, de purs êtres moraux formés par l'entendement, mais de véritables affections de l'âme éclairées par la raison, et qui ne sont qu'un

progrès ordonné de nos affections primitives ; que par la raison seule, indépendamment de la conscience, on ne peut établir aucune loi naturelle ; et que tout le droit de la nature n'est qu'une chimère, s'il n'est fondé sur un besoin naturel au cœur humain. Mais je songe que je n'ai point à faire ici des Traités de Métaphysique et de Morale, ni des cours d'étude d'aucune espèce ; il me suffit de marquer l'ordre et le progrès de nos sentiments et de nos connaissances, relativement à notre constitution (p. 522-523).

Rousseau esquisse en accéléré une véritable *généalogie de la morale* : le « progrès ordonné de nos affections primitives » issues de l'amour de soi permet de cerner le processus de moralisation jusqu'à l'épiphanie de la « conscience ». D'un point de vue empiriste, ce qui est premier n'est pas le concept ou l'idée mais le *mouvement* (en morale, celui du cœur, et non du corps). C'est ce mouvement du cœur qui donne lieu aux *sentiments* puis aux *notions*, selon une progression envisagée plus tôt (III, p. 481). Dans ce subtil exposé de sa morale expérimentale, l'auteur d'*Émile* se présente comme un critique des mauvaises abstractions ou des faux universaux qui ne sont que *flatus vocis*. Il oppose les « purs êtres moraux » (conventionnels, abstraits) et les « véritables affections » du cœur. Non qu'il faille renoncer à penser la vertu et la justice comme des « notions », issues de la réflexion. Pour Rousseau comme pour Locke et Condillac, sensation et réflexion sont les deux seules sources de connaissance. Mais il est impossible de commencer par le concept, qui ne peut être que le résultat d'un lent processus d'abstraction et de généralisation à partir des sentiments vécus. L'affection de l'âme, qui est première, devra être *a posteriori* « éclairée par la raison ».

Le paradoxe est là : en raison de la prétérition, Rousseau offre une forme de « bande-annonce » de la suite du livre IV de l'*Émile* alors même qu'il n'est pas encore en mesure de donner consistance à la généalogie qu'il évoque. À ce stade, ce qui importe est plutôt l'idée d'une psychologie morale par stades, liée au développement progressif des sentiments empathiques : il faut « marquer l'ordre et le progrès de nos sentiments et de nos connaissances, relativement à notre constitution »[1]. Cette évolution graduelle permet l'anticipation de la notion de conscience, dont il faut relever qu'elle ne s'exprime pas par une voix mais par « des voix » issues du cœur. La voix de la conscience se fait entendre à partir du moment où les passions dangereuses apparaissent, pour éviter la contradiction qui met l'homme « hors de la nature ». La conscience fait son épiphanie sous la forme de « voix » destinées à réguler les mouvements du cœur ou les impulsions qui la précèdent et l'appellent. Ce sont « des sentiments d'amour et de haine » que naissent « les premières notions du bien et du mal ». L'amour et la haine sont primordiaux, quoiqu'ils *dérivent* eux aussi de l'amour de soi, devenu transitif : l'*amour* naît lorsque l'on impute à autrui l'intention et plus encore la volonté de nous faire

---

1. Rawls retiendra la leçon. Notre sens de la justice n'est ni purement rationnel, ni purement émotionnel, ce que le philosophe réfère à la théorie rousseauiste de l'*Émile* ici mentionnée (« Le sens de la justice », trad. V. Nurock révisée par B. Guillarme, *Les Cahiers philosophiques*, n° 110, 2007, p. 72-92, ici p. 72). Dans l'article de 1963 paru dans la *Philosophical Review*, l'objectif de Rawls est clair : « Dans la première partie de cet article, je présente une construction psychologique destinée à montrer de quelle manière la thèse de Rousseau pourrait être vraie » (*ibid.*).

du bien, la *haine* à l'inverse lorsqu'on lui attribue la volonté de nous nuire[1].

Pour autant, Rousseau n'est pas Spinoza : le bien est irréductible à l'objet de notre désir, le mal à celui de notre aversion. L'homme devra aimer ce qui lui convient et fuir ce qui ne lui convient pas. Il devra rechercher les vertus coopératives qui l'inscrivent au sein de son espèce. Dans la Profession de foi, Rousseau nommera ces vertus qui font l'objet d'un consentement universel : commisération, générosité, clémence, humanité.

Pour l'heure, la gradation empiriste des passions aux notions conduit à récuser tout « réalisme » des valeurs : le bien et le mal ne peuvent être éprouvés et connus que par rapport à nous. Si le problème moral n'est pas de connaître le bien pour ensuite le vouloir (*bien juger pour bien faire*) mais de s'y sentir *attaché* à mesure qu'on le sent, seule la conscience peut donner cette impulsion : c'est la conscience qui révèle que nos dispositions naturelles, pour être satisfaites, doivent s'ordonner en fonction des rapports qui nous lient à nos semblables au sein du genre humain. Dans la Profession de foi, Rousseau expliquera ce lien entre la conscience et l'ordre. Être moral, c'est se tenir à sa place au sein du genre humain. La conscience naît d'un « double rapport » à nous-même et à nos semblables puisque l'amour de soi peut s'étendre de proche en proche à tout le genre humain. Telle est la version rousseauiste de la sociabilité naturelle de l'homme, opposée à la version jusnaturaliste : il existe en l'homme un sentiment

---

1. « Ce qui favorise le bien-être d'un individu l'attire, ce qui lui nuit le repousse ; ce n'est là qu'un instinct aveugle. Ce qui transforme cet instinct en sentiment, l'attachement en amour, l'aversion en haine, c'est l'intention manifestée de nous nuire ou de nous être utile » (*Émile*, IV, p. 492).

moral inné pour son espèce qui ne se manifeste consciemment que tardivement, avec l'essor de la raison. Puisque les besoins physiques tendent à disperser les hommes, seuls les besoins affectifs les conduisent à se rapprocher et à vouloir entrer en société sans se nuire : « si, comme on n'en peut douter, l'homme est sociable par sa nature, ou du moins fait pour le devenir, il ne peut l'être que par d'autres sentiments innés relatifs à son espèce ; car, à ne considérer que le besoin physique, il doit certainement disperser les hommes au lieu de les rapprocher. Or c'est du système moral formé par ce double rapport à soi-même et à ses semblables que naît l'impulsion de la conscience » (p. 600).

À ce titre, l'idée de « progrès ordonné » des affections, qui répond au projet inaugural de restituer la « marche de la nature », situe la morale rousseauiste entre deux écueils : l'écueil du *rationalisme pur* (la raison seule est sans efficace, le calcul prudent n'a rien à voir avec la morale) ; l'écueil des théories du *sens moral* qui critiquaient l'anthropologie égoïste hobbesienne en affirmant l'existence en l'homme d'affections sociales désintéressées[1]. Rousseau défend l'idée d'un *sentiment moral* opposée à la froideur de l'obligation ; mais ce sentiment n'est en rien « désintéressé » ; il procède d'une expansion confiante de l'amour de soi et de la pitié. Ce sentiment n'est pas non plus aveugle. Si la raison a un rôle à jouer en collaboration avec la conscience, c'est pour indiquer à l'amour ce que doit être son objet. Le Vicaire distinguera clairement ce qui nous conduit à connaître le bien et ce qui nous porte à l'aimer : « connaître le bien, ce n'est pas l'aimer, l'homme n'en a pas la

---

1. Voir L. Simonetta, *La Connaissance par sentiment au XVIIIe siècle*, Paris, Honoré Champion, 2018, p. 336-340.

connaissance innée ; mais sitôt que sa raison le lui fait connaître, sa conscience le porte à l'aimer : c'est ce sentiment qui est inné » (p. 600)[1].

In fine, ce qui est récusé est donc une théorie de l'obligation fondée sur le droit naturel rationnel : « tout le droit de la nature n'est qu'une chimère, s'il n'est fondé sur un besoin naturel au cœur humain » (p. 523). Le passage fait écho au thème fondamental du second *Discours*, qui critiquait le paralogisme des jusnaturalistes en évoquant l'amour de soi et la pitié, seuls principes actifs à l'état de nature :

> C'est du concours et de la combinaison que notre esprit est en état de faire de ces deux principes, sans qu'il soit nécessaire d'y faire rentrer celui de sociabilité, que me paraissent découler toutes les règles du droit naturel ; règles que la raison est ensuite *forcée de rétablir sur d'autres fondements*, quand par ses développements successifs elle est venue à bout d'étouffer la nature[2].

Notre texte instancie précisément ce moment où, une fois prêt à entrer dans la société civile, Émile doit rétablir le droit naturel sur d'autres fondements. En premier lieu, l'obligation morale ne repose pas sur la « loi naturelle » : l'homme ne possède pas par nature, gravée en son esprit, l'idée du juste et de l'injuste, l'idée de ses devoirs envers ses semblables. Rousseau a réfuté la thèse associée à Locke, Pufendorf ou Burlamaqui dans le second *Discours* en rappelant le rôle de la pitié :

---

1. Voir aussi *Beaumont*, p. 936 : « La conscience ne se développe et n'agit qu'avec les lumières de l'homme. Ce n'est que par ses lumières qu'il parvient à connaître l'ordre, et ce n'est que quand il le connaît que sa conscience le porte à l'aimer. La conscience est donc nulle dans l'homme qui n'a rien comparé » ; et *NH*, p. 683.

2. *DOI*, p. 126, n.s.

c'est elle qui, au lieu de cette maxime sublime de justice raisonnée : *Fais à autrui comme tu veux qu'on te fasse*, inspire à tous les hommes cette autre maxime de bonté naturelle bien moins parfaite, mais plus utile peut-être que la précédente : *Fais ton bien avec le moindre mal d'autrui qu'il est possible*. C'est, en un mot, dans ce sentiment naturel, plutôt que dans des arguments subtils, qu'il faut chercher la cause de la répugnance que tout homme éprouverait à mal faire, même indépendamment des maximes de l'éducation (p. 156).

Il reste que dans *Émile*, où il s'agit précisément de forger ces « maximes de l'éducation », la « maxime sublime de justice raisonnée » n'est plus congédiée. C'est à cette « maxime sublime » qu'il faut trouver un nouveau fondement : non la raison, mais les besoins du cœur humain.

Le texte de la note apporte sur ce point des précisions décisives. Rousseau poursuit la réfutation du jusnaturalisme en écartant une objection que ses partisans pourraient lui faire : pour lui, la loi naturelle n'est qu'une chimère si elle n'est fondée sur un « besoin naturel au cœur humain » (p. 523). La règle d'or est fondée sur la « conscience » ou sur le « sentiment », et non sur la prudence : « car *où est la raison précise d'agir étant moi comme si j'étais un autre*, surtout quand je suis moralement sûr de ne jamais me trouver dans le même cas ; et qui me répondra qu'en suivant fidèlement cette maxime j'obtiendrai qu'on la suive de même avec moi ? » (*ibid.*, n.s.).

Dans ce passage extraordinaire qui reprend les acquis du *MsG*, Rousseau reste fidèle à la recherche d'une véritable « raison d'agir » sans quoi la loi naturelle demeurerait lettre morte. De ce point de vue, l'accord entre amour de soi et sociabilité n'a rien d'évident. D'une part, si la morale résultait de l'intérêt éclairé, nous ne pourrions être incités par prudence à agir vertueusement qu'en espérant une réciprocité future. Or tel n'est pas toujours le cas, et il existe même des cas où nous sommes « moralement sûrs » que le noyé auquel nous prêtons secours, fût-ce au risque de notre vie, ne nous sera d'aucune utilité. Le second argument est une autre façon d'invalider la morale fondée sur la prudence : rien ne m'assure non plus que, quand j'aurai à demander du secours, cet autrui singulier me l'accorderait. L'auteur d'*Émile* fait donc état d'un réalisme qui exclut toute ingénuité : « Le méchant tire avantage de la probité du juste et de sa propre injustice ; il est bien aise que tout le monde soit juste excepté lui » (*ibid.*). La conduite immorale est celle qui se veut une exception et ne pourrait réussir si tout le monde en faisait autant : le méchant ordonne tout à soi. Comment éviter que la morale ne soit par conséquent un *pacte de dupes* ?

Sur ce registre, Rousseau critique les jusnaturalistes naïfs dans le style de Richard Cumberland. Une phrase biffée du manuscrit le révèle : « tous les longs sophismes de Cumberland n'en imposent à personne ». Cette phrase biffée importe, quelles que soient les raisons qui ont finalement conduit à l'exclure : Cumberland est en effet un célèbre critique de Hobbes. Son *Traité sur les lois naturelles* postule une véritable force obligatoire de la loi naturelle liée à un système de récompenses et de sanctions immanentes, quoiqu'instituées par Dieu. L'auteur jusnaturaliste défend ainsi une position proche des Stoïciens : c'est l'alliance de l'honnête et de l'utile, réinterprétée dans le cadre de la religion naturelle, qui offre le meilleur fondement à l'obligation. Dieu a attaché certaines peines et récompenses naturelles à la violation ou à l'observation des maximes qui deviennent lois naturelles, ce qui fait « la source et le fondement de toute leur

autorité »[1]. Contre les Platoniciens, il faut éviter de postuler
des vérités innées gravées dans l'esprit ; mais contre les
Épicuriens (contemporains), il ne saurait être question
d'entériner l'idée selon laquelle les lois naturelles ne sont
que des artifices inventés par les ecclésiastiques et les
politiques pour mieux duper le genre humain. Le chapitre v
du *Traité sur les lois naturelles*, intitulé « De la loi naturelle
et de l'obligation qui l'accompagne » n'a de cesse de le
montrer en réfutant le conventionnalisme hobbesien en
politique et son relativisme moral : « la Loi naturelle est
une proposition assez clairement présentée ou imprimée
dans nos esprits par la nature des choses, en conséquence
de la volonté de la cause première ; laquelle proposition
indique une sorte d'action propre à avancer le bien commun
des agents raisonnables, et telle que, si on la pratique on
se procure par là des récompenses, au lieu que, si on la
néglige, on s'attire des peines, les uns et les autres
suffisantes, selon la nature des êtres raisonnables »[2]. Tel
est le genre de proposition optimiste que Rousseau qualifie
à bon droit de « sophisme ». Il faut donc dépasser Hobbes
autrement.

Comment fonder la morale si ce n'est sur le principe
de réciprocité, et si l'on refuse de postuler une vertu
« désintéressée » ? La solution de Rousseau constitue un
véritable tour de force : il ne s'agit pas de récuser l'intérêt,
seule motivation véritable, mais de le généraliser. Seule
l'extension affective de l'intérêt peut fonder la morale ; il
s'agit d'élargir le soi sensible afin de donner lieu, par un
processus d'identification, à un intérêt étendu : « quand la

1. R. Cumberland, *Traité philosophique des Lois naturelles*, trad.
J. Barbeyrac, Caen, PUC, 1989 (reprint de l'édition de 1744), p. 6.
2. *Ibid.*, p. 207-208.

force d'une âme expansive m'identifie avec mon semblable et que je me sens pour ainsi dire en lui, c'est pour ne pas souffrir que je ne veux pas qu'il souffre ; je m'intéresse à lui par amour de moi » (p. 523).

La vertu est amour de l'ordre, produit de l'amour de soi[1]. Deux lettres importantes peuvent ici être convoquées pour étayer cette idée décisive.

Lettre à Carondelet du 4 mars 1764, in *Lettres philosophiques*.

> D'abord l'amour de l'ordre, en tant que cet ordre est étranger à moi, n'est point un sentiment qui puisse balancer en moi celui de mon intérêt propre ; une vue purement spéculative ne saurait dans le cœur humain l'emporter sur les passions ; ce serait, à ce qui est moi, préférer ce qui m'est étranger, ce sentiment n'est pas dans la nature. Quant à l'amour de l'ordre dont je fais partie, il ordonne tout par rapport à moi, et comme alors je suis seul le centre de cet ordre, il serait absurde et contradictoire qu'il ne me fît pas rapporter toutes choses à mon bien particulier. Or la vertu suppose un combat contre nous-même, et c'est la difficulté de la victoire qui en fait le mérite ; mais dans la supposition, pourquoi ce combat ? Toute raison, tout motif y manque. Ainsi point de vertu possible par le seul amour de l'ordre.
> Le sentiment intérieur est un motif très puissant sans doute. Mais les passions et l'orgueil l'altèrent et l'étouffent de bonne heure dans presque tous les cœurs. De tous les sentiments que nous donne une conscience droite, les deux plus forts et les seuls fondements de tous les autres sont celui de la dispensation d'une Providence et celui de l'immortalité de l'âme. Quand

1. Voir F. Guénard, *Rousseau et le travail de la convenance*, *op. cit.*, p. 101-114.

ces deux-là sont détruits, je ne vois plus ce qui peut rester. Tant que le sentiment intérieur me dirait quelque chose, il me défendrait, si j'avais le malheur d'être sceptique, d'alarmer ma propre mère des doutes que je pourrais avoir.

L'amour de soi-même est le plus puissant, et, selon moi, le seul motif qui fasse agir les hommes. Mais comment la vertu, prise absolument et comme un être métaphysique, se fonde-t-elle sur cet amour ? C'est ce qui me passe [...] Le crime adroit jouit dans cette vie de tous les avantages de la fortune et même de la gloire. La justice et les scrupules ne font ici-bas que des dupes. Ôtez la justice éternelle et la prolongation de mon être après cette vie, je ne vois plus dans la vertu qu'une folie à qui l'on donne un beau nom. Pour un matérialiste l'amour de soi-même n'est que l'amour de son corps (p. 128).

Lettre à M. d'Offreville du 4 Octobre 1761

Votre adversaire soutient que tout homme n'agit, quoiqu'il fasse, que relativement à lui-même, et que jusqu'aux actes de vertu les plus sublimes, jusqu'aux actes de charité les plus purs, chacun rapporte tout à soi. Vous, Monsieur, vous pensez qu'on doit faire le bien pour le bien, même sans aucun retour d'intérêt personnel ; que les bonnes œuvres qu'on rapporte à soi ne sont plus des actes de vertu, mais d'amour-propre ; vous ajoutez que nos aumônes sont sans mérite si nous ne les faisons que par vanité, ou dans la vue d'écarter de notre esprit l'idée des misères de la vue humaine, et en cela vous avez raison.

Mais, sur le fond de la question, je dois vous avouer que je suis de l'avis de votre adversaire : car, quand nous agissons, il faut que nous ayons un motif pour agir, et ce motif ne peut être étranger à nous, puisque c'est nous qu'il met en œuvre ; il est absurde d'imaginer qu'étant moi j'agirai comme si j'étais un autre. N'est-il pas vrai que si l'on vous disait qu'un corps est poussé sans que rien le touche, vous diriez que cela n'est pas concevable ? C'est la même chose en morale, quand on croit agir sans nul intérêt.

Mais il faut expliquer ce mot d'intérêt, car vous pourriez lui donner tel sens, vous et votre adversaire, que vous seriez d'accord sans vous entendre, et lui-même pourrait lui en donner un si grossier qu'alors ce serait vous qui auriez raison.

Il y a un intérêt sensuel et palpable qui se rapporte uniquement à notre bien-être matériel, à la fortune, à la considération, aux biens physiques qui peuvent résulter pour nous de la bonne opinion d'autrui. Tout ce qu'on fait pour un tel intérêt ne produit qu'un bien du même ordre, comme un marchand fait son bien en vendant sa marchandise le mieux qu'il peut. Si j'oblige un autre homme en vue de m'acquérir des droits sur sa reconnaissance je ne suis en cela qu'un marchand qui fait le commerce, et même qui ruse avec l'acheteur. Si je fais l'aumône pour me faire estimer charitable et jouir des avantages attachés à cette estime, je ne suis encore qu'un marchand qui achète de la réputation. Il en est à peu près de même si je ne fais cette aumône que pour me délivrer de l'importunité d'un gueux ou du spectacle de sa misère ; tous les actes de cette espèce qui n'ont en vue qu'un avantage extérieur ne peuvent porter le nom de bonnes actions, et l'on ne dit pas d'un marchand qui a bien fait ses affaires qu'il s'y est comporté vertueusement.

Il y a un autre intérêt qui ne tient point aux avantages de la société, qui n'est relatif qu'à nous-même, au bien de notre âme, à notre bien-être absolu, et que pour cela j'appelle intérêt spirituel ou moral, par opposition au premier; intérêt qui, pour n'avoir pas des objets sensibles, matériels, n'en est pas moins vrai, pas moins grand, pas moins solide, et, pour tout dire en un mot, le seul qui, tenant intimement à notre nature, tende à notre véritable bonheur. Voilà, Monsieur, l'intérêt que la vertu se propose et qu'elle doit se proposer, sans rien ôter au mérite, à la pureté, à la bonté morale des actions qu'elle inspire (p. 71-72).

Ces deux lettres convergent : la moralité, pour s'ancrer dans le cœur humain, doit relever d'une forme d'intérêt. L'homme, en tant que corps, a un intérêt au bien-être matériel; il a, en tant qu'âme, un intérêt au beau moral. La Profession de foi détaillera les conditions pour que cet intérêt moral puisse se satisfaire, c'est-à-dire pour que la vertu puisse être récompensée. Trois articles de foi – analogues à certains égards aux postulats de la raison pratique chez Kant – seront nécessaires pour lier intérêt et justice, vertu et bonheur, et ancrer la morale dans la religion naturelle. Nous le verrons : seule la religion naturelle pourra fortifier le sentiment et assurer que l'espoir du Juste (que la vertu mène au bonheur) n'est pas une illusion.

L'histoire et les fables

Mais il reste à faire entrer Émile dans le monde et à éliminer le risque associé au développement perverti de l'amour-propre. L'amour-propre peut en effet naître de la supériorité morale elle-même : il se pourrait que l'adolescent se glorifie vainement de sa bonté ou de sa justice. Cette nouvelle étape marque un nouveau renversement dans la méthode pédagogique : pour montrer au jeune homme les hommes tels qu'ils sont (et non tels qu'ils paraissent dans une société corrompue, où être et paraître sont dissociés), il faut « prendre une route opposée à celle que nous avons suivie jusqu'à présent » (p. 525) ; il faut instruire Émile par l'expérience d'autrui plutôt que par la sienne.

L'enjeu de ce moment est essentiel : le risque de la confrontation au monde est celui de la vanité et de la misanthropie, alors que l'élève doit parvenir à l'amour de l'humanité. Telle est la raison pour laquelle l'adolescent devra désormais accéder à la connaissance des hommes tels qu'ils sont, sans que cette connaissance ne se traduise par les passions négatives qui doivent être évitées (vanité, convoitise, envie, mépris, haine). Ce passage est l'un des plus délicats de l'éducation : après avoir éloigné l'élève du spectacle des hommes en se contentant de « choisir » quelques tableaux, il faut désormais rapprocher le spectateur au plus près du théâtre du monde, de telle sorte que le jeune homme puisse estimer ceux qui vivent avec lui tout en détestant les pratiques corrompues ; il faut qu'il comprenne que l'homme, naturellement bon, se corrompt en société en raison des préjugés. En un mot, il faut faire agir l'adolescent, le livrer à l'expérience du monde : « il faut le rendre acteur pour le rendre spectateur » car ce n'est que de la scène que l'on voit les objets tels qu'ils sont.

Quelques remarques suffiront ici concernant ce double moment qui mobilise l'expérience d'autrui plutôt que la sienne – celui de l'histoire, celui des fables. L'histoire permet d'abord de juger les hommes en les voyant agir [1]. Elle permet la formation du jugement moral ; la vérité advient dans l'histoire à partir des « faits » qui permettent de juger de la valeur et des mérites des hommes (p. 526-534). Telle est la tâche de l'historien, lorsqu'il parvient à accéder

---

1. Voir F. Champy, « "Se connoitre et se rendre sage aux dépends des morts" : du bon usage de l'histoire dans les manuscrits Favre », dans *La Fabrique de l'*Émile. *Commentaires des manuscrits Favre*, F. Brahami, L. Guerpillon (éd.), Paris, Vrin, 2022.

à l'objectivité : « Il est difficile de se mettre dans un point
de vue d'où l'on puisse juger ses semblables avec équité ».
L'identification à l'historien a aussi un enjeu pratique :
pour peu que le maître use de prudence dans le choix des
lectures, comme il l'a fait plus tôt dans le choix des tableaux,
« cet exercice sera pour lui un cours de philosophie
pratique » bien plus efficace, là encore, que les leçons de
morale abstraite. Car si l'histoire est maîtresse de vie
(*historia magistra vitae*), ce n'est pas en ce qu'elle livre
des leçons ou des maximes, mais en ce qu'elle déjoue
l'illusion de certaines passions. L'histoire – et surtout
l'histoire ancienne, dont Thucydide fut le maître – rend
manifeste le malheur de ceux qui ont suivi la voie dictée
par l'ambition et l'amour-propre : les conquérants avides
de gloire, qui ne tirent que misère réelle de leurs apparents
succès. C'est ce constat qui permettra à Émile de donner
leur véritable prix aux choses, sans se laisser prendre au
mirage des apparences (de même qu'au livre III, le point
de vue de Robinson Crusoë lui permettait de donner leur
véritable prix aux arts utiles à la société, contre les illusions
et les fausses valeurs de la société civile corrompue). Il
s'agit toujours de construire le point de vue d'où juger
sainement et impartialement, sans céder aux préjugés
sociaux qui valorisent la richesse, le prestige ou la puissance.
Au terme de l'étude de l'histoire, le jeune homme aura
donc conquis le principe même d'une observation impartiale
des hommes et d'une juste évaluation de leurs actes ; il
sera équitable sans se laisser séduire par les faux prestiges
de l'opinion ; le résultat, s'il juge bien les hommes, est
qu'il « ne voudra être à la place d'aucun d'eux » (p. 536).
Ce point est essentiel : le bonheur d'Émile tient à ce
contentement qu'il éprouve concernant sa place dans l'ordre
du monde ; comme l'homme sauvage, « tout ce qu'il désire

est à sa portée ». Sa liberté est associée au sentiment d'être à sa place, sans envier personne ni craindre de perdre son statut.

Enfin, pour éviter que l'adolescent ne se glorifie de sa sagesse récemment acquise et de sa place privilégiée qu'il risque d'imputer à son seul mérite, le gouverneur devra user à bon escient des fables. Grâce à elles, il pourra neutraliser l'amour-propre de son disciple afin de ne pas laisser s'étioler l'expansivité de l'amour de soi. Les fables (celles de La Fontaine en particulier) sont un nouveau dispositif qui se substitue aux plates leçons du gouverneur qui seraient données d'autorité : c'est Émile lui-même qui devra tirer les leçons des fables, comme il aura plus tôt tiré lui-même les leçons de l'histoire. Le tout est de s'en faire des maximes pour l'action : le *Corbeau et le Renard* et la *Grenouille qui voulait se faire plus grosse que le bœuf* montrent que la vanité est nuisible, celle du Loup et du Chien que rien ne vaut la liberté etc. Ainsi s'énonce l'empirisme moral de Rousseau : « il n'y a point de connaissance morale qu'on ne puisse acquérir par l'expérience d'autrui ou par la sienne » (p. 541).

L'entrée dans le monde

Par l'histoire et par les fables, Émile a acquis la connaissance lointaine des hommes ; il lui reste à les examiner de plus près. Il faut parfaire son expérience en le rendant « acteur », en lui apprenant à vivre dans le monde tel qu'il est, régi par la physique sociale, celle des intérêts particuliers, de leurs actions et de leurs réactions : « Pour vivre dans le monde, il faut savoir traiter avec les hommes, il faut connaître les instruments qui donnent prise sur eux ; il faut calculer l'action et la réaction de l'intérêt dans la société civile, et prévoir si juste les événements, qu'on soit rarement trompé dans ses entreprises, ou qu'on ait du moins toujours les meilleurs moyens pour y réussir » (p. 543). La morale expérimentale rencontre ce défi nouveau : comment former un homme qui ne soit pas seulement vertueux mais prudent, qui réussisse dans le monde – non au sens de la réussite mondaine, mais au sens où son action morale elle-même puisse être efficace ? Réussir dans le monde ne signifiera pas s'y imposer, comme dans les manuels mondains de civilité ou de prudence dont *Le Courtisan* de Castiglione ou *L'Homme de Cour* de Gracián ont fourni les modèles. Réussir dans le monde sera faire triompher la cause des opprimés, la faire entendre de manière efficace auprès des grands qui pourront soulager leurs maux. À nouveau, Rousseau insiste sur le primat de la pratique morale, qui est l'*alpha* et l'*omega* de l'éducation : c'est « l'exercice des vertus sociales » qui « porte au fond des cœurs l'amour de l'humanité » (p. 544).

Nous commenterons ici le texte (p. 543-544) qui forme un moment charnière du livre IV, celui de l'entrée dans le monde, après la contemplation de l'humanité à distance. Cette nécessité d'une vision concrète des rapports intersubjectifs est exposée à partir d'une métaphore théâtrale : il faut aller du parterre, où l'« on voit les choses telles qu'elles paraissent », à la scène où on « les voit telles qu'elles sont » (p. 542). Il s'agit donc de passer de l'apparence aux choses sociales elles-mêmes et, pour l'adolescent, d'entrer en contact réel avec ses semblables. Or ce moment s'avère éminemment dangereux : Émile ne s'est jusqu'alors soucié que de lui (et de sa sœur comme de sa montre) ; comment réagira-t-il au contact du monde ? Ne sera-t-il pas question de mystères et d'intrigues ? À la différence du héros de Crébillon dans *Les Égarements du cœur et de l'esprit*, Émile doit être initié sans être subjugué. Il faut qu'il parvienne à connaître les hommes sans se laisser corrompre et « acheter la connaissance » des hommes « au meilleur prix ». Il doit découvrir les lois qui régissent les rapports sociaux afin d'en savoir bien user, c'est-à-dire d'en user sans nuire à ses semblables.

Dès lors, la question est double : comment Émile acquerra-t-il la « science du monde », soit la connaissance des rapports sociaux et moraux, et en conséquence de sa juste place au sein de ces rapports ? Comment sera-t-il sage sans être vain, sans jouir avec orgueil du sentiment de sa supériorité et de l'impression d'occuper parmi les hommes une place privilégiée ?

Le coup de force de Rousseau consiste à répondre à ces questions de manière unique : c'est en *pratiquant* la morale sociale – en devenant l'« homme d'affaires » des indigents plutôt qu'un *homme d'affaires* ou un *gentleman farmer* soucieux d'acquérir du crédit et de faire fructifier son patrimoine – qu'Émile deviendra vertueux et sage. En s'occupant des intérêts des autres, il apprendra à « accommoder » son regard moral, à voir le monde selon la perspective adéquate (depuis le « bas » de l'échelle sociale, le tiers état ou le peuple), sans ordonner l'univers par rapport à son intérêt égoïste ou son intérêt de classe. Il corrigera sa partialité initiale et parviendra, *in fine*, à la justice définie comme désir de contribuer au plus grand bien du plus grand nombre. Conformément à l'ordre des mérites, il respectera le peuple plus que les riches, les grands seigneurs ou les souverains : « les états les plus nombreux méritent le plus de respect » (p. 509).

En réinterprétant la philosophie morale comme une forme d'*optique et de physique sociale*, nous souhaiterions montrer que Rousseau accommode le paradigme pascalien en usant d'une curieuse formule (« pour embrasser le tout il faut se mettre dans le point de vue, il faut approcher pour voir les détails »), qui fait écho à une célèbre *Pensée* :

> Si on considère son ouvrage incontinent après l'avoir fait, on en est encore tout prévenu, si trop longtemps après, on n'y entre plus. Ainsi les tableaux vus de trop loin et de trop près. Et il n'y a qu'un point indivisible qui soit le véritable lieu. Les autres sont trop près, trop loin, trop haut ou trop bas. La perspective l'assigne dans l'art de la peinture. Mais dans la vérité et dans la morale qui l'assignera ?[1]

Or Rousseau va découvrir la juste perspective en matière morale : celle qui regarde le corps social *du point de vue des plus démunis*, qui ne sont en rien responsables de leur triste sort.

De la morale sociale

Émile doit désormais entrer dans les affaires du monde. Il le doit d'abord en tant que futur propriétaire, qui devra non seulement « gérer ses affaires » et ses conflits de propriété mais aussi en tant qu'homme qui doit savoir faire bon usage de son patrimoine. Le jeune homme – qui n'acquerra la majorité civile qu'à vingt-cinq ans – devra se préparer à n'être pas dupe, mais aussi à user du crédit que lui donne son statut de « riche » introduit auprès des puissants. Il devra non seulement assurer son intérêt sans se laisser aveugler (c'est un devoir envers lui-même) mais aussi contribuer activement au bien des autres.

Pour ce faire, le jeune homme doit connaître les hiérarchies et les rapports asymétriques de dépendance qu'elles engendrent. En société, la morale est structurée

---

1. Lafuma 21-Br. 55.

par le rapport adéquat à ces hiérarchies : elle implique de ne pas user de sa position de supériorité pour mépriser et instrumentaliser les êtres situés au-dessous de soi, et d'user de ses privilèges pour soulager les plus mal lotis du fardeau des inégalités. Ainsi Émile pourra-t-il lutter en faveur des « droits de l'humanité », qui sont par nature, sous les hiérarchies conventionnelles, ceux de tous les hommes à égalité. Le pauvre paysan qu'il viendra plus tard secourir mérite toute sa bienveillance : « n'espérez pas, dira-t-il à Sophie, me faire oublier les droits de l'humanité » (p. 812).

À terme, plutôt qu'un agent prudent, Émile doit devenir l'homme d'affaires des indigents et le « paladin » des causes perdues (p. 544). Les bonnes actions qui feront toute sa vertu et sa « noble » vocation relèvent de la morale sociale. En exprimant activement sa pitié pour les plus mal lotis, le jeune homme au grand cœur pourra se montrer à la fois pacificateur et bienfaiteur. Il devra user de son crédit auprès des puissants et même du trône pour alléger le fardeau des opprimés, mais aussi pacifier et réconcilier : telle sera la teneur de sa bienfaisance. Combattant en faveur de la justice sociale, hardi à bien faire, courageux *parrhêsiaste*, le jeune homme devra « déranger » l'ordre établi, même s'il n'a pas l'espoir de le modifier en profondeur. Le risque de ridicule doit être conjuré : Émile sera peut-être accusé d'être un Don Quichotte ou un Robin des bois. Mais peu importent ces « noms badins et ridicules » qui ne « changent rien à la nature des choses » (*ibid.*). Enfin, le développement de sa raison sera associé à la nécessité de résoudre les problèmes sociaux qui le hantent : c'est parce qu'il se demande *d'où viennent les vexations* dont souffrent les plus démunis qu'Émile enquêtera sur les rapports sociaux et en dévoilera les mécanismes. En société, la pitié sera l'aiguillon de la curiosité.

Rousseau prépare ici le rôle social d'Émile au sein de sa communauté d'appartenance. Car le jeune homme qui aime spontanément la paix et la justice plutôt que la domination et l'humiliation sera tenté de plaider la cause du peuple. Il aura donc besoin d'éloquence pour persuader les puissants : comment faire entendre la plainte des opprimés alors qu'eux-mêmes n'osent s'exprimer ? Comment devenir leur porte-parole ?

Le rôle moral de l'éloquence

Que la morale réside en actions plus qu'en discours ne rend pas superflue l'éloquence, nécessaire comme art d'agir sur les passions et de rendre l'action morale efficace. L'*Émile* propose ici une critique virulente des collèges, majoritairement jésuites, qui valorisent particulièrement l'art oratoire. Cette critique était déjà présente dans l'article « Collège », où d'Alembert dénonçait l'apprentissage vain des préceptes de rhétorique et de philosophie (*Enc.*, III, p. 635). Après avoir évoqué l'importance de l'histoire, D'Alembert proposait une critique de la rhétorique classique et des exemples édifiants issus de l'Antiquité (p. 637). Dans le même esprit, Rousseau dénonce les préceptes rhétoriques réduits à un « pur verbiage » si l'on n'en sent pas l'usage. L'éducation doit abandonner l'enseignement fastidieux des « règles », renoncer à apprendre la rhétorique dans l'histoire romaine et abandonner « l'extravagant projet » de la rhétorique scolaire : mieux vaut ici comme ailleurs privilégier le naturel[1]. Mais il ajoute un élément

---

1. Les humanistes dénoncent le formalisme et le technicisme des *grammatici* médiévaux, ou le pédantisme et la sophistique (G. Radica, *L'Histoire de la raison, op. cit.*, p. 543 *sq.*). Voir aussi M. Fumaroli, *L'Âge de l'éloquence, De Gutenberg aux Lumières*, Paris, Nouvelle Librairie de France, 1981, p. 40.

décisif : à ses yeux, l'éloquence exprime la force des affects empathiques. Elle ne vise plus ni à asseoir son pouvoir ni à avancer ses intérêts dans le monde, mais à servir les plus mal lotis.

Le jeune homme disposera donc de son propre langage, qui n'emploiera ni images ni métaphores : il usera d'« un langage simple et moins figuré » (p. 546). Rarement passionné, le disciple du gouverneur n'usera que de peu de tropes. De même que l'enfant ne pouvait plus tôt comprendre le langage figuré des fables (comme *Le Corbeau et le Renard*), l'adolescent ne pourra mobiliser précocement de figures. Son éloquence ne fera que traduire la communication immédiate de ses émotions et non la ruse langagière orientée par l'intérêt (comme dans la fable du corbeau : flatterie contre fromage).

Rousseau s'inspire sans doute ici de Condillac, de Claude Buffier et de Bernard Lamy plus encore que de Malebranche. Lamy est quasiment le seul auteur que Rousseau cite directement dans le corps de l'*Essai sur l'origine des langues*[1]. Il est le seul qui serait sauvé dans le *Projet d'éducation de M. de Sainte-Marie* où la rhétorique est réduite au minimum, en recourant « tout au plus » à l'*Art de parler* de Lamy. Ici, même dédain contre la rhétorique comme art d'obtenir ce que nous désirons en forçant le consentement de ceux qui peuvent nous l'accorder ; même refus de la flatterie, forme « courtoise, non violente, de l'extorsion »[2] ; même intérêt surtout, pour l'usage des

---

1. *EOL*, chap. 4, p. 382. Voir B. Lamy, *La Rhétorique ou l'art de parler*, 4ᵉ éd, Amsterdam, Paul Marret, 1699, avec de très nombreuses rééditions au XVIIᵉ-XVIIIᵉ siècle.

2. On se reportera également à l'abbé d'Olivet (*Traité de la prosodie française*, 1737) et à Duclos dans son *Commentaire de la Grammaire de Port-Royal*, en raison de l'incise à l'article « Accent » du *DM*.

tropes et leur fonction dans l'expression des passions. Mais dans *Émile*, la question est de savoir de quelle éloquence le jeune homme serait capable, lui qui n'éprouverait pas encore de passion et n'aurait pour le moment que des besoins aisément satisfaits. S'il ne peut dire *aimez-moi* ni *aidez-moi*, de quelle utilité lui sera l'éloquence ? La réponse de Rousseau est claire : son discours ne pourra être qu'un discours moral enthousiaste *au service du peuple*, une manière d'exprimer sa pitié de manière active[1]. Pathétique parce qu'empathique, Émile parlera avec l'accent de la nature même, celui du « tendre amour de l'humanité » (p. 547) qui se transmet de sensibilité à sensibilité.

La morale expérimentale trouve ici une nouvelle loi : l'éloquence est régie par une *loi de transmission intégrale de la quantité de mouvement de cœur à cœur*. Contre le matérialisme et le sensualisme, le chant et le langage éloquent valent pour leurs effets moraux et émotionnels, et non sensoriels ; ils ne suscitent pas les passions par le simple mécanisme des sons. La voix accentuée *signifie* les passions et *exprime* les sentiments[2]. Ce qui « enchante » est ce qui produit des effets signifiants sur la sensibilité morale, ce qui relève du transfert imitatif et communicatif des affections morales. Une fois encore, la morale expérimentale transpose les processus chimiques et physiques : la « cohobation » évoquée par Rousseau est une opération très proche de la sublimation. Ici, c'est sans doute l'abstinence sublimée qui rend Émile éloquent,

1. C'est ce que souligne André Charrak dans son annotation de *L'Émile*, mais sans rendre compte du décalage par rapport à l'*EOL* (*Émile*, Paris, GF-Flammarion, p. 774, note 31).

2. C. Kintzler, *Poétique de l'opéra français, de Corneille à Rousseau*, Paris, Minerve, 1991, p. 449 ; F. Boccolari, *La Voix passionnée. Force expressive et affections sociales dans* l'Essai sur l'origine des langues, Paris, L'Harmattan, 2021.

chaleureux et véhément. Le jeune homme transfère dans sa voix l'énergie passionnelle qui lui donne force et élévation, selon un processus analogue à celui que Rousseau décrit en évoquant l'expressivité enflammée de son regard au moment de la mue de sa voix (p. 490). Émile transmet spontanément une « généreuse franchise », aux antipodes de l'« artificieuse éloquence » de l'honnête homme ou du courtisan.

L'usage du langage se modifie ainsi. Au livre I, Rousseau évoquait la langue naturelle des cris et des pleurs : elle est « accentuée, sonore, intelligible » et les nourrices la comprennent parfaitement en se fiant aux accents (p. 285). Au livre II, le philosophe mentionnait le langage des besoins qu'Émile devait apprendre : c'est un langage clair et articulé, sans fioriture ni déclamation (p. 404-405). Au livre III, c'est cette fois le discours du gouverneur qui devait être clair, simple et froid, sans éloquence, poésie ni figures (p. 432). Mais la « seconde naissance » introduit une rupture décisive : désormais, il ne s'agira plus seulement de faire entendre une voix ou d'utiliser le langage pour se faire comprendre, mais d'émouvoir la sensibilité d'autrui. À l'inverse de Hobbes qui concevait l'usage *référentiel* et *instrumental* du langage, Rousseau met l'accent sur son usage *expressif* : plutôt que les besoins, le langage exprime les passions[1].

L'extension de l'amour-propre et l'émergence de la justice

Le livre IV d'*Émile* aborde enfin la manière dont le jeune homme parvient à se former des idées morales. Non

---

1. M. Rueff, *À coups redoublés. Anthropologie des passions et doctrine de l'expression chez Jean-Jacques Rousseau*, Sesto S. Giovanni, Mimesis, 2018.

content du monde matériel des choses et du monde
« matériel et réel » de l'économie, il entre dans le monde
où il doit régler ses rapports avec ses semblables, qui sont
à la fois ses égaux (dans l'ordre moral) et ses supérieurs
ou ses inférieurs (dans l'ordre social). Dans une société
inégalitaire, l'éducation négative doit donc corriger les
effets pervers de l'intérêt en apprenant à « juger sainement
de la vérité des choses ». Émile doit juger sans prendre
son intérêt exclusif pour étalon et règle du jugement, sans
se faire centre de tout. Il doit acquérir un esprit juste, afin
de bien connaître les rapports sociaux et sa propre place
au sein du monde social. Enfin, il doit privilégier l'égalité
morale malgré les inégalités sociales.

Devenir vertueux et sage suppose de devenir équitable,
de conquérir un *point de vue impartial* sans être pour autant
détaché, indifférent aux souffrances de l'humanité. D'où
l'importance du travail de généralisation, qui ne doit pas
être une simple abstraction « hors sol », toujours dangereuse :
« Les idées générales et abstraites sont la source des plus
grandes erreurs des hommes »[1]. Contre la métaphysique
classique, Rousseau suggère que la capacité intellectuelle
d'abstraction doit prolonger et accompagner la capacité
de généralisation des affects : le développement cognitif
et le développement affectif doivent aller de pair. La vertu
procèdera d'une généralisation de l'amour-propre, en vertu
de laquelle le « moi relatif » se détourne de son intérêt

---

1. *Émile*, p. 577. Voir aussi la lettre à Dom Deschamps du 8 mai 1761 :
« La méthode de généraliser et d'abstraire m'est très suspecte, comme
trop peu proportionnée à nos facultés. Nos sens ne nous montrent que
des individus, l'attention achève de les séparer, le jugement peut les
comparer un à un mais voilà tout ». Sur l'art de généraliser, voir
B. Bernardi, *La Fabrique des concepts*, *op. cit.*, chap. 11.

propre et étend ses soins à tous ses semblables. C'est *l'amour-propre*, et non *l'amour de soi*, qui doit être généralisé ici puisque l'amour de soi s'est désormais transformé de manière irréversible en amour-propre : l'adolescent désire nécessairement la « première place ». Nouvelle version de la charité ou de la fraternité, l'amour du genre humain naît donc de l'activité consistant à s'éloigner de ses propres affaires et à « prendre soin » des autres sans discrimination. C'est l'une des plus célèbres formules d'*Émile*, l'une des plus surprenantes aussi :

> Étendons l'amour-propre sur les autres êtres, nous le transformerons en vertu, et il n'y a point de cœur d'homme dans lequel cette vertu n'ait sa racine. Moins l'objet de nos soins tient immédiatement à nous-mêmes, moins l'illusion de l'intérêt particulier est à craindre, plus on généralise cet intérêt, plus il devient équitable ; et l'amour du genre humain n'est autre chose en nous que l'amour de la justice. Voulons-nous donc qu'Émile aime la vérité, voulons-nous qu'il la connaisse ; dans les affaires tenons-le toujours loin de lui. Plus ses soins seront consacrés au bonheur d'autrui, plus ils seront éclairés et sages, et moins il se trompera sur ce qui est bien ou mal ; mais ne souffrons jamais en lui de préférence aveugle, fondée uniquement sur des acceptions de personnes ou sur d'injustes préventions. Et pourquoi nuirait-il à l'un pour servir l'autre ? Peu lui importe à qui tombe un plus grand bonheur en partage, pourvu qu'il concoure au plus grand bonheur de tous : c'est là le premier intérêt du sage après l'intérêt privé ; car chacun est partie de son espèce et non d'un autre individu (p. 544).

Comment interpréter ce bon usage de l'amour-propre, relevé par les lectures anglo-saxonnes de Rousseau (Nicholas Dent, Frederik Neuhouser, John Rawls, Axel

Honneth[1])? Comment l'amour-propre peut-il devenir un ressort de l'éducation, alors même qu'il a été défini comme la source des passions irascibles et haineuses plutôt que « douces et affectueuses »? Pour compenser la logique concurrentielle et conflictuelle de l'amour-propre, pour réduire « l'illusion de l'intérêt particulier », le jeune homme doit apprendre à relativiser son intérêt et à percevoir les affaires communes du point de vue des autres parties prenantes (p. 547). L'éducation morale doit faire en sorte que l'amour-propre n'étouffe pas les passions aimantes et douces et ne catalyse pas les passions irascibles, envieuses, cruelles et haineuses[2]. Elle doit conduire l'individu à éprouver un *intérêt égal* pour tous les hommes, sans omettre les plus démunis sur qui pèse le fardeau de l'existence.

Pour parvenir à ce but, Rousseau en appelle aux bonnes actions plutôt qu'au catéchisme prônant l'amour du prochain. Le dispositif consiste pour l'adolescent à s'occuper activement des affaires d'autrui. En prenant « soin » des autres, en oubliant ses propres affaires, Émile se mettra mécaniquement dans un processus d'adoption de rôles et d'échange de places; il adoptera le point de vue des « autrui » quelconques. Cette acquisition de l'équité sera favorable à la vérité : Émile ayant exercé *pratiquement* sa bienveillance ne se trompera pas *théoriquement* sur ce qui est « bien ou mal ». Dans le sillage de Locke mais aussi

---

1. F. Neuhouser, *Rousseau's Theodicy of Self-Love. Evil, Rationality, and the Drive for Recognition*, Oxford, Oxford University Press, 2008, p. 190; A. Honneth, « The depths of recognition », in *Engaging with Rousseau. Reaction and Interpretation from the Eighteenth Century to the Present*, A. Lifschitz (ed.), Cambridge, Cambridge University Press, 2016, p. 189-206.

2. Voir G. Radica, *L'Histoire de la raison, op. cit.*, p. 518.

de Malebranche[1], Rousseau considère en effet que la « réflexion » est la seule modalité empirique de formation des notions morales abstraites. Exerçant sa bienveillance active, Émile deviendra donc juste tout en acquérant la notion de justice comme amour de l'humanité. Il renoncera à la *partialité* en tous les sens du terme, c'est-à-dire à toute « préférence aveugle, fondée uniquement sur des acceptions de personnes ou sur d'injustes préventions ».

En définissant la justice comme contribution au « plus grand bonheur de tous », Rousseau évite l'écueil du cosmopolitisme abstrait : pour lui, l'humanité n'est pas une *substance* mais un *nom* désignant une collection d'individus ; elle ne peut faire l'objet d'un sentiment, d'une forme de bienveillance ou d'obligation. Loin d'aimer l'humanité comme un genre ou une substance, Émile l'aimera donc comme le lieu d'une indistinction : « peu importe » à qui échoie le bien ou le mal. Le jeune homme agira sans favoritisme, en respectant également ses semblables. C'est précisément l'égalité avec laquelle le jeune homme considèrera les intérêts de chacun qui l'empêchera de nuire, c'est-à-dire de choisir l'intérêt des uns au détriment de celui des autres : « pourquoi nuirait-il à l'un pour servir l'autre ? Peu lui importe à qui tombe un plus grand bonheur en partage pourvu qu'il concoure au plus grand bonheur de tous » ? (le Manuscrit Favre évoquait ici de manière significative le « plus grand bonheur commun »[2]). Le mécanisme est analogue à celui de la volonté générale, puisque dans une assemblée populaire bien ordonnée, nul ne s'approprie le mot « chacun » en votant pour tous (*CS*, II, 4).

1. Malebranche, *Traité de morale*, dans *Œuvres*, « Bibliothèque de la Pléiade », vol. II, Paris, Gallimard, 1992, I, V, 17.

2. *Ms F*, f° 148 vo, p. 336.

En dernière instance, la sagesse à laquelle parviendra Émile ne sera ni altruiste ni sacrificielle. Elle supposera, tout en aimant l'humanité, d'honorer les demandes de l'amour-propre. Surtout, à l'issue de cette *Bildung*, le jugement moral du jeune homme sera bien formé, sa vertu d'humanité acquise en même temps que la formation de ses idées. Le vocabulaire de Rousseau mériterait ici une analyse détaillée. « Principes », « modèles » et « rapports moraux » constituent l'« ordre » moral que le jeune homme va tout à la fois comprendre et aimer. Cet ordre moral est celui qui assigne à chacun sa place au sein de l'espèce et qui fait du sujet un être lucide et sans illusions : « Les vrais principes du juste, les vrais modèles du beau, tous les rapports moraux des êtres, toutes les idées de l'ordre, se gravent dans son entendement ; il voit la place de chaque chose et la cause qui l'en écarte : il voit ce qui peut faire le bien et ce qui l'empêche. Sans avoir éprouvé les passions humaines, il connaît leurs illusions et leur jeu » (p. 544).

La moralisation procède d'un décentrement du sujet par adoption de rôles : alors qu'il n'est plus centré sur lui-même mais en rapport avec ses semblables, le sujet moral trouve sa juste place dans l'ordre de l'espèce en n'accordant pas de place démesurée à ses intérêts particuliers, en adoptant un point de vue impartial. De même que la volonté générale qui définit la justice politique doit *partir de tous* et *s'appliquer à tous* pour ne pas se corrompre, la justice comme amour de l'humanité ne doit privilégier ni défavoriser personne. L'égale considération pour les intérêts fondamentaux de chacun est le point commun de la définition morale et de l'acception politique de la justice : être juste revient à respecter et à défendre les « droits de l'humanité »[1].

---

1. Voir J. Lenne-Cornuez, *Être à sa place*, *op. cit.*, p. 329-345.

LA PROFESSION DE FOI DU VICAIRE SAVOYARD ET LA THÉORIE DE LA CONSCIENCE

Toutefois, l'éducation morale demeure inachevée tant que rien ne garantit l'accord du bonheur et de la vertu. Partant du bilan de l'éducation déjà conduite[1], Rousseau évalue le chemin qui reste à parcourir. Cette étape montre l'impossibilité d'une voie spéculative pour arriver à l'existence de Dieu : « Considérez aussi que, bornés par nos facultés aux choses sensibles, nous n'offrons presque aucune prise aux notions abstraites de la philosophie et aux idées purement intellectuelles. Pour y atteindre il faut, ou nous dégager du corps auquel nous sommes si fortement attachés, ou faire d'objet en objet un progrès graduel et lent, ou enfin franchir rapidement et presque d'un saut l'intervalle par un *pas de géant* dont l'enfance n'est pas capable, et pour lequel il faut même aux hommes bien des échelons faits exprès pour eux » (p. 551, n.s.). Parce que l'homme est un être fini, corporel, incapable à ce titre de dépasser les limites de l'expérience, il ne peut parvenir à la connaissance de Dieu par l'acquisition progressive d'idées de plus en plus abstraites. À l'évidence, Rousseau critique ainsi une éducation métaphysique et un enseignement religieux et dogmatique prématurés. La PF sera donc le moyen d'opérer ce « pas de géant » qu'est l'accès à l'idée de Dieu, c'est-à-dire d'un être « incompréhensible qui donne le mouvement au monde et forme tout le système des êtres » sans être visible ni tangible, sans en passer par « l'échelle » des connaissances qui s'élève de la matérialité donnée à nos sens à l'immatérialité accessible à l'entendement.

---

1. Voir F. Worms, *Émile ou de l'éducation*, *op. cit.*, p. 78-84.

La critique des idées abstraites s'inscrit d'abord dans le prolongement de la critique empiriste de la métaphysique commune depuis Locke. Rousseau partage avec Locke un certain nombre de thèses essentielles : la finitude de nos facultés qui ne nous donnent pas accès aux constituants ultimes de l'être, aux fins dernières, qui sont les objets traditionnels de la métaphysique ; la volonté de restreindre la recherche métaphysique à sa finalité pratique ; le fait que cette métaphysique soit empiriste, au sens où c'est à partir de l'expérience sensorielle qu'elle entend tirer des conclusions sur l'âme, Dieu et le monde[1]. Tous deux partagent une critique profonde de la métaphysique classique : Locke dénonce la métaphysique scolastique, « ce savant mais frivole usage de termes barbares, affectés, et inintelligibles, qu'on a introduit dans les sciences et réduit en art » ; et Rousseau confirme : « Jamais le jargon de la métaphysique n'a fait découvrir une seule vérité ».

Mais la théorie rousseauiste de la genèse des idées se retourne aussi contre Locke. Le reproche de Rousseau est conforme à ses principes : son prédécesseur aurait anticipé le développement rationnel de l'enfant en voulant lui enseigner trop tôt l'idée de l'esprit et l'idée de Dieu. À la section XXIV des *Quelques pensées sur l'éducation*, Locke soutient qu'il faut étudier les esprits avant les corps et s'imprégner très tôt de l'Écriture sainte : « Quel que soit le nom que l'on donne à l'étude des esprits, je crois qu'elle doit venir avant l'étude de la matière et des corps »[2]. La raison en est précisément que l'enfant n'a que trop tendance à voir de la matière partout :

---

1. Voir Ph. Hamou, « Locke et la Métaphysique du Vicaire Savoyard », dans *Rousseau et Locke. Lectures croisées*, J. Lenne-Cornuez, C. Spector (éd.), Oxford University Studies on the Enlightenment, Liverpool, Liverpool University Press, 2022.

2. Locke, *Quelques pensées sur l'éducation, op. cit.*, p. 250.

Si je désire que l'on commence par l'étude des esprits, et que la doctrine de l'Écriture ait profondément pénétré l'esprit du jeune homme avant qu'il aborde la philosophie naturelle, c'est que tous nos sens étant constamment en rapport avec la matière, l'idée de la matière tend à accaparer l'esprit tout entier et à en exclure l'idée de tout ce qui n'est pas matière : de sorte que bien souvent ce préjugé, aussi fortement appuyé, ne laisse plus la liberté de croire aux esprits et d'admettre qu'il y ait rien, *in rerum natura*, qui ressemble à des Êtres immatériels. Et cependant il est évident que par la matière et le mouvement seul on ne peut expliquer aucun des grands phénomènes de la nature... [1]

Il reste que Locke se méfie aussi des fausses notions de la divinité qui risquent d'être inculquées à l'enfant avant l'âge de raison :

Section XXI, § 136. *Pour donner un principe à la vertu, il faut de très bonne heure imprimer dans l'esprit de l'enfant une notion vraie de Dieu*, en le lui présentant comme l'Être indépendant et suprême, comme l'auteur et le créateur de toutes choses ; de qui nous tenons tout notre bonheur, qui nous aime et nous a donné toutes choses. Par suite, vous inspirez à l'enfant l'amour et le respect de cet Etre suprême. Cela suffira pour commencer, sans qu'il soit nécessaire de lui donner sur ce sujet de plus amples explications. *Craignez, en effet, si vous lui parlez trop tôt des existences spirituelles, si vous vous efforcez mal à propos de lui faire comprendre l'incompréhensible nature de l'Etre infini, craignez de remplir son esprit d'idées fausses ou de le troubler par des notions inintelligibles* [2].

1. *Ibid.*, p. 252.
2. *Ibid.*, p. 185-186, n.s.

Or non sans mauvaise foi, Rousseau reprend cette critique à son compte pour la retourner contre Locke : « Il faut avoir longtemps étudié les corps pour se faire une véritable notion des esprits, et soupçonner qu'ils existent. L'ordre contraire ne sert qu'à établir le matérialisme ». La philosophie lockienne ne servirait au fond qu'à conforter la posture désormais dominante et à servir l'athéisme. Dans ce que l'on nomme, depuis l'édition de Pierre Maurice Masson, une « genèse de la substance », il s'agira donc pour Rousseau d'étudier sans le présupposer le rapport adéquat – d'identité ou de différence – entre matière et esprit[1].

Dans la PF, le matérialisme athée surgit comme une conséquence paradoxale de la superstition : paradoxalement, c'est en oubliant que l'idée de matière vient d'abord, associée au primat des sens dans la connaissance, que l'on finit par croire que seule la matière existe. Telle est l'une des clés de lecture de la PF : parce que « nos sens sont les premiers instruments de nos connaissances » (postulat empiriste), parce que, en conséquence, « les êtres corporels et sensibles sont les seuls dont nous ayons immédiatement l'idée », il est impossible que l'enfant accède à des notions incorporelles comme celle d'esprit sans les assimiler à ce qu'il connaît par ailleurs (les corps). Afin d'éviter l'anthropomorphisme ou l'idolâtrie qui résulte d'une conception de Dieu par l'imagination, il faut donc rejeter la méthode lockienne qui n'est paradoxalement pas assez empiriste ici : car « quand une fois l'imagination a vu Dieu, il est bien rare que l'entendement le conçoive ». Non seulement l'idée de « substance » est abstraite, mais l'idée

---

1. P.-M. Masson, *La « Profession de foi du vicaire savoyard » de Jean-Jacques Rousseau*, Fribourg-Paris, Librairie de l'Université-Librairie Hachette et Cie, 1914. p. 501.

d'une communication des substances (étendue et pensante) l'est plus encore – et le chemin à parcourir jusqu'à la connaissance des attributs de Dieu demeure alors « incompréhensible ». Or c'est cet échec annoncé de la voie spéculative, qui passerait *de proche en proche* des substances corporelles aux substances incorporelles, jusqu'à parvenir *in fine* à l'idée de Dieu, qui commande un changement de méthode pour l'éducation religieuse d'Émile.

Le moment choisi pour cette éducation n'est pas laissé au hasard : certes, cette éducation vient tard, scandaleusement tard du point de vue de l'éducation chrétienne ; mais elle vient en un sens un peu plus tôt que ne le voudrait l'ordre même de la genèse des idées et de la génération des facultés, en raison même de la société qui impose que le progrès des lumières s'accorde ici au progrès des passions, qui est accéléré. C'est donc un impératif d'équilibre dans le développement qui commande de fonder « l'obligation de croire ».

Le passage préliminaire à la PF indique dès lors le double écueil dont doit se prémunir l'éducation religieuse : il faut non seulement éviter l'ordre qui conduirait au matérialisme, mais aussi l'ordre qui conduirait au fanatisme. À cet égard, la critique des sceptiques devra être prolongée par celle des dogmatiques, la critique des philosophes athées par celle des dévots. L'entreprise rousseauiste est bien *critique* : il s'agit de limiter la raison pour mieux en fonder les droits. L'auteur d'*Émile* entend préserver doublement les droits de la raison : contre la superstition, mais aussi contre la réduction au « tout-sensation ». Au-delà de la question pratique à laquelle il faut désormais répondre (dans quelle religion Émile doit-il être élevé ? « à quelle secte agrégerons-nous l'homme de la nature ? »), Rousseau annonce et justifie donc le mouvement même de la PF : il faudra un nouveau registre rhétorique, une nouvelle situation de parole afin de répondre aux questions métaphysiques et religieuses sans sombrer dans ces deux écueils.

Difficultés liminaires

Le prologue de la PF pose de redoutables problèmes d'interprétation. D'une part, pourquoi Rousseau doit-il faire intervenir un personnage autre que le gouverneur pour mettre en œuvre l'éducation religieuse d'Émile ? L'auteur écarte toute considération de prudence : il refuse les précautions indignes d'un « ami de la vérité ». Mais tout en garantissant par un engagement solennel la véracité des propos du récit qu'il introduit, l'auteur s'efface devant un personnage jugé plus apte à tenir ce discours : « au lieu de vous dire ici de mon chef ce que je pense, je vous dirai ce que pensait un homme qui valait mieux que moi ». Fallait-il en matière de religion un homme « qualifié » ou « autorisé » à en parler ? Pourtant, c'est comme homme « sans qualités » que le Vicaire va se présenter. Il sera l'homme par qui le discours sur la conscience advient, l'homme qui, en raison de ses doutes à l'égard de la raison et de son refus de s'en remettre à la Révélation, ménagera un discours sur la conscience comme « voix de l'âme » et source naturelle des croyances. Pour cette raison, la mise en scène sera ici dotée d'une fonction rhétorique, qu'il faudra identifier plus loin : ce n'est pas un hasard si le gouverneur doit céder la place à un autre homme et à un autre discours afin de faire surgir l'instance de la conscience. Que la proximité avec l'histoire personnelle de Rousseau existe ne fait pas l'ombre d'un doute : le narrateur l'avouera un peu plus loin, et indiquera ailleurs le nom de deux prêtres qui lui auraient servi de modèle. Le récit de la conversion d'un jeune calviniste à Turin et de l'aide que lui apporte un « honnête ecclésiastique » qui deviendra son mentor est très proche de la version du livre II des *Confessions*. Mais peu importe ici la dimension autobiographique : le Vicaire participe aussi d'une mise en scène fictive. Le personnage n'est ni un puissant (il est né pauvre et paysan) ni un savant. Il n'est ni philosophe (« Je ne suis pas un grand philosophe »), ni théologien, ni saint (« En m'obligeant de n'être pas homme, j'avais promis plus que je ne pouvais tenir »).

Comme le suggère Henri Gouhier[1], le Vicaire est donc celui qui manifeste une docte ignorance, qui dissout les faux savoirs, les dogmes arbitraires et les pseudo-croyances. Ce personnage « simple », non philosophe et non théologien, est un révélateur. Ainsi exerce-t-il une fonction critique : il sert à identifier les limites de la raison et son champ de juridiction ; il permet de limiter à certains égards le savoir pour laisser place à la croyance. La foi apparaît comme le résultat d'une démarche pratique dans un domaine où la raison ne peut accéder à la vérité ou à la certitude. Pour éviter les errances insupportables du scepticisme, le Vicaire sera conduit à stabiliser ses croyances en un certain nombre d'« articles de foi » qui ressemblent singulièrement à des postulats de la raison pratique.

Cependant, il serait dangereux de procéder à une lecture rétrospective de l'*Émile* à partir de *La Religion dans les limites de la simple raison* de Kant. Chez Rousseau, la distinction est plutôt celle, pascalienne, de l'esprit et du

---

1. H. Gouhier, « Ce que le Vicaire doit à Descartes », *Annales Jean-Jacques Rousseau*, t. XXXV, repris dans *Les Méditations métaphysiques de J.-J. Rousseau*, Paris, Vrin, 1984, p. 49-83 ; A. Charrak, « Descartes et Rousseau », dans *Rousseau et la philosophie*, A. Charrak, J. Salem (éd.), Paris, Presses de la Sorbonne, 2004, p. 19-30.

cœur : les seules certitudes du Vicaire seront celles du
cœur, issues du « sentiment intérieur » associé au besoin
vital de fixer sa croyance dans les matières qui « importent »
à l'humanité. Selon É. Bréhier et R. Derathé, la confrontation
avec Malebranche serait encore plus féconde[1]. Comme
Malebranche, Rousseau considère que la raison est
impuissante pour mouvoir la volonté et que le sentiment
seul peut nous orienter vers le bien. Si l'auteur d'*Émile*
n'attribue plus ce fait au péché originel, il n'en reste pas
moins qu'il emprunte à Malebranche l'importance accordée
au sentiment intérieur, tout comme sa définition de la vertu
comme amour de l'ordre. Dans la Lettre à Christophe de
Beaumont, la formule sera reprise : parce que l'homme
est doté de deux substances, dont l'intellectuelle tend à
l'amour de l'ordre, la conscience s'inscrit dans le
prolongement de l'amour de soi : l'amour de l'ordre
« développé et rendu actif prend le nom de conscience »[2].
Dès lors, la conscience ne se développe qu'avec les
lumières : « Ce n'est que par ses lumières qu'il [l'homme]
parvient à connaître l'ordre, et ce n'est que quand il le
connaît que sa conscience le porte à l'aimer. La conscience
est donc nulle dans l'homme qui n'a rien comparé, et qui
n'a point vu ses rapports »[3].

  Pourtant, la différence avec Malebranche doit également
être mesurée. Tandis que Malebranche fait de l'amour de
Dieu le résultat de l'amour-propre éclairé[4], Rousseau en

1. Voir É. Bréhier, « Les lectures malebranchistes de Jean-Jacques
Rousseau », *Revue internationale de philosophie*, vol. I, n°1, 1938,
p. 98-120 ; R. Derathé, *Le Rationalisme de Jean-Jacques Rousseau*, Paris,
P.U.F., 1948, p. 70-71.
    2. *Beaumont*, p. 936.
    3. *Ibid.*
    4. Malebranche, *Traité de morale, op. cit.*, I, II, XIII, p. 449.

fait le prolongement rationnel de l'amour de soi, et ne conçoit pas de sacrifice au bien du tout sans assurance d'une jouissance présente ou future (fût-elle liée au souvenir). Alors que pour le premier la connaissance par sentiment se conçoit à défaut d'une connaissance rationnelle devenue impossible en raison du péché, elle devient chez le second le socle indépassable de la vie morale[1]. Là où l'auteur de *La Recherche de la vérité* considère que le sentiment demeure confus, Rousseau en fait « un guide infaillible quand la spéculation et les déductions sont impossibles en morale »[2]. Rousseau transpose donc le propos malebranchiste dans un contexte empiriste où juger n'est que comparer. L'auteur d'*Émile* invoque la « voix de la nature » plutôt que la voix de Dieu. Le « sentiment intérieur » est identifié, dans l'une des lettres de Rousseau, à la nature elle-même : « Ce sentiment intérieur est celui de la nature elle-même »[3].

Une autre difficulté liminaire apparaît : celle de l'unité du Vicaire et de Rousseau. Dans quelle mesure le discours de l'un se superpose-t-il à celui de l'autre ? Dans quelle mesure le Vicaire est-il le « porte-parole » de Rousseau ? La question demeure controversée[4]. La dissociation entre les thèses métaphysiques du Vicaire et la philosophie de Rousseau se cristallise autour de la question du dualisme et de l'existence de l'âme, voire de la conscience. Le

1. Voir L. Simonetta, *La Connaissance par sentiment au XVIIIe siècle*, Paris, Honoré Champion, 2018.
2. La distance à l'égard de Malebranche est démontrée par J. Lenne-Cornuez, *Être à sa place, op. cit.*, p. 381-395, ici p. 394.
3. Lettre à M. de Franquières, 15 janvier 1769, *OC* IV, p. 1133-1147.
4. Voir G. Silvestrini, « Religion naturelle, droit naturel et tolérance dans la "Profession de foi du Vicaire savoyard" », *Archives de Philosophie*, 2009/1, tome 72, p. 31-54, note 30.

dualisme de la PF semble en effet démenti par la conception que l'auteur d'*Émile* se fait de l'union intime de l'âme et du corps, des rapports étroits du physique et du moral qu'il tisse tout au long de l'*Émile*. Nous l'avons vu, les premiers livres d'*Émile* interdisent de projeter sur Rousseau le schème du dualisme cartésien. L'exercice du corps, lors de l'éducation, doit aller de concert avec les opérations de l'esprit. Le jeune homme se rendant de plus en plus fort et robuste devient simultanément « sensé et judicieux » – au point que l'esprit n'apparaît que comme l'effet d'une surabondance de force (II, p. 359-361).

D'autres arguments plaident en faveur d'une lecture du soupçon : selon Francine Markovits, la PF expose une science et une métaphysique anachroniques [1]. Nous reviendrons sur les trois articles de foi : le premier (une volonté meut l'univers) postule la disjonction entre la matière et le mouvement qui appartient à une épistémologie à certains égards « périmée ». Le Vicaire pense ici dans les termes cartésiens de la séparation de la matière et du mouvement, en ignorant la querelle des forces vives. Il exclut à la fois la spontanéité du mouvement dans le vivant et la possibilité d'une matière pensante et sentante, hypothèse que Locke ne jugeait pas impossible et que bien des auteurs, Diderot et La Mettrie notamment, ont reprise à leur compte en la raffinant. De même, la théorie d'un mouvement chimique est rejetée au nom d'une représentation géométrique du mouvement comme « transport d'un lieu à un autre » (p. 577) alors que c'est précisément contre ce géométrisme que les matérialistes ont développé leur

---

1. Voir F. Markovits, « La science du bon vicaire », dans *Rousseau et les sciences*, Paris, L'Harmattan, 2005, repris dans *Le Décalogue sceptique*, Paris, Hermann, 2011, p. 291-313.

théorie. Or ce discours archaïque ne peut, selon F. Markovits, être attribué sans précaution à Rousseau. De la même façon, le Vicaire reprend l'argument providentialiste classique selon lequel l'ordre du monde requiert une intelligence (une intention, un *dessein*), de même que le « spectacle de la nature » traduit la présence de Dieu dans ses œuvres. Or ces arguments finalistes ont fait l'objet de critiques massives au XVIIIᵉ siècle. Il faut donc comprendre pourquoi le Vicaire reprend ici ces *topoi* éculés. Enfin, la croyance dans la liberté humaine suscite également une interrogation sur son statut : certes, dans le second *Discours*, Rousseau définit l'homme dans sa distinction avec l'animal par la liberté ; mais cette liberté ne s'entend pas comme un pouvoir absolu sur ses inclinations : elle n'existe qu'en situation, modifiée par des dispositifs, prise dans des circonstances qui l'informent – telle est la condition même de l'éducation dispensée par le gouverneur jusqu'ici.

La lecture dissociant le Vicaire et Rousseau s'appuie enfin sur un constat : certaines thèses du Vicaire paraissent outrées, lorsque le dualisme âme/corps ou raison/passions se donne dans les termes les plus traditionnels de l'apologétique chrétienne. Le discours force les oppositions, quitte à condamner l'empire des sens : « En méditant sur la nature de l'homme, j'y crus découvrir deux principes distincts, dont l'un l'élevait à l'étude des vérités éternelles, à l'amour de la justice et du beau moral, aux régions du monde intellectuel dont la contemplation fait les délices du sage, et dont l'autre le ramenait bassement en lui-même, l'asservissait à l'empire des sens, aux passions qui sont leurs ministres… » Le Vicaire reprendra quelques lignes plus loin le thème platonicien ou paulinien du corps « prison » de l'âme. Or l'éducation morale d'Émile a tenté de mettre en place une forme nouvelle d'*art de jouir* ou, comme le suggère la *Nouvelle Héloïse*, d'*épicurisme de la raison*, sans critiquer les passions. Selon certains, le discours du Vicaire ne saurait donc être imputé sans précaution à Rousseau, sinon dans le cadre d'une stratégie anti-matérialiste qui suppose la construction d'un discours de combat.

Il reste que la lecture du soupçon ne résiste pas à un examen approfondi : le discours rousseauiste sur la « voix de la nature » entend précisément répliquer à la montée en puissance de l'athéisme et du matérialisme. Helvétius, La Mettrie et plus tard Sade en livreront la substance : pour eux, *suivre la nature* suppose de comprendre que la seule mesure du vivant est celle de l'intensité des sensations physiques ; le seul plaisir qui vaille est celui des sens ; la sensibilité morale se réduit à la sensibilité physique. Rousseau prend ce réductionnisme en ligne de mire. Dans la IIIᵉ promenade des *Rêveries du promeneur solitaire*, il trace une brève autobiographie et rappelle ce moment où, à Paris au début des années 1750, il prit en dégoût la philosophie moderne qui avait ébranlé toutes ses certitudes sur ce qu'il lui importait le plus de connaître : « car ardents missionnaires d'athéisme et très impérieux dogmatiques ils n'enduraient point sans colère que sur quelque point que ce put être on osât penser autrement qu'eux » (p. 1016). C'est la « désolante doctrine » des « missionnaires » athées que Rousseau entend réfuter une fois pour toutes. C'est contre leur pyrrhonisme qu'il mime le geste cartésien du *Discours de la méthode* et entend, *semel in vita*, fixer ses croyances. Ayant opéré sa « réforme » matérielle, intellectuelle et morale, il se retire du monde et renonce aux plaisirs de la société des Lumières, dans l'espoir de ne pas perdre son âme et de vivre selon une seule règle, muni d'un seul credo : « Le résultat de mes pénibles recherches fut tel à peu près que je l'ai consigné depuis dans la *Profession de foi du Vicaire Savoyard*, ouvrage indignement prostitué et profané dans la génération présente, mais qui peut faire un jour révolution parmi les hommes si jamais il y renaît du bon sens et de la bonne foi » (p. 1018).

Il faut donc confronter la PF à d'autres textes où Rousseau parle en son nom propre et où certaines affirmations du Vicaire se retrouvent[1]. On invoquera également la profession de foi de Julie mourante à la fin de la *Nouvelle Héloïse*. Rousseau propose le rapprochement de façon explicite : « On trouve dans l'*Émile* la profession de foi d'un prêtre catholique et dans l'*Héloïse* celle d'une femme dévote : ces deux pièces s'accordent assez pour qu'on puisse expliquer l'une par l'autre et de cet accord on peut présumer avec quelque vraisemblance que si l'auteur qui a publié les livres où elles sont contenues ne les adopte pas en entier l'une et l'autre, du moins il les favorise beaucoup » (III, p. 694). *In fine*, certaines thèses originales de Rousseau se retrouvent dans la bouche du Vicaire, comme à propos de la question de l'origine du mal : « C'est l'abus de nos facultés qui nous rend malheureux et méchants », « Homme, ne cherche plus l'auteur du mal ; cet auteur, c'est toi-même »[2]. Les *Confessions* préciseront que le Vicaire est un « mélange » de deux curés bienveillants qui ont marqué Rousseau dans sa jeunesse, M. Gaime et M. Gâtier : « réunissant M. Gâtier avec M. Gaime, je fis de ces deux dignes prêtres l'original du Vicaire Savoyard » (III, p. 119).

---

1. La lettre à Voltaire, la lettre à Franquières, les Lettres morales, *OC* IV, p. 1059-1118.
2. Voir sur ce point l'annexe de G. Radica à l'édition GF de la *Profession de foi du vicaire savoyard*, B. Bernardi (éd.), Paris, GF-Flammarion, 2010.

Pour conclure ce préambule, il faut garder en mémoire le caractère polémique de la PF : c'est contre Helvétius (sans doute relu entre le Manuscrit Favre et la version définitive d'*Émile*[1]), La Mettrie, Diderot et d'autres matérialistes athées de son temps que l'auteur rédige la première partie de cet écrit, ce qui l'incite à forcer certains arguments. En revanche, la seconde partie visera le parti dévot, et le Vicaire pourra dès lors soutenir des thèses très audacieuses contre le christianisme historique et la Révélation – le personnage servant bien sûr à « protéger » un peu Rousseau contre la censure, même si le procédé diaphane sera percé à jour et si l'auteur sera de ce fait persécuté pour ses propositions subversives.

a. *Méditation et confession*

Le statut théorique et rhétorique de la PF est complexe[2]. Le contexte d'exposition est d'abord essentiel : face au spectacle sublime de la nature qui entoure Turin, le Vicaire veut rendre un « fugitif », qui a subi l'expérience du mal, à la vertu. Il doit le remettre sur le droit chemin alors même qu'il a oublié « tout ce qu'il lui importait de savoir » et que sa situation d'exclu a étouffé en lui « tout vrai sentiment

1. A. Vergnioux, « Rousseau lecteur d'Helvétius », dans *L'Émile de Rousseau : regards d'aujourd'hui*, A.-M. Drouin-Hans, M. Fabre, D. Kambouchner, A. Vergnioux (éd.), Paris, Hermann, 2013, p. 37-53. L'auteur rappelle que Rousseau a renoncé à attaquer publiquement Helvétius à la suite de la condamnation de celui-ci par le Parlement de Paris et l'archevêque Christophe de Beaumont à l'été 1758. Voir l'introduction des éditeurs du *Ms F*, p. 41-48.

2. Voir B. Bernardi, « Le tiers régime de la vérité dans la philosophie de Rousseau », in *Éduquer selon la nature*, C. Habib (éd.), Paris, Desjonquères, 2011, et son édition séparée de *La Profession de foi du Vicaire Savoyard*, Paris, GF-Flammarion, 2010, p. 80-93 ; G. Radica, *L'Histoire de la raison, op. cit.*, p. 635-643.

du bien et du mal » – jusqu'à le conduire tout près de la « mort morale ». Dans cette situation, son discours refusera les sermons et les leçons théoriques : « Mon enfant, n'attendez de moi ni des discours savants ni de profonds raisonnements » (p. 565).

Certes, ce n'est pas à Émile que le Vicaire destine ainsi sa PF. Mais comme l'a bien vu F. Worms, « le lecteur de l'*Émile* comprend aussitôt, par ce « mon enfant », pourquoi Rousseau pourra présenter rétrospectivement cette méditation comme un « exemple de la manière dont on peut raisonner avec son élève » et l'intégrer ainsi à son propos éducatif »[1]. Non seulement le Vicaire use des procédés éducatifs du gouverneur à l'égard du jeune fugitif (« il lui apprend l'art difficile de supporter patiemment l'adversité », il se met toujours à la portée de son disciple, sans le censurer), mais le jeune fugitif en est, physiologiquement, au même point qu'Émile : « Il était dans cet âge heureux où le sang en fermentation commence d'échauffer l'âme sans l'asservir aux fureurs des sens » – son imagination est dite « amortie ». La toute fin de la PF en livre une clé : « Les consciences agitées, incertaines, presque éteintes, et dans l'état où j'ai vu la vôtre, ont besoin d'être affermies et réveillées [...]. Vous êtes dans l'âge critique où l'esprit s'ouvre à la certitude, où le cœur reçoit sa forme et son caractère, et où l'on se détermine pour toute la vie, soit en bien, soit en mal ». C'est ce moment critique qui appelle l'éducation religieuse afin de conforter l'éducation morale. Ainsi la dernière phrase du Vicaire fera-t-elle écho à la première, ainsi qu'au reste du livre : « il n'y a que l'espoir du juste qui ne trompe point » (p. 635). Nous reviendrons plus loin à cette maxime cruciale qui garantit l'accord entre vertu et amour de soi.

---

1. F. Worms, *Émile ou de l'éducation, op. cit.*, p. 85.

Dans ce contexte, la profession de foi n'est ni un sermon ni un exposé de raisons, mais tout à la fois une méditation et une confession : il s'agit de savoir *que croire* et pourquoi la conscience se rend à ce credo. Dans la lettre à Voltaire, Rousseau marquait déjà la nécessité d'arrêter les croyances sur un point fixe ou un *credo* en raison du caractère insupportable de l'incertitude sur les questions essentielles à la vie :

> Quant à moi, je vous avouerai naïvement, que ni le pour ni le contre [sur l'existence d'un Dieu parfait, sage, puissant et juste] ne me paraissent démontrés sur ce point par les lumières de la raison, et que si le Théiste ne fonde son sentiment que sur des probabilités, l'Athée, moins précis encore, ne me paraît fonder le sien, que sur des possibilités contraires. De plus, les objections, de part et d'autre, sont toujours insolubles, parce qu'elles roulent sur des choses dont les hommes n'ont point de véritable idée. Je conviens de tout cela, et pourtant je crois en Dieu tout aussi fortement que je crois aucune vérité, parce que *croire et ne croire pas, sont les choses qui dépendent le moins de moi*, que l'état de doute est un état trop violent pour mon âme, que quand ma raison flotte, ma foi ne peut rester longtemps en suspens, et se détermine sans elle ; qu'enfin mille sujets de préférence m'attirent du côté le plus consolant et joignent le poids de l'espérance à l'équilibre de la raison (p. 1070-1071, n.s.).

De même dans la PF, il sera question de l'utilité pratique des croyances en Dieu, en l'âme, en la liberté. Parvenu à l'âge de la raison et des passions, Émile a besoin de croire en un Dieu juste. Il conviendra de le montrer : la découverte de Dieu et l'énoncé des articles de foi du Vicaire permettront avant tout de fonder la morale et la justice par la promesse d'une *récompense du juste* obtenue grâce à l'immortalité de l'âme. Comme dans le *Contrat social*, il s'agira toujours d'allier l'intérêt véritable à la justice : « Quelles nouvelles prises nous nous sommes données sur notre élève ! […] C'est alors seulement qu'il trouve son *véritable intérêt à être bon* […] et à porter dans son cœur la vertu » (p. 636).

Parce que l'épreuve prochaine d'Émile est celle de la découverte du mal, il est nécessaire de surmonter le risque de corruption et d'ancrer le désir de bien faire : « Plus je rentre en moi, plus je me consulte, et plus je lis ces mots écrits dans mon âme : *"Sois juste et tu seras heureux"* ». Cet énoncé peut apparaître comme la clé de la méditation, reprise dans l'invocation de « l'espoir du juste » sur laquelle la PF s'achève[1]. Comme le suggère le prologue, le discours du Vicaire a pour fonction de *redonner espoir en la justice* à un homme qui a subi l'injustice et qui, de ce fait, risque de s'égarer sur le chemin du mal en étouffant la voix intérieure de sa « bonté naturelle ». Le passage par Dieu comme garant de l'accord entre vertu et bonheur se justifie ainsi : la morale a besoin de la religion naturelle pour que l'homme ordinaire, qui a subi le mal et qui risque de le commettre, reste sensible à la « voix » de la nature et demeure sur la voie de la vertu.

Nous aborderons beaucoup plus brièvement la seconde partie de la PF, contre le parti dévot cette fois. Ce second moment examinera la Révélation et les religions historiques de l'humanité au crible de la religion naturelle, qualificatif que le Vicaire accepte de la bouche de son jeune interlocuteur (« vous ne voyez dans mon exposé que la religion naturelle : il est bien étrange qu'il en faille une autre »). Il faut le souligner : c'est le jeune homme qui qualifiera la PF, « à

---

1. B. Bernardi, « "Il n'y a que l'*espoir du juste* qui ne trompe point" : le tiers régime de la vérité dans la philosophie de Rousseau », art. cit.

peu de choses près », de « théisme » ou de « religion naturelle », « que les chrétiens affectent de confondre avec l'athéisme ou l'irréligion, qui est la doctrine directement opposée » (p. 606). Cette seconde partie contrastera avec la première en ce que le Vicaire ne parlera plus de ce dont il est « intimement persuadé » mais de ce qui n'est qu'« embarras, mystère, obscurité », points sur lesquels le doute demeure irréductible. Le Vicaire justifiera ce second discours par la nécessité de stabiliser les croyances d'Émile sur une religion historique. Le principe qui guidera l'exposé sera toujours celui de l'intérêt moral : « Si vos sentiments étaient plus stables, j'hésiterais de vous exposer les miens ; mais, dans l'état où vous êtes, vous gagnerez à penser comme moi ».

Sur le plan détaillé de la Profession de foi, on se reportera à l'étude de Frédéric Worms, qui distingue cinq moments (p. 565-570 ; 570-581 ; 581-588 ; 588-594 ; 594-606)[1].

b. *Du bon usage de l'éloquence*

La PF n'est pas une « métaphysique portative » ni une « morale par provision » détachable du reste de l'œuvre[2]. Comme dans le reste de l'*Émile*, il s'agit d'éviter le recours au commandement et à l'interdit, de ne pas tenter de discipliner le désir par la crainte de la sanction ou du déshonneur. Ici comme ailleurs, Rousseau tente d'éduquer l'énergie passionnelle par elle-même. Or comment un discours peut-il former les passions de telle sorte qu'elles se réorientent vers un comportement plus juste et plus humain ? Il faut s'adresser aux passions par l'éloquence. L'auteur n'a de cesse de souligner le contraste, à cet égard,

1. F. Worms, *Émile ou de l'éducation, op. cit.*, p. 85-123.
2. Voir a contrario A. Melzer, *Rousseau. La bonté naturelle de l'homme*, Paris, Belin, 1998.

entre les anciens et les modernes : alors que les modernes ne gouvernent que par l'intérêt ou par la force, les anciens savaient réaliser des prodiges par l'éloquence et parler ainsi aux affections de l'âme (p. 645). Comme le souligne Gabrielle Radica, la situation rhétorique est ici déterminante : par ses passions, Émile est prêt à s'identifier au jeune fugitif et à écouter la profession de foi avec attention[1]. Or le Vicaire attend à son tour que le jeune rebelle soit en état d'attente confiante et bienveillante. Ainsi lorsqu'il livre sa confession sur le mode d'une confidence, son interlocuteur est invité à s'identifier à lui. À son tour, Émile pourra se mettre à la place du Vicaire après s'être identifié au fugitif afin de refaire le cheminement de cette méditation. Au début, le Vicaire est en situation analogue au jeune homme : il doit expier un scandale et voit renversées toutes ses idées du juste, de l'honnête et des devoirs de l'homme. Ne percevant plus avec évidence les premiers principes, il est déboussolé : « je parvins au même point où vous êtes ». À la fin, le Vicaire place même Dieu à la place qu'il occupe lui-même à l'égard du fugitif : « Je converse avec lui […] je m'attendris à ses bienfaits, je le bénis de ses dons ».

Dans la PF, le fugitif reçoit du Vicaire le discours qui disciplinera ses passions et son imagination. La formation d'abord immanente recourt désormais à la Transcendance. À ce titre, le rôle du Vicaire s'apparente à celui du législateur du *Contrat social* qui doit former aux bonnes mœurs et à la vertu un peuple naissant. Le législateur use d'une forme de ruse ou de pieux mensonge afin de parvenir à ses fins : « le législateur ne pouvant employer ni la force ni le raisonnement, c'est une nécessité qu'il recoure à une

---

1. G. Radica, *L'Histoire de la raison, op. cit.*, IIIe partie, chap. 2. Nous nous permettons aussi de renvoyer à C. Spector, *Éloges de l'injustice. La philosophie face à la déraison*, Paris, Seuil, 2016, chap. 4.

autorité d'un autre ordre, qui puisse entraîner sans violence et persuader sans convaincre » (II, 7). De la même façon, en faisant parler Dieu, le Vicaire voudra persuader plutôt que convaincre (p. 566). Il faudra s'en souvenir : le Dieu désigné dans la PF comme un *nom* convient non seulement à la raison mais aux passions et à l'imagination. Parce que la morale ne peut se satisfaire du scepticisme philosophique ni de la théologie dogmatique, il faut combler la curiosité métaphysique du fugitif tout autant que celle d'Émile.

c. *L'existence du moi et l'existence du monde*

L'incrédulité et le scepticisme dominants conduisent le Vicaire à rechercher une « boussole » pour s'orienter dans la pensée, sur l'océan des opinions. La méditation commence par le récit du désir de vérité qui fait suite à l'état de doute, aggravé par le double dogmatisme de l'Église et des philosophes athées. C'est la douleur violente suscitée par cet état d'incertitude qui conduit le Vicaire au désir de fixer sa croyance sur un double objet, la cause de son être et la règle de ses devoirs. Le paradoxe est saisissant : le Vicaire part de l'insuffisance de la raison en reprenant à son compte les arguments sceptiques (« l'insuffisance de l'esprit humain est la première cause de cette prodigieuse diversité de sentiments » sur l'existence de Dieu) pour mieux les dépasser. La démarche, cette fois, n'est plus cartésienne mais pascalienne : c'est de la misère de l'homme sans Dieu qu'il faut partir afin d'accéder à la foi. De même que Pascal argumentait contre les libertins, le Vicaire va donc argumenter ici contre les matérialistes, athées ou sceptiques, mais en prenant un autre guide que la philosophie : la « lumière intérieure ». C'est cette lumière intérieure qui va permettre d'évaluer les « degrés de vraisemblance » des croyances en se soustrayant à l'empire des préjugés – puisque ce sont désormais les *philosophes* qui sont accusés de souscrire à la dernière doctrine en vogue.

La lumière intérieure permet de découvrir un premier critère, malgré l'incertitude :

> Portant donc en moi l'amour de la vérité pour toute philosophie, et pour toute méthode une règle facile et simple qui me dispense de la vaine subtilité des arguments, je reprends sur cette règle l'examen des connaissances qui m'intéressent, résolu d'admettre pour évidentes toutes celles auxquelles, dans la sincérité de mon cœur, je ne pourrai refuser mon consentement, pour vraies toutes celles qui me paraîtront avoir une liaison nécessaire avec les premières, et de laisser toutes les autres dans l'incertitude, sans les rejeter ni les admettre, et sans me tourmenter à les éclaircir quand elles ne mènent à rien d'utile pour la pratique (p. 570).

Cette règle de la méthode est un équivalent de l'évidence cartésienne, transposée de l'esprit au cœur. Le filtre face à l'afflux des opinions est celui de l'évidence : seules sont retenues les vérités intuitives dont la certitude s'impose au sujet et auxquelles il ne peut refuser son consentement, ou celles qui s'en déduisent nécessairement.

« Mais qui suis-je ? Quel droit ai-je de juger les choses ? et qu'est-ce qui détermine mes jugements ? » (p. 570). Le Vicaire rencontre ici l'objection sceptique : celle de la valeur du critère de vérité. Il faut déterminer si le consentement préalablement invoqué comme critère de vérité est libre et éclairé. De quel droit le sujet peut-il juger et surtout, ce jugement n'est-il pas invalidé s'il est déterminé ? Il faut donc savoir si le sujet est « maître en sa demeure ». C'est le sens même de la démarche sceptique, reprise avant Descartes par Montaigne ou Pascal : il faut se tourner vers soi afin de connaître « l'instrument » dont on veut se servir et savoir jusqu'à quel point on peut se fier à son usage. Dans quelle mesure peut-on avoir foi en ce qui décidera de la foi ?

Comme on l'a souvent remarqué, Rousseau se démarque de Descartes autant qu'il s'en inspire[1]. « J'existe, et j'ai des sens par lesquels je suis affecté. Voilà la première vérité qui me frappe et à laquelle je suis forcé d'acquiescer » (p. 570) : le Vicaire accède d'abord à la conscience simultanée de son moi comme sentiment de sa propre existence et à l'existence des sens qui l'insèrent dans le monde. Or cette simultanéité paraît d'emblée problématique. Pour ce qui est de l'existence du monde à partir des sensations passives, elle sera déduite comme chez Locke à partir de la causalité, car il faut bien qu'existent des objets extérieurs à nous qui jouent le rôle de stimuli (p. 571). Mais antérieurement, la question est celle de l'existence du moi au-delà du flux des impressions sensibles : quel est le statut de cette identité, et surtout, se réduit-elle à la mémoire ? Le sujet donné comme conscience de soi est problématique : « Car étant continuellement affecté de sensations, ou immédiatement, ou par la mémoire, comment puis-je savoir si le sentiment du moi est quelque chose hors de ces mêmes sensations, et s'il peut être indépendant d'elles ? » (p. 571)[2].

---

1. Voir notamment H. Gouhier, « Ce que le Vicaire doit à Descartes », *Annales Jean-Jacques Rousseau*, t. XXXV ; repris dans *Les Méditations métaphysiques de Jean-Jacques Rousseau*, Paris, Vrin, 2e éd. revue, 1984, p. 49-83.
2. Voir l'excellente thèse de Louis Guerpillon, « La conscience de soi au XVIIIe siècle en France et en Allemagne », sous la direction d'André Charrak, soutenue en décembre 2019 à l'Université Paris 1-Panthéon Sorbonne. Nous remercions L. Guerpillon d'avoir accepté de nous communiquer cette thèse.

Dans le *Traité des sensations*, Condillac soutient qu'à l'instant où la statue sent pour la première fois l'odeur de rose, elle *devient* odeur de rose ; mais quand diverses odeurs se succèdent, la conscience d'un moi distinct de ses affections surgit avec la perception de son identité sous leur diversité ; cette conscience de soi est liée à la mémoire qui permet de comparer la sensation présente au souvenir de la précédente[1]. Quand le moi se demande *qui il est*, il répond : la collection des sensations qu'il éprouve et dont la mémoire conserve la trace. Le *Traité de l'âme* de La Mettrie en donne une version matérialiste : « ni la connaissance des choses, ni le sentiment interne de notre propre existence ne peuvent demeurer certainement en nous sans mémoire » (§ 10) ; or cette mémoire peut se concevoir strictement selon la physiologie du cerveau. Enfin, dans la *Lettre sur les sourds et les muets* et d'autres œuvres, Diderot soutient que la conscience de soi ne trahit pas l'existence d'une substance pensante ; c'est la mémoire qui constitue le soi[2]. L'émergence du sujet pensant est le pur effet des conditions physiologiques. L'âme n'est pas une substance simple mais l'expression d'un système organique complexe composé de fibres nerveuses sensibles. L'évidence du moi est factice et illusoire en même temps qu'inévitable. L'individu n'est que la succession de ses sensations, et les termes dont nous nous servons pour en rendre compte nous induisent en erreur en accréditant une thèse spiritualiste. L'âme des spiritualistes est facteur d'unité a priori. Ce par quoi elle est remplacée dans le

---

1. Condillac, *Traité des sensations*, Paris, Fayard, « Corpus des œuvres de philosophie en langue française », 1984. Voir J.-C. Bardout, « Le corps du moi. Remarques sur le *Traité des sensations* », *Les Études philosophiques*, vol. 123, n° 4, 2017, p. 531-554.

2. Diderot, *Lettre sur les aveugles. Lettre sur les sourds et muets*, M. Hobson, S. Harvey (éd.), Paris, GF-Flammarion, 2000.

système matérialiste, à savoir la sensibilité, renvoie à du multiple : *les* molécules, *les* organes, *les* fibres. Seul le langage transforme le multiple en unité et induit la croyance en l'unité substantielle du sujet ; d'où la nécessité de déjouer l'essentialisation et l'hypostase des substances. Le matérialisme apparaît ici comme une « pratique du désenchantement »[1].

Or confronté à cette série d'objections, le Vicaire renonce à y répondre : le doute reste pour le moment « impossible à résoudre ». La voie déductive partant de la sensation vers le sujet comme substance pensante est une impasse. Il faut prendre un nouveau départ, à partir de la sensation mais cette fois vers l'objet ou le monde extérieur.

Distinguant la sensation de sa cause à partir de l'affection du moi par des choses qui ne dépendent pas de lui, le bon prêtre « déduit » l'existence des objets extérieurs. Ces « objets » pourraient n'être à ce stade que des idées. Mais du moins ces idées sont-elles distinctes du moi et conduisent-elles, par déduction, au concept nominal de matière : « tout ce que je sens hors de moi et qui agit sur mes sens, je l'appelle matière » ; les pans de matière réunis en êtres individuels sont nommés « corps ». Ainsi le Vicaire rejette-t-il avec désinvolture le débat entre réalistes et idéalistes sur ce point : « leurs distinctions sur l'apparence et la réalité des corps sont des chimères » (p. 571).

d. *Juger et sentir*

Or cette première conclusion conduit à un retour à soi, qui permet d'éclaircir la question laissée en suspens dans les paragraphes précédents. Si l'on ne peut nier la certitude sensible, il reste à penser le passage de la perception à la

---

1. C. Duflo, *Diderot philosophe*, Paris, Honoré Champion, 2003, p. 243.

réflexion qui unifie la rhapsodie des sensations et rend possible la comparaison. Ainsi le Vicaire qui trouve en lui la faculté de comparer « se sent doué d'une force active » dont il ignorait jusqu'alors l'existence. Le passage par l'existence du monde, matière ou idée de matière, permet la déduction du soi comme substance pensante capable de juger, c'est-à-dire de comparer les objets du monde : « Apercevoir, c'est sentir ; comparer, c'est juger : juger et sentir ne sont pas la même chose » (p. 571). On relèvera le vocabulaire physique de Rousseau qui semble renvoyer au schéma moteur des premiers livres d'*Émile* : si par la sensation les objets s'offrent à moi séparés « tels qu'ils sont dans la nature », par la comparaison, « je » les remue, je les transporte pour ainsi dire, je les pose l'un sur l'autre pour prononcer sur leur différence ou sur leur similitude « et généralement sur tous leurs rapports » (p. 571).

Ici apparaît la continuité de l'argumentation d'*Émile* : la question est celle de la connaissance des rapports par un sujet. La nécessité d'un « je » qui accompagne toutes nos représentations est liée à la nécessité d'un principe spirituel actif. Il faut un sujet pour la copule, c'est-à-dire pour la liaison des idées : « selon moi la faculté distinctive de l'être actif ou intelligent [opposé à l'être purement sensitif] est de pouvoir donner un sens à ce mot *est* » (p. 571). L'introduction de la copule appelle la déduction d'une nouvelle substance caractérisée par sa propriété qu'est l'activité constitutive de la pensée. Il faut une « force » mentale pour « replier » l'un sur l'autre le sujet et le prédicat, pour saisir les ressemblances et les différences en comparant deux choses distinctes. Or Rousseau soutient contre Helvétius que la sensibilité physique est irréducti-blement passive. La Critique d'Helvétius (*De l'esprit*, I, 1) le stipule : « Cette capacité [d'apercevoir les ressemblances ou les différences] n'est que la sensibilité physique même », disait Helvétius. Rousseau écrit en marge : « Voilà qui est plaisant ! Après avoir légèrement affirmé qu'apercevoir et comparer sont la même chose, l'auteur conclut en grand appareil que juger, c'est sentir. La conclusion me paraît claire, mais c'est de l'antécédent qu'il s'agit »[1].

Pour l'auteur d'*Émile*, la pensée se distingue ainsi d'une simple mémoire des impressions. La comparaison de deux objets de l'expérience ne peut être faite sans ajouter quelque chose aux données de l'expérience. En particulier, les comparaisons sont des jugements synthétiques : « plus grand » ou « plus petit » requiert plus que la perception de chaque chose ; il faut agir pour mettre en relation. Dans ses *Notes sur « De l'esprit »*, Rousseau critique encore sur ce point le réductionnisme d'Helvétius qui écrivait : « se ressouvenir, comme je vais le prouver, n'est proprement que sentir » ; Rousseau annote : « je ne sais pas encore comment il va prouver cela, mais je sais bien que sentir l'objet présent et sentir l'objet absent sont deux opérations dont la différence mérite bien d'être examinée »[2]. La cause matérielle de la mémoire n'est pas la même que celle de la sensation mais surtout la mémoire produit une sensation semblable, et non pas le sentiment ». L'auteur visé est nommé dans le Manuscrit Favre, qui explicite l'objet de la polémique :

> quoique la mémoire et la raison soient deux facultés
> essentiellement différentes ; cependant l'une ne se
> développe véritablement qu'avec l'autre ; avant l'âge de
> raison l'enfant n̶'̶a̶ *ne recoit* pas des idées mais des images

1. *OC*, IV, p. 1122.
2. *OC*, IV, p. 1121.

et il y a cette différence entre ~~elles~~ *les unes et les autres* que les images ne sont que des peintures absolues de quelque objet sensible et que les idées sont des notions du même objet *déterminées* par ses raports. Une image peut être seule dans l'esprit de celui qui la voit : mais toute idée en suppose d'autres ; quand on imagine on ne fait que voir ; ~~mais~~ quand on conçoit on compare *nos sensations sont purement passives ~~mais dans~~ au lieu que toutes* nos *perceptions naissent d'un principe actif qui juge* ; si l'auteur de l'esprit eut fait ces distinctions ~~il n'eut pas~~ *je ~~ne crois~~ doute qu'il eut* réduit au seul sentiment toutes les opérations de l'entendement humain [f° 81 r°][1].

Diderot, pourtant l'un de ces « matérialistes » que Rousseau a en vue ici, esquissera une critique analogue dans sa *Réfutation d'Helvétius* (1786). Ainsi commente-t-il la formule *sentir c'est juger* :

> Cette assertion, comme elle est énoncée, ne me paraît pas rigoureusement vraie. Le stupide sent, mais peut-être ne juge-t-il pas. Le jugement suppose la comparaison de deux idées. La difficulté consiste à savoir comment se fait cette comparaison ; car elle suppose deux idées présentes [...] L'auteur ajoute qu'en remontant deux crans plus haut ou en descendant deux crans plus bas, il passait de la sensibilité physique à l'organisation, de l'organisation à l'existence, et qu'il peut dit : J'existe, j'existe sous cette forme ; je sens, je juge... Si Jean-Jacques nie ce syllogisme, il a tort ; s'il le trouve frivole, il pourrait bien avoir raison[2]

---

1. *Ms F*, p. 147-148. Comme le soulignent B. Bernardi et J. Swenson dans leur édition du Manuscrit Favre (p. 41-42), cette phrase importante a été biffée par Rousseau pour suppression (ce que le texte de la Pléiade omet de signaler).

2. Diderot, *Œuvres*, t. I, Paris, Robert Laffont, p. 796-797.

Ces pages de la PF ne peuvent donc se comprendre qu'à condition de restituer leur contexte polémique contre Helvétius, même si l'auteur efface toute référence explicite à l'auteur de *De l'esprit* une fois l'ouvrage condamné en France : « *On* nous dit que l'être sensitif distingue les sensations les unes des autres par les différences qu'ont entre elles ces mêmes sensations » (p. 572).

Une autre référence peut éclairer ce passage difficile. Rousseau dialogue également avec l'article « Évidence » de *L'Encyclopédie* qu'il attribue à tort à Buffon ou Condillac et qui est désormais attribué à Quesnay[1] :

> *Connoissances naturelles primitives, évidentes.* Il est certain, 1. que nos sensations nous indiquent nécessairement un être en nous qui a la propriété de sentir ; car il est évident que nos sensations ne peuvent exister que dans un sujet qui a la propriété de sentir.
>
> 2. Que la propriété de sentir est une propriété passive, par laquelle notre être sensitif se sent lui-même, & par laquelle il est assûré de son existence, lorsqu'il est affecté de sensations.
>
> 3. Que cette propriété passive est radicale & essentielle à l'être sensitif : car, rigoureusement parlant, c'est lui-même qui est cette propriété, puisque c'est lui-même qui se sent, lorsqu'il est affecté de sensations. Or il ne peut pas se sentir soi-même, qu'il ne soit lui-même celui qui peut se sentir : ainsi sa propriété de se sentir est radicalement & essentiellement inséparable de lui, n'étant pas lui-même séparable de soi-même. De plus, un sujet ne peut recevoir immédiatement aucune forme, aucun accident, qu'autant qu'il en est susceptible par son essence. Ainsi des formes ou des affections accidentelles ne peuvent ajoûter à l'être sensitif que des

---

1. Voir la notice dans la « Bibliothèque de la Pléiade », p. LXXI.

qualités accidentelles, qu'on ne peut confondre avec lui-même, c'est-à-dire avec sa propriété de sentir, par laquelle il est sensible ou sensitif par essence.

Cette propriété ne peut donc pas résulter de l'organisation du corps, comme l'ont prétendu quelques philosophes : l'organisation n'est pas un état primitif de la matiere ; car elle ne consiste que dans des formes que la matiere peut recevoir. L'organisation du corps n'est donc pas le principe constitutif de la capacité passive de recevoir des sensations. [...]

9. Que la simple faculté passive par laquelle l'être sensitif peut être affecté de sensations n'est point elle-même la propriété active, ou la cause qui lui produit les sensations dont il est affecté. Car une propriété purement passive n'est pas une propriété active (*Enc.*, VI, 147).

Pour Rousseau de même, le sensualisme est une impasse : deux objets ne peuvent être présents simultanément dans une même sensation. La possibilité de l'erreur tient à cette faculté active par laquelle l'homme ajoute aux strictes données de l'expérience ; s'il se contentait de reproduire, il ne pourrait se tromper. La formule valait déjà dans la philosophie cartésienne (« Lorsque nous apercevons quelque chose, nous ne sommes point en danger de nous méprendre, si nous n'en jugeons en aucune façon »[1]).

En définitive, Rousseau fait feu de tout bois, arguant également de la nécessité d'un sens commun pour unifier les données de la perception. Peu importe qu'« on donne tel ou tel nom à cette force de mon esprit qui rapproche et compare mes sensations » : attention, méditation ou réflexion etc. Comme le relève Bruno Bernardi dans ses

1. Descartes, *Principes de la philosophie*, Ire partie, art. 33.

notes, il n'est pas exclu qu'*attention* renvoie à Condillac, *réflexion* à Locke[1]. L'invocation d'un « principe actif » renvoie de fait directement à Locke. Le terme était utilisé dans la traduction Coste de l'*Essai sur l'entendement humain* pour refuser l'idée selon laquelle toutes nos connaissances dérivent de notre seule perception sensorielle :

> à l'égard de la pensée, la puissance de recevoir des idées ou des pensées par l'opération de quelque substance extérieure s'appelle puissance de penser, mais ce n'est dans le fond qu'une puissance passive, ou une simple capacité. Mais le pouvoir que nous avons de rappeler, quand nous voulons, des idées absentes, et de comparer ensemble celles que nous jugeons à propos, est véritablement un pouvoir actif[2].

Par là même, Rousseau joue paradoxalement Locke contre Condillac. Pour l'auteur du *Traité des sensations*, le véritable principe de la connaissance est la liaison des idées[3]. Condillac étudie ainsi la genèse du jugement à partir de la sensation : « Le jugement, la réflexion, les désirs, les passions, etc. ne sont que la sensation même qui se transforme différemment ». Rousseau infléchit ce discours : l'entendement n'est pas seulement la liaison développée de données perceptives d'abord informes ; le sujet précède l'appréhension des données de l'expérience. Avec la comparaison qui est à l'origine du jugement, le

---

1. Locke, *Essai*, I, I, § 2-5. Voir Rousseau, *Profession de foi du Vicaire Savoyard*, B. Bernardi (éd.), *op. cit.*, n. 30.

2. Locke, *Essai sur l'entendement humain*, II, 21, § 72. C'est ce que montre brillamment J. Lenne-Cornuez, *Être à sa place*, *op. cit.*, p. 84-85. Rousseau avait mis l'*Essai* dans son programme de lecture (*Confessions*, p. 237).

3. Voir A. Charrak, *Empirisme et Métaphysique. L'Essai sur l'origine des connaissances humaines de Condillac*, Paris, Vrin, 2003.

philosophe découvre une opération qui ne s'explique par aucune transformation passive des sensations (« Apercevoir c'est sentir ; comparer, c'est juger »). Si Rousseau accorde à Condillac (contre Helvétius) que « juger et sentir ne sont pas la même chose », il récuse donc la continuité de la sensation au jugement qui concerne des rapports et engage une comparaison.

En définitive, le Vicaire oppose l'activité de l'esprit à la passivité de la matière. Issue d'un passage obscur de Locke et acclimaté par le matérialisme des Lumières, l'hypothèse de la matière pensante est extravagante : « Je ne suis donc pas simplement un être sensitif et passif, mais un être actif et intelligent, et, quoiqu'en dise la philosophie, j'oserai prétendre à l'honneur de penser »[1]. Affirmer ou nier un rapport est autre chose que voir les termes de ce rapport. Le Vicaire recourt à l'entendement comme instance d'assentiment, qui ne fait bien son office que lorsque le sujet s'efface devant la vérité qui lui est extérieure (« la vérité est dans les choses et non pas dans mon esprit qui les juge », ce pourquoi « moins je mets du mien dans les jugements que l'en porte, plus je suis sûr d'approcher la vérité »).

e. *Les articles de foi*

L'existence de Dieu : le premier article de foi

Le mouvement de la méditation cartésienne se trouve alors perturbé par celui de la méditation pascalienne. En repassant du *moi* au *monde*, l'homme ne peut que frémir et se sentir « jeté, perdu dans ce vaste univers, comme noyé dans l'immensité des êtres, sans savoir ce qu'ils

1. Voir Ph. Hamou, « Locke et la métaphysique du Vicaire Savoyard », art. cit.

sont » (p. 573). Mais ce moment pascalien est à son tour dépassé par un autre moment cartésien, qui va conduire de la perception des objets extérieurs à l'existence de la matière et des propriétés sensibles qui en sont déduites : le mouvement et le repos.

Le Vicaire infère de l'observation du mouvement et du repos que le premier n'est pas essentiel à la matière, ce qui conduit à invoquer une cause motrice externe. Son esprit refuse tout acquiescement à l'idée d'une matière capable de se mouvoir elle-même : « mon esprit refuse tout acquiescement à l'idée de la matière non organisée se mouvant d'elle-même ou produisant quelque action » (p. 575). Là encore, l'argument est polémique, contre la thèse centrale des matérialistes – celle d'une matière vivante, organisée, active, voire capable de penser[1]. Face au monisme, le Vicaire ne se donne même pas la peine d'examiner en profondeur les arguments de ses adversaires. Il reprend l'argument classique du *design*, qui argue de la nécessité d'une cause première du mouvement. Le Vicaire use d'une analogie : par analogie avec le moi tel qu'il s'éprouve dans son sentiment intérieur, cette cause doit être une volonté.

Selon André Charrak, c'est en fonction d'une interprétation rousseauiste de l'évidence que l'on réduit la matière aux attributs que considérait Descartes et que le Vicaire peut conclure à l'inanité du monisme matérialiste[2]. La reprise de la thèse cartésienne selon laquelle le mouvement n'est qu'un mode du corps répond probablement à l'argumentaire anti-cartésien de Diderot : « Voici la vraie

1. A. Thomson, *Bodies of Thought : Science, Religion and the Soul in the Early Enlightenment*, Oxford, Oxford University Press, 2008.

2. A. Charrak, « Rousseau et Descartes », dans *Rousseau et la philosophie*, Paris, Presses de la Sorbonne, 2004, p. 19-30.

différence du repos et du mouvement ; c'est que le repos absolu est un concept abstrait qui n'existe point en nature, et que le mouvement est une qualité aussi réelle que la longueur, la largeur et la profondeur »[1]. Pour A. Charrak, il faut donc réinterpréter le statut des propriétés de la matière : l'idée de matière étendue ne saurait exprimer sans réserve la nature des corps ; elle n'en fournit pas l'attribut principal. En témoignerait un texte contemporain, que Rousseau a laissé de côté pour constituer l'exposé anti-philosophique de la *Profession de foi* : « le mouvement progressif et spontané des animaux, les sensations, le pouvoir de penser, la liberté de vouloir et d'agir que je trouve en moi-même et dans mes semblables, tout cela passe les notions de mécanique que je puis déduire des propriétés connues de la matière [les seules que considère donc le Vicaire savoyard]. Qu'elle en ait que je ne connais point et ne connaîtrai peut-être jamais, qu'ordonnée ou organisée d'une certaine manière elle devienne susceptible de sentiment, de réflexion et de volonté, je puis le croire sans peine… »[2].

Dans la PF, le Vicaire réfute désormais la thèse diderotienne du monde conçu comme un « grand animal ». Le refus de s'en tenir aux lois du mouvement pour expliquer le monde conduit à poser la nécessité d'un *premier moteur* qui cause son mouvement. Ainsi faut-il de nouveau souligner le jeu avec la pensée cartésienne : ce n'est pas ici l'idée de l'infini découverte par la pensée en elle-même qui conduit à l'idée de Dieu ; c'est l'acte de la volonté qui meut le corps qui conduit à remonter à un « acte spontané »

1. Diderot, *Principes philosophiques sur la matière et le mouvement*, dans *Œuvres philosophiques*, éd. Vernière, Paris, Garnier, 1964, p. 395.
2. Rousseau, *Fiction ou morceau allégorique sur la Révélation*, p. 1045-1046.

qui meut et anime le monde. L'argument cartésien était le suivant : « Que la liberté de notre volonté se connaît sans preuve, par la seule expérience que nous en avons » (*Principes*, I, 39). Or cet argument est retourné par le Vicaire contre Descartes, selon l'argument pascalien de la *chiquenaude* nécessaire pour penser l'origine du mouvement du monde : « Descartes aurait bien voulu pouvoir se passer de Dieu, mais il n'a pu s'empêcher de lui faire donner une chiquenaude pour mettre le monde en mouvement ; après cela, il n'a plus que faire de Dieu » (Br. 77). L'analogie qui conduit du moi à Dieu suffit donc à mener au « premier dogme ou premier article de foi » : « Je crois qu'une volonté meut l'univers et anime la nature » (p. 576).

Peu importe à cet égard que les modalités de l'union de l'âme et du corps restent obscures, et que la volonté ne puisse être connue que par ses effets. Il suffit que l'on ne puisse supposer un effet sans cause pour que l'argument soit valide. La raison fournit un critère négatif : l'article de foi n'est pas jugé contraire à la raison alors que le parti adverse, matérialiste, ne peut proposer d'hypothèse plus vraisemblable. Les arguments des matérialistes contre la métaphysique abstraite sont également retournés contre eux : c'est leur « force aveugle » répandue dans la matière qui forme un article de foi absurde. Dès lors que l'on adopte une définition géométrique du mouvement conçu comme transport d'un lieu à l'autre, il est facile de discréditer ceux qui pensent que ce mouvement est inhérent ou nécessaire à la matière en montrant que le concept même de matière s'anéantit. Les matérialistes sont ainsi acculés devant leur propre tribunal : contre leurs prétentions exorbitantes, la foi en un premier principe divin serait plus rationnelle que l'athéisme.

De la volonté à l'entendement :
le deuxième article de foi

Parvenue au dogme d'une cause première du monde, la PF remonte ensuite de la volonté motrice à l'intelligence ordonnatrice. Le Vicaire invoque cette fois la nécessité de supposer un principe intelligent à l'origine des lois de la nature qui forment l'ordre du monde. Rousseau reprend ici l'analogie avec le moi et le principe actif qui a été découvert à l'origine de la comparaison et du choix : pour qu'ait pu être choisi ce monde, ordonné selon des lois nécessaires, il faut supposer un être actif et pensant, un « être qui veut et qui peut [...] actif par lui-même, qui meut l'univers et ordonne toutes les choses » (p. 578). La démonstration consacrée à l'intelligence vient après celle consacrée à la volonté du premier principe de l'ordre : « Si la matière mue me montre une volonté, la matière mue selon de certaines lois me montre une intelligence : c'est mon second article de foi » (p. 578). Ici aussi, Rousseau se contente de reprendre une série d'arguments traditionnels opposés aux philosophes matérialistes. Donnés comme plus conformes à l'expérience (« je vois », « je ne laisse pas d'apercevoir »...), ils sont opposés aux raisonnements abstraits des philosophes – comme si Rousseau revendiquait le véritable empirisme contre l'imposture matérialiste. À chaque fois, le Vicaire prend soin de distinguer ce qu'il sait et ce qu'il ignore, et se contente de consigner ce qu'il perçoit par l'expérience et par le jugement. C'est donc en comparant les fins et les moyens que l'on remonte à l'ouvrier qui a conçu la machine du monde ; le sentiment intérieur, là encore, annonce une « suprême intelligence » à celui qui n'est pas aveugle à son témoignage.

Mais qui sont ces matérialistes accusés des pires sophismes? La réfutation s'adresse ici au Diderot des *Pensées philosophiques* (1746). À cette époque, Diderot part des difficultés rencontrées par le matérialisme athée face à l'ordre de la nature attesté grâce au microscope. Il distingue alors l'approche sceptique de l'approche déiste de l'ordre de la nature : les deux camps s'opposent sur l'inhérence du mouvement à la matière, sur la possibilité de la matière pensante et sur la « préexistence des germes » censée invalider l'athéisme. Contre les théoriciens de la génération spontanée et l'épicurisme moderne, les déistes soutiennent que la putréfaction ou la fermentation ne peuvent produire le vivant. Le « je » des *Pensées* dit la réticence du sujet à admettre une hypothèse jugée improbable à l'aune de l'état des sciences. Pour Malpighi par exemple, il faut préférer l'hypothèse selon laquelle Dieu a tout formé dès le commencement du monde :

> Les subtilités de l'ontologie ont fait tout au plus des sceptiques; c'est à la connaissance de la nature qu'il était réservé de faire de vrais déistes. La seule découverte des germes a dissipé une des plus puissantes objections de l'athéisme. Que le mouvement soit essentiel ou accidentel à la matière, je suis maintenant convaincu que ses effets se terminent à des développements : toutes les observations concourent à me démontrer que la putréfaction seule ne produit rien d'organisé... [1] (§ 19).

Le discours physico-théologique se trouve ainsi subverti. L'athée refuse l'objection de la difficulté, voire de l'impossibilité, à comprendre l'apparition de l'intelligence

---

1. Diderot, *Pensées philosophiques*, J.-C. Bourdin (éd.), Paris, GF-Flammarion, 2007. Voir J. Roger, *Les Sciences de la vie dans la pensée française du XVIIIe siècle*, Paris, Armand Colin, 1963.

au seul moyen de la matière, du mouvement, et du hasard. Cet argument n'est pas probant pour démontrer l'existence de Dieu : « Mais qu'a de commun cette question avec l'existence de Dieu ? Quand vous m'aurez démontré que l'homme en qui j'aperçois le plus d'esprit n'est peut-être qu'un automate, en serai-je mieux disposé à reconnaître une intelligence dans la nature ? » Il est *mille fois plus fou* de nier qu'il existe un Dieu que de nier que notre semblable pense : « C'est sur ce raisonnement, et quelques autres de la même simplicité, que j'admets l'existence d'un Dieu, et non sur ces tissus d'idées sèches et métaphysiques, moins propres à dévoiler la vérité, qu'à lui donner l'air du mensonge ». L'argument du « mille fois plus fou » revient à inverser la charge de la preuve : les chrétiens sont ces « fous », selon l'athée, qui assimilent la question de l'émergence de l'intelligence ou de la matière pensante à celle de l'intelligence créatrice et ordonnatrice.

Mais dans les *Pensées philosophiques*, Diderot reconnaît la faiblesse des arguments rationnels contre l'athéisme : il se rappelle d'avoir essayé contre un athée (La Mettrie) une réfutation qui s'est avérée vaine. Il semble impossible de convaincre l'athée que la matière ne peut penser ou qu'il n'est pas un automate spirituel, c'est-à-dire matériel mais particulièrement sophistiqué. Pour que le déiste puisse l'emporter sur l'athée, il faut donc qu'il recoure à la preuve de sentiment, soit à la « conscience » qui indique un degré de certitude subjective : celle-ci ne peut que s'incliner face à « l'évidence » d'une intention à l'origine de l'organisation de l'œil du « ciron » comme de la pensée. Si l'athée est convaincu d'être lui-même un être pensant et s'il est convaincu que les autres individus pensent, sur la base de signes extérieurs de la pensée, c'est parce que l'intelligence sait reconnaître l'intelligence ; or, l'intelligence peut de même reconnaître la nécessité de l'intelligence qui a dû créer une aile de papillon si perfectionnée. Un argument *ad hominem* conforte cette vision des choses :

> C'est à vos lumières, c'est à votre conscience que j'en appelle : avez-vous jamais remarqué dans les raison-nements, les actions et la conduite de quelque homme que ce soit, plus d'intelligence, d'ordre, de sagacité, de conséquence que dans le mécanisme d'un insecte ? La Divinité n'est-elle pas aussi clairement empreinte dans l'œil d'un ciron que la faculté de penser dans les ouvrages du grand Newton ? (§ 20)

Avant qu'il ne défende lui-même l'athéisme dans ses œuvres ultérieures, et que l'aveugle Saunderson formule dès la *Lettre sur les aveugles* l'hypothèse d'une formation aléatoire des mondes, grâce à la matière et au hasard, la démonstration de Diderot porte sur la nécessité d'une intelligence et d'une intention afin de comprendre la genèse de l'ordre. Reprenant l'argument de Cicéron dans le *De natura deorum* (II, 35) déjà mobilisé par des auteurs contemporains contre les émules de Lucrèce, les *Pensées philosophiques* articulent deux idées : la considération d'un insecte renvoie à une intelligence, et cette intelligence est supérieure à celle d'un grand savant comme Newton. L'auteur-créateur de l'insecte est un grand Horloger ; et ce qui vaut d'une aile de papillon ou d'un œil de ciron vaut a fortiori de l'univers tout entier.

Il reste que le dialogue mis en scène par Diderot se poursuit en l'absence de vainqueur, car l'athée réplique au déiste. La complexité, la finesse et la beauté du monde ne sont pas inexplicables si l'on s'en tient aux seuls ressorts de la matière et du mouvement. Le monde n'est pas une œuvre d'art ; ce n'est pas l'ouvrage fabriqué par un grand

Architecte ou un grand Législateur. Le texte crucial des *Pensées philosophiques*, § 21 doit être convoqué ici :

> J'ouvre les cahiers d'un professeur célèbre [Rivard, professeur de mathématique du jeune Diderot], et je lis : « Athées, je vous accorde que le mouvement est essentiel à la matière ; qu'en concluez-vous ? – Que le monde résulte du jet fortuit des atomes. – J'aimerais autant que vous me disiez que L'*Iliade* d'Homère, ou *La Henriade* de Voltaire, est un résultat de jets fortuits de caractères ». Je me garderai bien de faire ce raisonnement à un athée : cette comparaison lui donnerait beau jeu » [en raison de la compensation de la difficulté de l'événement par l'infinité des jets]. (§ 21).

L'argument est décisif : pour l'athée, le mouvement n'est pas seulement inhérent à la matière (ce qui laisse ouverte la possibilité que Dieu le lui ait conféré) ; il est aussi « essentiel », ce qui signifie que la matière est automotrice. L'unité de la « Création » est donc un mythe : seuls existent la matière et le mouvement. À l'origine, le chaos a pu créer des combinaisons de matières diverses jusqu'à ce qu'un ordre surgisse[1]. Le Professeur de philosophie à l'Université de Paris François Rivard prête au matérialiste la thèse du jet fortuit des atomes ou des caractères, qui permet de comprendre comment, dans un temps infini, l'ordre peut naître sans intention. Cet argument en faveur de l'athéisme trouve là encore un antécédent dans le *De natura deorum* de Cicéron où il vaut comme réponse à Lucrèce, pour qui l'ordre a pu résulter de la matière et du hasard, par essais et erreurs dans un temps long (*De la nature des choses*, chant V, v. 835 *sq.*) ; mais il est devenu un *topos* pour les athées. Car avec l'avènement

---

1. J.-C. Bourdin, *Diderot et le matérialisme*, Paris, PUF, 1998.

du calcul des probabilités, l'argument lucrétien prend un tour nouveau : c'est désormais en termes de vraisemblance que peut s'évaluer la possibilité que l'ordre naisse du désordre, que le sens surgisse de l'aléatoire. Notre monde où existe l'uniformité des lois de la nature a certes une probabilité faible d'advenir, mais il n'est pas impossible.

Comment répondre aux athées, dits aussi « spinosistes », lorsque l'on est théiste ? Rousseau entre à son tour dans la controverse du siècle. La lettre à Voltaire sur la Providence mentionne le passage des *Pensées philosophiques* de Diderot : « Je me souviens que ce qui m'a frappé le plus fortement en toute ma vie, sur l'arrangement fortuit de l'univers, est la vingt et unième pensée philosophique, où l'on montre par les lois de l'analyse des sorts, que quand la quantité de jets est infinie, la difficulté de l'événement est plus que suffisamment compensée par la multitude des jets, et que par conséquent l'esprit doit être plus étonné de la durée hypothétique du chaos que de la naissance réelle de l'univers » (*OC* IV, p. 1071). Pour Rousseau, le matérialisme n'explique ni la génération des corps organisés ni la composition de la *Henriade*. Du moins ne produit-il pas de persuasion : « il est plus possible au sort d'amener qu'à mon esprit de croire, et je sens qu'il y a un point où les impossibilités morales équivalent pour le moins à une certitude physique » (*ibid.*). C'est ce que Rousseau appelle une preuve de sentiment : « avec une bonne foi peut-être sans exemple, je la donne comme une invincible disposition de mon âme, que jamais rien ne pourra surmonter, dont jusqu'ici je n'ai point à me plaindre, et qu'on ne peut attaquer sans cruauté ». Contre les philosophes qui rejettent cette preuve de sentiment tant qu'elle ne peut devenir discours raisonnable, l'auteur d'*Émile* soutient qu'il y a chez eux de l'inhumanité à troubler les âmes paisibles ; en un mot, « on ne saurait attaquer trop fortement la superstition qui trouble la société, ni trop respecter la religion qui la soutient » (p. 1072).

L'auteur d'*Émile* refuse de traiter de l'existence de Dieu et de l'ordre de l'univers à la manière des philosophes. Certes, l'argument rapporté par Diderot est puissant : l'infinité de jets déployée dans un temps infini compense la difficulté de produire l'ordre actuel de l'univers. La matière, le mouvement et le hasard semblent suffire à ordonner le chaos. Mais cet argument ne parle qu'à la raison ; il convainc sans persuader. Les « preuves de sentiment » doivent donc prendre le relais : elles ont leur fonction lorsque l'adhésion à des notions obscures est requise, ou lorsqu'il s'agit de trancher entre plusieurs hypothèses que l'entendement laisse en situation d'isosthénie ; le sentiment peut alors servir de révélateur contre les sophismes de la raison[1].

Dans la PF, Rousseau retourne le pyrrhonisme contre lui-même : c'est précisément parce que « l'esprit se confond et se perd dans cette infinité de rapports » qui constitue l'harmonie du monde qu'il est impossible d'exclure une « unité d'intention » supérieure. Le Vicaire qualifie « d'absurdes suppositions », non le recours à la divinité organisatrice, mais le refus d'y recourir, en retournant une fois encore la charge de la preuve : « ceux qui nient » cette unité d'intention par leurs abstractions métaphysiques

---

1. Voir L. Simonetta, *La Connaissance par sentiment au XVIIIᵉ siècle*, *op. cit.*, p. 347. A. Charrak associe ce critère à l'amour de soi (*Rousseau. De l'empirisme à l'expérience*, *op. cit.*, p. 201). Il évoque également l'importante influence sur Rousseau des *Élémens de métaphysique tirés de l'expérience, ou Lettres à un matérialiste sur la nature de l'âme* de Joseph-Adrien Lelarge de Lignac (1753) écrites en réponse à Helvétius.

tombent dans le péché qu'ils avaient eux-mêmes dénoncé ; ils usent d'une métaphysique abstraite, et multiplient les hypothèses pour rendre intelligible la nature observée. Nonobstant ce qu'il prétend, le monisme matérialiste est moins économique en hypothèses que le déisme. L'unicité de la substance et l'absence d'intention divine paraissent moins convaincantes pour rendre raison des phénomènes : « Que d'absurdes suppositions pour déduire toute cette harmonie de l'aveugle mécanisme de la matière mue fortuitement ». Rousseau conclut de ce fait non par une preuve positive mais par l'affirmation d'une croyance qui s'impose à lui par la voix du sentiment : « Il ne dépend pas de moi de croire que la matière passive et morte a pu produire des êtres vivants et sentants, qu'une fatalité aveugle a pu produire des êtres intelligents, que ce qui ne pense point a pu produire des êtres qui pensent » (p. 580).

Comme l'a rappelé Gabrielle Radica[1], le Vicaire puise ses arguments sur le *design* chez le théologien Samuel Clarke, dont les *Traités de l'existence et des attributs de Dieu, des devoirs de la religion naturelle et de la vérité de la religion chrétienne* traduits en 1727 ont rencontré le plus vif succès (*L'Encyclopédie*, à l'article « Dieu », en fait un modèle d'évidence et d'ordre). Contre les athées, Clarke retournait déjà leurs armes : il entendait prouver rationnellement que quelque chose d'éternel existe nécessairement, qu'il ne peut s'agir de la matière, que cet être éternel est intelligent, tout puissant, sage et enfin doté d'attributs moraux tels que la bonté ou la justice. Rousseau puise dans les arguments de Clarke pour combattre les doctrines néfastes du matérialisme : il reprend contre Diderot, Helvétius, La Mettrie ou D'Holbach les armes

---

1. G. Radica, *L'Histoire de la raison, op. cit.*, IIIe partie, chap. 3.

du combat de Clarke contre Spinoza et Hobbes, en niant le caractère essentiel du mouvement de la matière, en affirmant la liberté de l'homme et l'immortalité de l'âme. S'il est prouvé que Dieu est juste et que les méchants prospèrent, il faut une autre vie (*Traités*, II, chap. 7 ; *Émile*, p. 589). Rousseau reprend enfin à Clarke la distinction entre l'absurde et l'incompréhensible, qui ne répugne pas à la raison : « Le dogme que je viens d'établir est obscur, il est vrai, mais enfin il offre un sens et il n'a rien qui répugne à la raison, ni à l'observation ; ne peut-on dire autant du matérialisme ? » (p. 576-577). La thèse sert aussi contre l'idée de Création : « qu'un être que je ne conçois pas donne l'existence à d'autres êtres, cela n'est qu'obscur et incompréhensible ; mais que l'être et le néant se convertissent d'eux-mêmes l'un dans l'autre, c'est une contradiction palpable, c'est une claire absurdité ».

Il faut donc saisir l'enjeu de cette reprise, par le Vicaire, de l'argument classique du *design* : l'existence de Dieu est établie à partir de ses attributs ; elle n'est pas prouvée, mais « sentie » (« Je crois donc que le monde est gouverné par une volonté puissante et sage ; je le vois, ou plutôt je le sens, et cela m'importe à savoir »). Cette position ne permet pas de remonter à un Créateur, puisque la raison ne peut rendre raison de la Création, comme Rousseau le soulignera à nouveau dans la Lettre à Christophe de Beaumont. Mais elle permet de désigner une instance ordonnatrice qui va pouvoir être qualifiée par le *nom de Dieu* : « Cet être qui veut et qui peut, cet être actif par lui-même, cet être enfin, quel qu'il soit, qui meut l'univers et ordonne toutes choses, je l'appelle Dieu » (p. 581).

Pour le Vicaire, toute connaissance positive de Dieu est hors d'atteinte ; aucune théologie rationnelle n'est possible. Ce qui dépasse les limites de l'expérience ne peut être objet de savoir. Il faut donc donner le « nom » de Dieu à la collection d'attributs métaphysiques et moraux induite à partir de l'expérience du moi et de l'expérience du monde. De même que l'*âme* et le *monde* sont des Idées, qui ne peuvent faire l'objet d'une connaissance empirique, *Dieu* échappe au savoir positif. Dès lors qu'il s'agit de connaître une substance sans rapport avec ce que l'homme aperçoit et sent, de contempler l'essence divine pour elle-même et non dans ses rapports avec la nature, la raison est impuissante. Cette perspective répond à la méthode même d'*Émile* puisque toute connaissance est connaissance des rapports, qui s'éprouve par le sentiment : « Pénétré de mon insuffisance, je ne raisonnerai jamais sur la nature de Dieu que je n'y sois forcé par le *sentiment de ses rapports* avec moi ». Ce qui compte pour le Vicaire n'est pas la fonction cosmologique de « l'auteur des choses » mais la fonction eudémonique et éthique de la justice divine.

f. *La place de l'homme*

Le moment central de la PF se comprend de la sorte : le retour à soi permet de passer de la place de l'homme aux derniers attributs de Dieu. Le Vicaire va interroger la place de l'homme dans la nature et l'existence du mal. Désormais, il ne s'agit plus d'expliquer l'ordre de la nature mais de rendre raison du désordre des sociétés humaines – désordre qui pourrait conduire à refuser à Dieu les attributs de bonté et de justice.

Le tableau de l'ordre de la nature trouve d'abord un point d'orgue dans l'évocation de l'espèce humaine. Le Vicaire reprend ici en apparence le discours classique de la *dignitas hominis* : le sujet constate par ses facultés sa primauté sur les autres espèces et son rapport privilégié à l'ordre de l'univers. Un tel éloge de l'humanité est tout à fait paradoxal de la part de Rousseau : ce ne serait pas seulement la liberté, mais aussi la raison qui élèverait l'homme au-dessus des animaux. Or ce propos n'est manifestement pas une reprise naïve du discours providentialiste. La distance à l'égard de l'apologétique se marque dès le premier argument invoqué par le Vicaire. Que signifie en effet que l'homme soit le « premier » dans la création ? L'argument est très étrange : « car, par ma volonté et par les instruments qui sont en mon pouvoir pour l'exécuter, j'ai plus de force pour agir sur tous les corps qui m'environnent, ou pour me prêter ou me dérober comme il me plaît à leur action, qu'aucun d'eux n'en a pour agir sur moi malgré moi par la seule impulsion physique » (p. 582). Cet argument correspond à la théorie de l'homme produite par l'*Émile*. Parce que l'action et la puissance d'agir précèdent la raison, la valeur de l'homme se mesure à sa puissance d'agir ; ce n'est que dans un second temps que le Vicaire invoque la raison : « et par mon intelligence, je suis le seul qui ait inspection sur le tout ». Plus étrange encore, cette raison est d'emblée traduite dans des termes physiques, ceux de la connaissance des rapports (observer, mesurer, calculer, prévoir les mouvements et les effets).

En d'autres termes, c'est en vertu de la connaissance physique et non métaphysique qu'il produit que l'homme peut, sans craindre le ridicule, se dire la *fin* de la nature. Certes, le Vicaire invoque l'argument classique d'une aptitude de l'homme à la morale, qui l'élève au-dessus du reste de la création. Mais l'éloge de la raison humaine ne tient pas face aux abus de cette faculté. D'abord émerveillé par la contemplation du spectacle de la nature, le Vicaire s'indigne ainsi contre l'usage perverti de la raison : « Âme abjecte […] tu veux en vain t'avilir, ton génie dépose contre tes principes, ton cœur bienfaisant dément ta doctrine, et l'abus même de tes facultés prouve leur excellence en dépit de toi » (p. 582). La première épreuve de la contradiction impose donc de déplacer l'attention de la raison au « cœur bienfaisant », qui se manifestera plus loin sous le nom de « conscience ». Seule la conscience rend l'homme semblable à Dieu, fait l'excellence de sa nature et la moralité de ses actions.

À l'issue de cette première épreuve, le Vicaire affirme que la vertu se définit comme amour de l'ordre. Être vertueux revient à se sentir à sa place au sein d'un plus grand tout : le Vicaire se dit « content de la place où Dieu l'a mis ». Dès lors, il conçoit audacieusement l'amour de Dieu comme extension de l'amour de soi : « N'est-ce pas une conséquence naturelle de l'amour de soi d'honorer ce qui nous protège, et d'aimer ce qui nous veut du bien ? » Plus tôt, au livre I, l'attachement à la nourrice découlait déjà du principe de l'amour de soi (« on aime ce qui nous conserve ») ; ici, l'amour de soi développé en amour de Dieu permet d'ancrer la justice conçue comme amour de l'humanité.

Voix de l'âme et voix du corps

Il faut être sensible en effet à la façon dont l'idée d'*âme* advient dans la PF, au moment où l'humanité se trouve mise en péril par l'existence du mal : le spectacle du genre humain, contrairement à l'harmonie de la nature, est celui d'un chaos. La croyance en l'âme est introduite au moment même où la Providence semble remise en cause (« Ô Providence ! est-ce ainsi que tu régis le monde ? Être bienfaisant, qu'est devenu ton pouvoir ? Je vois le mal sur la terre »). C'est de l'épreuve même de la contradiction que surgit l'idée de l'âme, ou plutôt « les sublimes idées de l'âme ». Le jeune homme est pris à partie pour surmonter l'étonnement que cette solution suscite. Et c'est en quelque sorte pour le convaincre que le Vicaire va invoquer l'âme et le principe capable de s'élever « à l'étude des vérités éternelles, à l'amour de la justice et du beau moral » (p. 583).

Il ne faut pas se méprendre, à cet égard, sur le statut du dualisme convoqué ici sous la forme d'un antagonisme entre une passivité esclave des passions et une activité libre de la raison, afin de rendre compte de la faiblesse de la volonté (*je vois le bien, je l'aime et je fais le mal*). Non seulement ce discours est présenté par le Vicaire lui-même comme surprenant – d'où la nécessité de s'adresser au jeune homme pour tempérer son étonnement : « Jeune homme, écoutez avec confiance, je serai toujours de bonne foi » –, mais ce combat entre deux principes qui coexistent en l'homme devient immédiatement opposition des passions et de la conscience. Dans le cadre d'une forme de théodicée, le dualisme permet de rendre raison du mal, en l'absence de toute référence au péché originel. Comme il avait fallu postuler plus tôt un *sujet théorique* pour rendre compte de l'activité intellectuelle que la matière ne permet pas d'expliquer, il faut désormais postuler un *sujet pratique* pour rendre compte de l'activité morale. Le raisonnement est analogue : de même que les matérialistes étaient dits *aveugles* au spectacle de la nature en affirmant l'existence d'une « fatalité aveugle » à son origine, ils sont dits *sourds* à la voix intérieure qui leur crie que la volonté est indépendante des sens ; le matérialiste est également sourd à la voix intérieure qui récuse la possibilité que la matière pense (p. 585). Rousseau accuse donc les matérialistes de mauvaise foi. À l'inverse, c'est la bonne foi du Vicaire qui le porte à introduire l'idée d'âme : il est une « voix de l'âme » qui peut s'élever contre la « loi du corps » (p. 586).

La liberté comme troisième article de foi

La réfutation du monisme s'ensuit : « non, l'homme n'est point un ». Le dualisme moral (qui sera celui de la *conscience* et des *passions*), comme plus tôt le dualisme épistémologique (du *jugement* et de la *sensation*), est repris dans le dualisme métaphysique de la *liberté* de l'âme opposée à la *nécessité* du corps conçu comme machine soumise à « l'impulsion des objets externes ». Certes, la liberté de la volonté n'est pas mieux connue que l'activité de l'entendement. Mais là encore, Rousseau inverse la charge de la preuve : « ce n'est pas le mot de liberté qui ne signifie rien, prétend-il, c'est celui de nécessité ». Les thèses nécessitaristes, hobbesiennes ou spinozistes reprises par le matérialisme contemporain se trouvent congédiées sans autre forme de procès. Le Vicaire retourne les arguments déterministes contre eux-mêmes : supposer un acte qui ne dériverait pas d'un principe actif serait « vraiment » supposer des effets sans cause. Il existe donc une causalité par liberté distincte de la causalité naturelle. C'est le sens du troisième article de foi qui associe la croyance en la liberté et la croyance en l'âme : « L'homme est donc libre dans ses actions, et comme tel animé d'une substance immatérielle, c'est mon troisième acte de foi » (p. 586-587).

Si Rousseau entend simultanément montrer qu'il existe une âme immatérielle et que cette âme est au principe de la liberté, c'est parce que les matérialistes ont conjoint les deux éléments dans leur réfutation du christianisme. Pour leur répondre, le philosophe avait d'ailleurs d'abord rédigé une dissertation sur la notion de substance, à laquelle il renonce ici : il n'en reste qu'une trace dans la PF, le paragraphe qui commence par « Vous remarquerez que, par ce mot de substance » (p. 584). La fin du passage constitue plutôt une réponse à Helvétius qui avait prétendu que l'idée de volonté libre supposerait « que nous puissions également nous vouloir du bien et du mal, supposition absolument impossible » (*De l'esprit*, I, 4). Rousseau lui répond : « Je ne suis pas libre de vouloir mon mal, mais ma liberté consiste en cela même que je ne puis vouloir que ce qui m'est convenable […] sans que rien d'étranger à moi ne me détermine » (p. 586). Helvétius poursuivait : « Ce pouvoir supposerait qu'il peut y avoir des volontés sans motif et par conséquent des effets sans cause ». Rousseau rétorque : « Supposons quelque acte, quelque effet qui ne dérive pas d'un principe actif, c'est vraiment supposer des effets sans causes […] ou il n'y a point de première impulsion, ou toute première impulsion n'a nulle cause antérieure, et il n'y a point de véritable volonté sans liberté » (*ibid.*).

Dans l'*Émile*, la théodicée prend donc appui sur la liberté humaine. L'homme est seul responsable du mal, ce qui innocente la Providence : « Homme, ne cherche plus l'auteur du mal, cet auteur c'est toi-même » (p. 588). Rousseau veut innocenter Dieu et rendre l'homme responsable du mal, mais aussi rendre l'homme susceptible de bonheur et de vertu malgré l'existence du mal. Au moment même où il en traite, le Vicaire résout donc *en passant* la question du Souverain Bien, réinterprétée en vertu du primat de l'amour de soi : « La suprême jouissance est dans le contentement de soi-même » (p. 587)[1]. En tant

---

1. Cette question, dans le *Ms F*, est établie en dialogue avec Locke. Voir J. Lenne-Cornuez, « Ma place dans l'ordre divin », dans *La Fabrique de l'*Émile. *Commentaires des manuscrits Favre*, F. Brahami, L. Guerpillon (éd.), Paris, Vrin, 2022.

qu'être libre, l'homme est sur terre pour « mériter » cette satisfaction suprême par sa vertu. Ainsi ne faut-il pas craindre d'entériner en apparence le mot de Pope contre les sarcasmes voltairiens : « tout est bien » dès lors que l'on fait abstraction de l'ouvrage désordonné de l'homme.

Le postulat de l'immortalité de l'âme

« Où tout est bien, rien n'est injuste » (p. 588) : Rousseau reprend ici la déduction sur les attributs de Dieu. Sa justice est déduite de Sa bonté. Dieu est pensé dans l'immanence, selon les mêmes principes que ceux qui prévalent pour l'homme : l'extension infinie de la puissance s'accompagne d'une extension infinie de l'amour de soi. C'est la justice de Dieu, définie comme amour de l'ordre, qui permet de penser l'idée d'une réparation des injustices subies sur terre. Le Vicaire soutient en effet que Dieu est obligé à l'égard de l'humanité : Il lui doit ce qu'Il lui a promis. L'homme possède en son âme une idée, non du Vrai ou de l'Infini, mais du Juste. Il éprouve un besoin de justice qui se traduit par une formule impérative : « sois juste, et tu seras heureux ».

Tels sont les termes de l'alliance entre Dieu et l'homme. Comme tout pacte, celui-ci comporte des conditions réciproques, alliant l'intérêt et la justice. Rousseau met en scène un dialogue entre Dieu et la conscience, en partant du sentiment originaire de l'injustice. L'indignation vertueuse est le signe tangible qu'il existe en nous un sens de la justice. Si la promesse de l'accord de la vertu et du bonheur n'était pas fondée, la conscience verrait évidemment son attente frustrée. La plainte de la conscience était déjà celle de Job : « La conscience s'élève et murmure contre son auteur : elle lui crie en gémissant : *Tu m'as trompé !* » (p. 589). En guise de réponse, Rousseau donne ici la parole à Dieu lui-même. Il faut être sensible à la mise en scène qui fait surgir la parole divine. C'est le juge lui-même qui doit se justifier et prouver qu'il n'a pas trahi : « Je t'ai trompé, téméraire : et qui te l'a dit ? »

Étrangement parsemé de références antiques païennes, le discours divin répond à une attente légitime : « Tu vas mourir, penses-tu : non, tu vas vivre, et c'est alors que je tiendrai tout ce que je t'ai promis » (p. 589). Là encore, l'immortalité de l'âme n'est donc pas prouvée mais postulée à partir d'un espoir de justice : pour rétablir l'ordre mis en péril par l'introduction du mal moral, il faut postuler l'existence d'une justice divine. On relèvera le caractère subjectif de la croyance, en l'absence de toute certitude objective : c'est pour remédier aux « choquantes dissonances » que sont la souffrance du juste et le triomphe du méchant qu'il faut supposer l'existence d'un au-delà, afin que « tout rentre dans l'ordre ». C'est la justice elle-même, soit l'amour de l'ordre, dérivé de l'amour de soi, qui conduit à penser l'instance assurant la justice divine et ce qui la rend possible (l'âme qui comparaîtra devant son tribunal).

Au terme de cette analyse, le Vicaire n'a donc pas prouvé l'existence de l'âme immatérielle et immortelle, pas plus qu'il n'avait prouvé plus tôt l'existence de Dieu. Son registre n'est pas celui de la preuve mais du postulat. De même que le nom de *Dieu* permettait plus tôt d'unifier des attributs nécessaires pour rendre raison de l'ordre de la nature et de son organisation, le concept d'*âme* est supposé pour qu'une identité substantielle assure la récompense du mérite et la punition du vice : « Quand je n'aurais d'autre preuve de l'immortalité de l'âme que le triomphe du méchant et l'oppression du juste en ce monde, cela seul m'empêcherait d'en douter » (p. 589). Comme précédemment, la certitude n'est qu'une certitude morale : le Vicaire n'a pas démontré l'immatérialité et l'immortalité de l'âme, il a seulement montré que cette thèse était plus conforme à notre espérance et que cette espérance était bien fondée au regard des attributs de Dieu et de l'intérêt pratique des hommes : « Puisque cette présomption me console et n'a rien de déraisonnable, pourquoi craindrais-je de m'y livrer ? » (p. 590).

Toute la fin de la première partie de la PF sera centrée sur les conséquences de cette découverte de l'âme du point de vue de la conduite morale. D'une part, le Vicaire argue du fait que l'âme demeure sensibilité, ce qui infléchit le dualisme rigide d'abord invoqué : si je peux sentir mon âme sans connaître son essence, je peux savoir que l'identité personnelle ne se prolonge que par la mémoire et le souvenir de mes actions. Ainsi le Paradis et l'Enfer se trouvent-ils projetés dans l'immanence : c'est désormais le souvenir des bonnes actions qui constitue la récompense du juste et le rappel des mauvaises qui forme le châtiment des méchants. L'au-delà est analogue à l'ici-bas : l'homme après la mort se contentera de « comparer » ce qu'il a fait à ce qu'il aurait dû faire et à écouter sa conscience – soit pour accéder à la volupté de la vertu, soit pour s'enfoncer dans les amers regrets et les cruels remords. Rousseau va jusqu'à dire que le tourment des méchants existe déjà dans cette vie ; mais alors, si le bonheur du juste comme le tourment du méchant sont dans l'ici-bas, à quoi bon postuler un au-delà rétributif ? Le texte est retors, surtout lorsque l'on sait que des auteurs matérialistes comme La Mettrie dans *L'Homme-machine* utilisent précisément cet argument pour congédier l'idée d'âme immatérielle et immortelle.

La conclusion du Vicaire porte sur les limites de la raison, l'impossibilité de connaître Dieu en son essence et d'en parler sans l'avilir ou se « payer de mots ». L'homme ne peut accéder à l'idée d'une substance infinie éternelle ; il ne peut connaître positivement l'infini, et ne peut accéder à l'absolu que par l'adoration : « plus je m'efforce de contempler son essence infinie, moins je la conçois ; moins je la conçois, plus je l'adore » (p. 594). Ainsi assiste-t-on ici au moment le plus anti-rationaliste de la PF : « Le plus digne usage de ma raison est de s'anéantir devant toi » (p. 594) – ce qui sera retourné dans la seconde partie, au moment où Rousseau usera de l'arme de la raison contre les partisans de la Révélation.

La conscience comme instinct moral

Il demeure cependant un dernier moment indispensable pour la formation du sujet moral : faire surgir l'instance de la conscience, opposée à une « haute philosophie » qui ne conduirait qu'au scepticisme. Quels sont les principes écrits par la nature au fond du cœur humain en caractères ineffaçables ? La conscience est un *sentiment* du bien et du mal : « tout ce que je sens être bien est bien, tout ce que je sens être mal est mal : le meilleur de tous les casuistes est la conscience » (p. 594). Ainsi la « voix de l'âme » apparaît-elle comme une instance naturelle, mais d'une nature distincte à la fois des sens et de la raison. L'instance de la conscience surgit afin de surmonter un risque de contradiction : il faut savoir qui écouter en cas de conflit interne. Les errances de la raison appellent l'invocation d'une tierce instance : « Trop souvent la raison nous trompe, nous n'avons que trop acquis le droit de la récuser ; mais la conscience ne trompe jamais ; elle est le vrai guide de

l'homme : elle est à l'âme ce que l'instinct est au corps »
(p. 594-595).

Rousseau part cette fois, non de la souffrance du juste,
mais du bonheur du juste et de l'enthousiasme pour la
vertu. Il insiste sur la douceur de la bienfaisance, sur la
volupté de la vertu et sur les remords d'avoir mal agi,
signes empiriques de l'existence d'une conscience morale.
Par la voix du Vicaire, l'auteur d'*Émile* récuse à nouveau
le réductionnisme d'Helvétius et consorts reconduisant la
vertu à une forme d'intérêt : « Tout nous est indifférent,
disent-ils, hors notre intérêt » (p. 596). Pour sa part, le
Vicaire affirme qu'il existe un intérêt moral qui se manifeste
dans l'enthousiasme pour la vertu. L'intérêt moral ou
l'« amour du beau » s'exprime dans une jouissance quasi-
physiologique de la sensibilité : « transports » et autres
palpitations, attendrissement et larmes. À moins d'être
totalement dépravé, l'être moral sensible se réjouit de la
justice : il est porté à la « défense de l'opprimé » et s'indigne
face à l'injustice ; il admire la générosité et la clémence ;
il a, fût-ce malgré lui, « pitié des infortunés » et souffre
du mal qu'ils éprouvent (p. 596-597). Le Vicaire met ainsi
à jour l'existence d'une sensibilité morale : « Il est donc
au fond des âmes un principe inné de justice et de vertu,
sur lequel, malgré nos propres maximes, nous jugeons nos
actions et celles d'autrui comme bonnes ou mauvaises, et
c'est à ce principe que je donne le nom de conscience »
(p. 598). Dans les Lettres morales, la lettre 5 évoquait déjà
un tel invariant moral universel[1].

Encore faut-il réfuter les objections sceptiques contre
la prétendue « voix de la nature » qui ne serait que coutume
et préjugé. L'argument relativiste de Montaigne dans

1. *OC* IV, p. 1106-1111.

l'Apologie de Raymond Sebond est accusé de mauvaise foi :

> Mais que servent au sceptique Montaigne les tourments qu'il se donne pour déterrer en un coin du monde une coutume opposée aux notions de la justice ? Que lui sert de donner aux plus suspects voyageurs l'autorité qu'il refuse aux écrivains les plus célèbres ? Quelques usages incertains et bizarres fondés sur des causes locales qui nous sont inconnues, détruiront-ils l'induction générale tirée du concours de tous les peuples, opposés en tout le reste, et d'accord sur ce seul point ? Ô Montaigne ! toi qui te piques de franchise et de vérité, sois sincère et vrai si un philosophe peut l'être, et dis-moi s'il est quelque pays sur la terre où ce soit un crime de garder sa foi, d'être clément, bienfaisant, généreux ; où l'homme de bien soit méprisable, et le perfide honoré (p. 598).

Dès le Manuscrit de Genève, Rousseau avait fait état de l'objection : sans lois positives issues du contrat social, l'homme « écoutera-t-il la voix intérieure ? Mais cette voix n'est, dit-on, formée que par l'habitude de juger et de sentir dans le sein de la société et selon ses lois, elle ne peut donc servir à les établir et puis il faudrait qu'il ne se fût élevé dans son cœur aucune de ses passions qui parlent plus haut que la conscience, couvrent sa timide voix, et font soutenir aux philosophes que cette voix n'existe pas »[1]. Or selon le Vicaire, cette voix peut se faire entendre : il faut avouer l'universalité de la définition de la vertu comme bienfaisance, clémence, générosité. Dans leur critique du jusnaturalisme, Montaigne et Pascal ont tort : il existe un consentement universel des peuples sur les critères de la morale ; tous

---

1. Rousseau, *Du contract social, ou Essai sur la forme de la République (Manuscrit de Genève)*, B. Bachofen, B. Bernardi, G. Olivo (éd.), Paris, Vrin, 2012, p. 38-39.

les peuples dans l'histoire louent et blâment, pour l'essentiel, les mêmes actions et dispositions. La critique d'Helvétius qui affirme que l'homme n'agit qu'en vue de son plaisir sensible se prolonge ici. Sans doute l'homme vise-t-il son intérêt ; mais il faut ajouter à l'intérêt physique un intérêt moral ; il faut joindre aux plaisirs des sens les « plaisirs de l'âme » que la conscience fait aimer[1].

Nous conclurons cette analyse de la première partie de la PF par l'étude de l'invocation de la conscience : « Conscience ! conscience ! instinct divin, immortelle et céleste voix ; guide assuré d'un être ignorant et borné, mais intelligent et libre ; juge infaillible du bien et du mal, qui rend l'homme semblable à Dieu, c'est toi qui fais l'excellence de sa nature et la moralité de ses actions ; sans toi je ne sens rien en moi qui m'élève au-dessus des bêtes, que le triste privilège de m'égarer d'erreurs en erreurs à l'aide d'un entendement sans règle et d'une raison sans principe » (p. 600-601). La conscience apparaît comme un « *deus ex machina* » – d'où l'exclamation qui suit immédiatement ce paragraphe : « grâce au ciel, nous voilà débarrassés de tout cet effrayant appareil de philosophie : nous pouvons être hommes sans être savants ; dispensés de consumer notre vie à l'étude de la morale, nous avons à moindre frais un guide plus assuré dans ce dédale immense des opinions humaines » (p. 601).

Ce texte appelle plusieurs remarques.

1) Comment la conscience peut-elle dite être « juge » du bien et du mal alors qu'il a été stipulé qu'elle se contentait de « sentir » ? La définition semble difficilement compatible avec celle qui viendra plus loin. Le Vicaire exonère alors

---

1. Voir *Beaumont*, p. 936.

Dieu de l'existence du mal : « ne m'a-t-il pas donné la conscience pour aimer le bien, la raison pour le connaître, la liberté pour le choisir ? » (p. 605). Les rôles respectifs de la raison et de la conscience semblent difficiles à établir. Tantôt la conscience paraît dotée d'un rôle théorique contre les errances de la raison, tantôt elle paraît précéder la raison qui doit se régler sur ses principes, tantôt enfin elle semble simplement douée d'un rôle de tendance au bien : la conscience est amour.

2) Or cette difficulté est porteuse d'un enjeu considérable : pourquoi la conscience serait-elle infaillible ? Pourquoi ne ferait-elle jamais d'erreur morale ? Ne pouvons-nous nous tromper en louant ou blâmant à mauvais escient, en jugeant admirable une action déplorable, ou blâmable une action qui s'avère méritoire ? De même que Malebranche mais pour d'autres raisons que lui[1], Rousseau ne le pense pas. À ses yeux, nos intuitions sur les bonnes et mauvaises actions sont universellement justes, pour peu que la conscience n'ait pas été étouffée et pervertie par les passions nocives issues de l'amour-propre ou les préjugés destructeurs de la société corrompue.

3) Mais alors, l'infaillibilité de la conscience ne trahit-elle pas le fait que la voix de la conscience n'est autre, selon Rousseau, que la voix de Dieu ? C'est en effet ce que fait apparaître l'une des sources de son œuvre, à savoir un ouvrage du piétiste suisse Béat de Muralt. Comme on l'a établi de longue date, l'expression d'*instinct divin* est empruntée à Louis Béat de Muralt, *L'instinct divin recommandé aux hommes* (1727)[2]. Dans cet ouvrage,

---

1. Voir Malebranche, *Traité de morale*, op. cit., I, I, 7-9, p. 427.
2. Voir G. Radica, *L'Histoire de la raison*, op. cit., p. 344-348.

Muralt affirme que par cette parole de la conscience, l'homme tient à la divinité : cet « instinct divin » le conduit au bien sans la médiation de la raison. Muralt soutient qu'il n'est pas besoin d'être savant, théologien ou philosophe pour découvrir cette vérité du cœur à la portée de tous. Seules les passions étouffent la voix de la conscience qui constitue une véritable boussole de l'expérience morale. De surcroît, Muralt s'oppose déjà aux purs rationalistes qui ont tort de prouver l'existence de Dieu comme cause de l'ordre du monde : aimer Dieu implique de renoncer à raisonner sur son existence, de se livrer aux sentiments du cœur et de se soumettre à Sa volonté, manifestée par « l'instinct divin ». Il reste qu'il ne faut sans doute pas surestimer l'importance de l'ouvrage. Lorsque la *Nouvelle Héloïse* le mentionne, Saint-Preux se moque affectueusement du mysticisme de Julie : « Vous lisez Muralt, je le lis aussi ; mais je choisis ses lettres, et vous choisissez son instinct divin. Voyez comment il a fini, déplorez les égarements de cet homme sage, et songez à vous. Femme pieuse, allez-vous n'être qu'une dévote ? »[1].

Plus profondément, la Lettre à Christophe de Beaumont éclairera le mécanisme de coopération entre raison et conscience : si la conscience se définit comme amour de l'ordre, si elle est une expression de l'amour de soi lorsqu'il émane de notre sensibilité morale, la conscience n'apparaît pas d'emblée : elle ne surgit que lorsque les vices sont apparus, et qu'il faut lutter pour résister à la tentation ; elle ne s'exprime que lorsque la raison lui donne des idées, et transforme les « sentiments » en « jugements ». L'innéité

1. *NH*, VI, 7, p. 685, cité par É. Bréhier, « Les lectures malebranchistes de Jean-Jacques Rousseau », *Revue internationale de philosophie*, vol. I, n°1, 1938, p. 98-120 ; R. Derathé, *Le Rationalisme de Jean-Jacques Rousseau*, Paris, PUF, 1948, p. 70-71.

de la conscience n'est pas celle des idées – auquel cas
Rousseau n'aurait pas retenu la leçon de Locke[1] – mais
celle de l'amour de soi, qui est appelé à se transformer en
amour de l'ordre. Il faut connaître l'ordre pour pouvoir
l'aimer – ce qui explique que le développement de la
conscience soit second par rapport à celui de la raison. Car
la bonté naturelle de l'homme ne perdure pas en société :
l'instinct moral naturel doit se raffiner par la connaissance
des rapports qui insèrent l'individu dans son espèce. Cette
médiation, toutefois, ne doit pas conduire à renoncer à la
spontanéité de l'instinct : telle est la tension fondamentale
du rousseauisme, qui s'expose dès lors à tous les risques
de l'intuitionnisme moral.

La religion naturelle

Seule l'infaillibilité divine garantit l'infaillibilité de la
conscience. Mais comment s'assurer de l'existence de
Dieu ? On l'a vu, Rousseau écarte la voie classique des
« preuves » de l'existence divine. Il substitue une religion
sensible du cœur à la religion savante des philosophes. Le
jeune homme ne peut parvenir à l'idée abstraite d'une
substance immatérielle et infinie : « Bornés par nos facultés
aux choses sensibles, nous n'offrons presque aucune prise
aux notions abstraites de la philosophie et aux idées
purement intellectuelles » (p. 551). C'est ici que la
différence avec le Manuscrit Favre est la plus importante.
Au lieu d'un progrès graduel et lent des sensations et des
idées sensibles vers l'idée de Dieu, il faudra dans l'*Émile*
faire un « pas de géant », et c'est ce pas de géant qui désigne
le passage aux croyances métaphysiques. Rousseau franchit

---

1. L. Guerpillon, « A l'épreuve des notions morales : l'approfondis-
sement de l'empirisme », dans *Rousseau et Locke. Dialogues critiques*,
op. cit., p. 121-138.

ce pas avant Kant : délimiter le domaine de la raison permet de faire place à la foi.

Que faut-il croire ? Et que m'est-il permis d'espérer ? À la différence de Montaigne dans l'Apologie de Raymond Sebond (*Essais*, II, 12), Rousseau n'adopte pas un discours fidéiste qui soumettrait la raison à la foi. Dans une lettre à Voltaire, la foi semble indépendante de la raison ; elle se prononce précisément là où la raison est défaillante : « ma foi ne peut rester longtemps en suspens et se détermine sans elle ». Surtout, l'auteur d'*Émile* congédie la méthode philosophique d'examen des croyances en avançant des raisons eudémonistes pour motiver la croyance en Dieu : la foi seule permet de sortir de la contradiction entre l'expérience du malheur et le désir du bonheur. L'origine de la foi est clairement subjective. Croire en la Providence nous console : « J'ai trop souffert en cette vie pour ne pas en attendre une autre. Toutes les subtilités de la métaphysique ne me feront pas douter un instant de l'immortalité de l'âme et d'une Providence bienfaisante. Je la sens, je la crois, je la veux, je l'espère, je la défendrai jusqu'à mon dernier soupir »[1].

Le mouvement est analogue dans la lettre à M. de Franquières, du point de vue de la vertu cette fois : Rousseau identifie la croyance qui concourt le plus utilement à la pratique de nos devoirs. À cet égard, le matérialisme est moins efficace que la religion naturelle, et que la croyance en un Dieu témoin de nos actions. Contre M. de Franquières qui soutient qu'en l'absence de l'idée de Dieu, la considération de la vertu, son « divin simulacre », suffit pour nous obliger à bien faire, Rousseau affirme la nécessité de croire en Dieu pour soutenir cette obligation. Le

---

1. Cette lettre comme celles qui suivent sont citées par G. Radica, *L'Histoire de la raison, op. cit.*, p. 671-701.

matérialisme athée ne peut convenir à l'homme ordinaire, « raisonnable et modeste » qui compose les 19/20e du genre humain. Le philosophe, « à force de vouloir exalter son intelligence, de raffiner, de subtiliser sur ce qu'on pensa jusqu'à lui, ébranle enfin tous les axiomes de la raison simple et primitive, et pour vouloir toujours savoir plus et mieux que les autres parvient à ne rien savoir du tout » (*OC* IV, p. 1137). C'est la raison pour laquelle il faut renoncer à la voie spéculative – celle des preuves de l'existence de Dieu :

> N'ayant pas suivi dans nos recherches la même route, il n'est pas étonnant que nous ne soyons pas arrivés à la même conclusion. Balançant les preuves de l'existence de Dieu avec les difficultés, vous n'avez trouvé aucun côté assez prépondérant pour vous décider, et vous êtes resté dans le doute. Ce n'est pas comme cela que je fis. J'examinai tous les systèmes sur la formation de l'univers que j'avais pu connaître, je méditai sur ceux que je pouvais imaginer. Je les comparai tous de mon mieux : et je me décidai, non pour celui qui ne m'offrait point de difficultés, car ils m'en offraient tous ; mais pour celui qui me paraissait en avoir le moins. Je me dis que ces difficultés étaient dans la nature de la chose, que la contemplation de l'infini passerait toujours les bornes de mon entendement, que, ne devant jamais espérer de concevoir pleinement le système de la nature, tout ce que je pouvais faire était de le considérer par les côtés que je pouvais saisir, qu'il fallait savoir ignorer en paix tout le reste, et j'avoue que dans ces recherches je pensais comme ces gens dont vous parlez qui ne rejettent pas une vérité claire ou suffisamment prouvée pour les difficultés qui l'accompagnent, et qu'on ne saurait lever. J'avais alors, je l'avoue, une confiance si téméraire, ou du moins une si forte persuasion, que j'aurais défié tout philosophe de proposer aucun autre système intelligible sur la nature, auquel je n'eusse opposé

> des objections plus fortes, plus invincibles que celles qu'il
> pouvait m'opposer sur le mien, et alors il fallait me résoudre
> à rester sans rien croire, comme vous faites, ce qui ne
> dépendait pas de moi, ou mal raisonner, ou croire comme
> je l'ai fait (p. 1134-1135).

La juridiction de la raison se trouve ainsi limitée :
Rousseau choisit non le système qui n'offre « point de
difficultés », mais celui qui « paraît en avoir le moins ».
La religion naturelle passe le test : ses dogmes ne sont pas
absurdes, même s'ils sont incompréhensibles. Plutôt que
de tenter vainement de démontrer des vérités qui « passeront
toujours les bornes de notre entendement », il faut donc
privilégier la voie du témoignage intérieur et de la certitude
morale. C'est elle qui conduit au « théisme » ou à la
« religion naturelle », qui admet quelques dogmes très
simples : l'existence d'une Providence rétributrice et
l'immortalité de l'âme. Comme le relève G. Radica, la
raison se subordonne elle-même au besoin de croire et
d'espérer[1]. Telle est la thèse par laquelle le scandale arrive :
le recours à la transcendance n'a d'autre motif que
l'immanence des désirs humains, et la nécessité de soutenir
la vertu.

La foi est appelée par la raison pratique. Si la vertu est
difficile, il faut une force qui la soutienne. Or seule la
représentation de l'être divin donne la force de résister à
la tentation d'enfreindre ses devoirs : « Arracher toute
croyance en Dieu du cœur des hommes, c'est y détruire
toute vertu » (p. 1142). Dieu apparaît comme le témoin
suprême ; pour l'homme ordinaire, il fortifie le désir de
pratiquer la vertu lorsqu'il est en proie aux passions
violentes ou aux grandes tentations. Comme le souligne

---

1. Voir sur tout ce développement G. Radica, *L'Histoire de la raison*,
op. cit., p. 663-708.

Julie, « sous les yeux de Dieu le juste est bien fort ». Selon Rousseau, la raison seule déraisonne et ne peut s'assigner de fins ; en revanche, la religion « donne un but à la justice », une « base » à la vertu, un prix à la vie. La dévote Julie en est convaincue, en utilisant le lexique de « l'Etre éternel » qui annonce « l'Etre suprême » :

> Ne sait-on pas que les affections désordonnées corrompent le jugement ainsi que la volonté, et que la conscience s'altère et se modifie insensiblement dans chaque siècle, dans chaque peuple, dans chaque individu, selon l'inconstance et la variété des préjugés ?
>
> Adorez l'Être éternel, mon digne et sage ami ; d'un souffle vous détruirez ces fantômes de raison qui n'ont qu'une vaine apparence, et fuient comme une ombre devant l'immuable vérité. Rien n'existe que par celui qui est. C'est lui qui donne un but à la justice, une base à la vertu, un prix à cette courte vie employée à lui plaire ; c'est lui qui ne cesse de crier aux coupables que leurs crimes secrets ont été vus, et qui sait dire au juste oublié : « Tes vertus ont un témoin » […] quand l'Être immense dont il s'occupe [l'homme] n'existerait pas, il serait encore bon qu'il s'en occupât sans cesse pour être plus maître de lui-même, plus fort, plus heureux et plus sage. Cherchez-vous un exemple sensible des vains sophismes d'une raison qui ne s'appuie que sur elle-même ? Considérons de sang-froid les discours de vos philosophes, dignes apologistes du crime, qui ne séduisirent jamais que des cœurs déjà corrompus. Ne dirait-on pas qu'en s'attaquant directement au plus saint et au plus solennel des engagements, ces dangereux raisonneurs ont résolu d'anéantir d'un seul coup la société humaine, qui n'est fondée que sur la foi des conventions ? (*NH*, III, 18).

La critique des religions révélées

Consacrée aux rapports entre religion naturelle et religions historiques, la seconde partie de la PF est en revanche polémique à l'égard du parti dévot. Dans ces pages, l'utilité de la Révélation est remise en cause sur un mode ironique : « On me dit qu'il fallait une révélation pour apprendre aux hommes la manière dont Dieu voulait être servi » (p. 608). Le passage au pluriel (« la fantaisie *des* révélations ») invalide d'emblée l'utilité des religions du Livre. Le cœur est un guide plus sûr : « si l'on n'eût écouté que ce que Dieu dit au cœur de l'homme, il n'y aurait jamais eu qu'une religion sur la terre ». La religion naturelle accessible par le seul usage de nos facultés suffit à combler les besoins moraux et religieux de l'homme, en lui permettant d'accéder à l'idée de Dieu et à la destinée qui l'attend après la mort. En revanche, la religion révélée est reléguée au rang des hypothèses improbables : issue de nos préjugés, elle ne porte avec elle que mystère et obscurité. Rousseau invalide la prétention du christianisme à détenir la seule vérité : si tel était le cas, cette religion serait admise par consentement universel.

La Lettre à Christophe de Beaumont reviendra de manière plus approfondie sur le statut de la « religion universelle », en affirmant qu'un accord œcuménique peut être trouvé en Europe entre les religions du Livre ; elle explicitera les raisons de l'intolérance et de la persécution sans conclure qu'il faut « écraser l'Infâme »[1]. Mais dans

---

1. Nous ne pourrons développer cette thématique dans le cadre de cette étude. Elle fait l'objet d'un cycle d'étude du Groupe Jean-Jacques Rousseau, à paraître sous la direction de Ch. Litwin et J. Lenne-Cornuez, auquel nous consacrerons un article : « Existe-t-il une meilleure religion ? Rationalité et utilité des croyances ».

l'*Émile*, l'enjeu est un peu différent. Rousseau adopte une attitude rationaliste contre les arguments d'autorité : contre ceux qui disent de soumettre la raison à la foi, il répond qu'« il [lui] faut des raisons pour soumettre [s]a raison ». La Révélation ne peut passer ce crible. Telle est la critique classique depuis Spinoza des prodiges et des miracles, jointe à celle, raffinée depuis Richard Simon, de l'authenticité des Écritures censées consigner la Révélation : « La foi s'assure et s'affermit par l'entendement ; la meilleure de toutes les religions est infailliblement la plus claire […] Le Dieu que j'adore n'est point un Dieu de ténèbres, il ne m'a point doué d'un entendement pour m'en interdire l'usage ; me dire de soumettre ma raison, c'est outrager son auteur » (p. 614).

Aussi le dialogue virulent de « l'Inspiré » et du « Raisonneur » met-il aux prises le représentant du parti dévot et le thuriféraire du parti philosophique. Ce dialogue de sourd remet en cause le principe même du « surnaturel », des prophéties, des prodiges et des miracles car l'attestation de témoignages humains ne fournit aucune preuve. Chacun demande à l'autre d'exhiber ses preuves sans jamais en reconnaître la légitimité :

L'INSPIRÉ
Oh ! moi, j'ai le droit d'en dire, je parle de la part de Dieu.

LE RAISONNEUR
Il serait bon de montrer vos titres avant d'user de vos privilèges.

L'INSPIRÉ
Mes titres sont authentiques, la terre et les cieux déposeront pour moi. Suivez bien mes raisonnements, je vous prie.

LE RAISONNEUR

Vos raisonnements! vous n'y pensez pas. M'apprendre
que ma raison me trompe, n'est-ce pas réfuter ce qu'elle
m'aura dit pour vous? Quiconque peut récuser la raison
doit convaincre sans se servir d'elle. Car, supposons
qu'en raisonnant vous m'ayez convaincu; comment
saurai-je si ce n'est point ma raison corrompue par
le péché qui me fait acquiescer à ce que vous me
dites? D'ailleurs, quelle preuve, quelle démonstration
pourrez-vous jamais employer plus évidente que
l'axiome qu'elle doit détruire?[1]

Le dialogue stérile de l'athée et du fanatique forme le
repoussoir de ce que Rousseau invente par le genre de la
Profession de foi, méditation et confession plutôt qu'*agôn*
dont nul ne peut sortir vainqueur : obnubilés par leurs
coteries, aveuglés par leur secte, s'injuriant copieusement
sans parvenir à la victoire, dévots et philosophes usent
d'arguments *ad hominem* invoquant qui la Grâce, qui la
Raison, sans jamais convaincre l'adversaire. Que pour le
philosophe traité de « satellite du Démon », les miracles,
prodiges et prophéties ne puissent faire office de preuves
du surnaturel, voilà qui ne suffit pas à trancher la cause de
Dieu. S'il faut user du sentiment intérieur contre les
raisonnements des matérialistes qui sont sourds à cette
voix, on doit user de la rigueur du raisonnement contre
l'inspiration prétendue. Pour éviter les impostures, la
conscience doit *in fine* se soumettre à la raison.

Le Vicaire s'en tient donc à un « scepticisme
involontaire » (p. 627). S'il ne cherche à savoir que *ce qui
importe* à sa conduite, il n'a pas besoin d'en savoir davantage

---

1. *Ibid.*, p. 614-617. Voir aussi la note manuscrite de Rousseau, très
violente contre « l'esprit raisonneur et philosophique » ou le « parti
philosophiste », p. 632-634.

sur les dogmes et les cultes. Rousseau en tire une maxime conservatrice : Émile devra adopter, comme le voulait Montaigne, les coutumes de son pays. Ce qui importe n'est pas le culte mais la religion naturelle comme religion du cœur : « le culte essentiel est celui du cœur ». La religion dite « naturelle » pose l'existence d'une Providence rétributrice et fonde ainsi l'ordre moral du monde où les Justes seront récompensés. Les querelles théologiques et les conflits religieux s'en trouveront apaisés, comme le souligneront la Lettre à Christophe de Beaumont et les *Lettres écrites de la montagne* : dans son œuvre, Rousseau a affirmé que « chacun devait rester en repos dans son culte, sans troubler celui des autres ; que partout on devait servir Dieu, aimer son prochain, obéir aux lois, et qu'en cela seul consistait l'essence de la bonne religion »[1].

Il faut prendre la mesure du scandale suscité par cette critique de la Révélation par un auteur qui publie en son nom propre avec privilège du Roi. Du fait d'une telle audace, *Émile* sera condamné en France et à Genève, par le Parlement de Paris et le Conseil du Roi, conspué par les jésuites et les jansénistes, lacéré et brûlé en place publique. Il sera également censuré par la Faculté de théologie de la Sorbonne, qui rédige en juillet 1762 une longue *Censure de la Faculté de théologie de Paris contre le livre qui a pour titre* Émile, ou de l'éducation, contenant 57 propositions citées dont 39 issues de la PF[2]. Le scandale est lié à la critique de la Révélation, au refus du dogme du péché

1. *LEM*, V, p. 802. Voir *La Religion, la Liberté, la Justice. Un commentaire des « Lettres écrites de la Montagne » de Rousseau*, B. Bernardi, F. Guénard, G. Silvestrini (éd.), Paris, Vrin, 2005.
2. Voir J.-R. Armogathe, « *Émile* et la Sorbonne », dans *Jean-Jacques Rousseau et la crise contemporaine de la conscience*, Paris, Beauchesne, 1980, p. 53-76.

originel et à la possibilité évoquée du salut des infidèles. Aux yeux des censeurs de la Sorbonne, Rousseau est impie, blasphématoire, ignorant de la vraie religion. L'indifférentisme assumé du Vicaire jugeant les religions « toutes bonnes quand on y sert Dieu convenablement » paraît scandaleux. Défendant l'apologétique classique, les théologiens rappellent que la foi repose sur des preuves, à savoir les miracles ; ils refusent l'indulgence du Vicaire à l'égard de ceux qui meurent ignorants de la Révélation ou des enfants morts sans baptême. Conformément à la doctrine thomiste, les docteurs de la Sorbonne rappellent que la foi est une soumission raisonnable qui suppose la lumière naturelle, même si elle est ultimement causée par la grâce[1].

Il est impossible de reconstituer avec certitude les intentions de Rousseau : est-il un calviniste s'insurgeant contre le catholicisme romain et sa manie des miracles, soucieux de restaurer le prestige d'une religion discréditée par la philosophie moderne, comme il l'affirme dans les *Lettres écrites de la Montagne* rédigées pour sa défense[2] ? Ou faut-il le considérer comme un critique radical du christianisme lui-même ? Nous n'y répondrons pas ici. Ce qui importe est que l'enjeu de la PF s'achève sur l'accès de l'adolescent à l'idée d'une union possible entre bonheur et vertu, malgré l'épreuve du mal. Il faut *mériter le bonheur*,

---

1. R. Armogathe rappelle que pour les jansénistes des *Nouvelles ecclésiastiques* du 30 janvier 1763, la censure de la Sorbonne est jugée trop clémente ; la Sorbonne n'aurait pas voulu se laisser « prévenir » par le Parlement de Paris et l'archevêque Christophe de Beaumont avec qui plusieurs docteurs de la Faculté étaient alors en conflit ouvert : Émile aurait été victime d'une « surenchère » (art. cit., p. 69).

2. « Pour moi je regardais comme la gloire et le bonheur de la patrie d'avoir un clergé animé d'un esprit si rare dans son ordre, et qui, sans s'attacher à la doctrine purement spéculative, rapportait tout à la morale et aux devoirs de l'homme et du citoyen » (*LEM*, V, p. 801).

qui dépend de nous : « *Sois juste et tu seras heureux* » ;
« l'espoir du juste ne trompe point » (p. 635).

En dernière instance, la PF prépare l'accès du jeune
homme à l'autonomie morale. Devenu « homme » après
avoir reçu cette éducation métaphysique et religieuse,
Émile va désormais se soumettre librement à la raison et
cesser d'être manipulé par le gouverneur. À cette époque
« critique », Rousseau évoque un changement de régime
dans la relation de confiance qui les lie : « quand par les
signes dont j'ai parlé vous pressentirez le moment critique,
à l'instant quittez avec lui pour jamais votre ancien ton.
C'est votre disciple encore, mais ce n'est plus votre élève.
C'est votre ami, c'est un homme, traitez-le désormais
comme tel » (p. 641). Cette modification de la relation
induit un bouleversement pédagogique : « pour conduire
un adulte, il faut prendre le contre-pied de tout ce que vous
avez fait pour conduire un enfant ». Mais pour parfaire le
processus d'humanisation, plusieurs étapes sont encore
requises. Émile devra demeurer vertueux dans le monde,
savoir goûter des plaisirs sans se laisser corrompre, savoir
jouir de la culture, de la sociabilité et des arts sans être
perverti par les préjugés sociaux. Après l'éducation
religieuse, Rousseau aborde donc ce qui faisait le cœur de
l'éducation aristocratique : la formation de l'*honnête homme*
ou de l'homme de goût.

LA DISSERTATION SUR LE GOÛT

L'entrée dans le monde met à l'épreuve les principes
d'éducation. Le risque est double : d'un côté, si Émile doit
désormais plaire pour trouver une compagne, ne risque-t-il
pas de perdre ses principes ? De l'autre, s'il suit ses

principes, n'est-il pas absolument dépourvu des moyens
de plaire ? L'introduction dans le monde appelle donc une
réflexion sur les manières et la politesse, mais aussi sur
les principes du goût, qui donneront au jeune homme les
clés de l'agrément social. Ce qui ressemble fort à une
digression, sous la forme d'une dissertation consacrée à
la question du jugement de goût, s'inscrit donc pleinement
dans le parcours spéculatif et pratique de l'*Émile* et dans
le mouvement de son livre IV. L'esthétique est intégrée à
l'éthique, car il existe une utilité morale de l'art de plaire :
« la connaissance de ce qui peut être agréable ou désagréable
aux hommes n'est pas seulement nécessaire à celui qui a
besoin d'eux, mais encore à celui qui veut leur être utile »
(p. 673).

   La réflexion esthétique est d'emblée posée comme une
analyse morale et sociale : le risque est de voir Émile
préservé jusqu'ici de la loi de l'opinion y succomber
désormais pour plaire ; le risque est de le voir abandonner
la « marche de la nature » pour s'adonner à l'arbitraire des
jugements sociaux afin d'être approuvé en société. Il faut
trouver un accord entre le désir d'estime d'Émile et la
conscience que le critère du jugement porté sur ses actes
est sain ; c'est donc l'étude des mœurs des hommes dans
le monde qui le conduit à réfléchir à ce qui « flatte » ou
« choque » le cœur humain et donc à philosopher sur les
principes du goût[1].

   À cet égard, la question classique de la définition du
goût se trouve reposée. Rousseau refuse de s'égarer en
« cherchant loin » une définition : le goût, tout simplement,
ne serait que la « faculté de juger de ce qui plaît ou déplaît

---

1. Voir F. Guénard, *Rousseau et le travail de la convenance*, *op. cit.*,
p. 164-186.

au plus grand nombre » (p. 671). Or cette définition originale du goût engage une vision politique, sinon sociologique, de l'art et de la réception : contre les théories esthétiques qui associent le bon goût à une nature aristocratique ou à une culture raffinée, Rousseau ne craint pas d'affirmer que le bon goût n'est rien d'autre que *ce qui plaît au plus grand nombre.* La définition s'inscrit dans le sillage de celle du Père Buffier, qui avait déjà rompu avec une vision élitiste, aristocratique, du goût[1]. Mais si c'est « le concours des goûts les plus généraux » qui fait le « bon goût », celui de la « pluralité » ou de la majorité, comment expliquer le fait qu'il y ait en réalité si peu de « gens de goût » ? L'objection à laquelle est confrontée Rousseau est massive, car il s'agit semble-t-il d'une infirmation expérimentale de son hypothèse ou de ses principes : si le goût est par hypothèse ce qui plaît au plus grand nombre, comment expliquer que l'opinion dominante n'exprime pas les normes du bon goût ? Comment rendre compte du décalage entre la détermination sociologique ou statistique des normes du goût (ce qui plaît le plus souvent) et les principes du goût ? C'est à rendre compte de la façon dont la « tyrannie de l'opinion » et de la mode étouffe le goût que Rousseau va donc s'atteler ici, afin de justifier l'écart entre les principes et la réalité empirique. Ainsi tentera-t-il de récuser l'objection en proposant une analogie audacieuse entre esthétique et politique : de même que la volonté générale, « toujours droite », peut être éludée ou devenir muette dans une société civile corrompue, de même la norme du

---

1. Claude Buffier, *Dissertation sur la nature du goût,* dans *Cours de Sciences,* Paris, Cavelier, 1732, art. IX, p. 1498. Le goût correspond à « ce qui est le plus communément approuvé ou recherché parmi les hommes dans les choses où la raison n'est pas manifestement d'un côté ni de l'autre » (p. 1497).

goût peut être éludée lorsque certaines conditions sociales « tyranniques » pervertissent le jugement.

Dans cette optique, nous analyserons en détail un texte décisif (p. 671-672). Dans un premier temps, Rousseau y pose le problème de l'arbitraire du jugement de goût : le goût est arbitraire dans la mesure où il ne relève plus de l'amour de soi mais de l'amour-propre ; il dépend aussi d'une multitude de causes générales ou individuelles qui produisent la diversité des goûts. Cependant, en dépit de cet arbitraire du goût, le philosophe montre que le goût peut être dit « naturel » malgré tout. L'écart entre la norme naturelle du goût et la tyrannie de l'opinion doit dès lors être expliqué, dans un troisième temps, par une analogie avec le modèle politique de la volonté générale : la divergence entre le jugement de la « multitude » et la norme esthétique se comprend par une altération du jugement sous l'effet de circonstances étrangères aliénantes.

Y a-t-il un arbitraire du goût ?

Rousseau convoque d'abord les raisons qui étayent l'idée d'un arbitraire du goût : le jugement de goût ne s'exerce que sur les choses « indifférentes » à notre conservation ou à nos besoins, qui présentent « un intérêt d'amusement tout au plus ». Le goût ne relève pas de l'utile ou du nuisible mais de l'agréable ou du désagréable, du plaisant ou du déplaisant ; il s'inscrit dans le superflu de la culture et de l'art, ce qui le détache à première vue de la nature et de son guide, l'appétit ou l'instinct. On peut dire en un sens que le jugement de goût est « désintéressé » si l'on entend par là que le plaisir qu'il évalue n'est pas attaché à l'existence de son objet en tant que cet objet pourrait satisfaire un besoin. Les décisions du goût, dès lors, semblent « arbitraires » car, « hors l'instinct qui le

détermine, on ne voit plus la *raison de ses décisions* »
(p. 671, n.s.).

Cette question classique n'est cependant évoquée que
pour mémoire, car Rousseau se contente d'énumérer les
raisons qui semblent étayer l'arbitraire du goût. Le
philosophe exclut ici que le goût soit naturel parce qu'il
est rationnel ; il ne peut être naturel qu'en tant que dérivé
de l'amour de soi, seul principe originaire en l'homme. Il
faut donc invoquer les causes physiques et morales de
l'arbitraire du goût. La note renvoie à la démonstration de
l'*Essai sur l'origine des langues*, où un passage du
chapitre XIII refuse l'approche « naturaliste » de l'art :
« Comme donc la peinture n'est pas l'art de combiner des
couleurs d'une manière agréable à la vue, la musique n'est
pas non plus l'art de combiner des sons d'une manière
agréable à l'oreille. S'il n'y avait que cela, l'une et l'autre
seraient au nombre des sciences naturelles et non pas des
beaux-arts. Or qu'est-ce qui fait de la peinture un art
d'imitation ? C'est le dessin. Qu'est-ce qui de la musique
en fait un autre ? C'est la mélodie » (*OC* V, p. 414). L'art
ne peut être expliqué comme un phénomène naturel ; il est
un phénomène moral, culturel ou symbolique. C'est en
tant que forme symbolique que l'art doit donner lieu à une
explication rationnelle (celle des causes du plaisir qu'il
procure) : le plaisir esthétique peut être expliqué rationnellement dans la mesure où il fait intervenir des « médiations »
culturelles, sociales et politiques. Une telle explication, en
l'occurrence, conduit à déceler les causes de la diversité
locale des goûts : le goût est tributaire de causes physiques
(le climat) et de causes morales et politiques (les mœurs,
le gouvernement) : « le goût a des règles locales qui le
rendent en mille choses dépendant des climats, des mœurs,
du gouvernement ».

Rousseau récuse ainsi l'idée d'une universalité abstraite du jugement de goût : l'évaluation des mérites d'une œuvre dépend de facteurs naturels, sociaux et politiques. La Lettre à d'Alembert « sur la variété des spectacles » dégageait déjà les déterminations esthétiques relatives au caractère national :

> L'homme est un, je l'avoue ; mais l'homme modifié par les religions, par les gouvernements, par les lois, par les coutumes, par les préjugés, par les climats, devient si différent de lui-même qu'il ne faut plus chercher parmi nous ce qui est bon aux hommes en général, mais ce qui leur est bon dans tel temps ou dans tel pays. Voilà d'où naît la diversité des spectacles, selon les goûts divers des nations. Un peuple intrépide, grave et cruel, veut des fêtes meurtrières et périlleuses où brillent la valeur et le sang-froid. Un peuple féroce et bouillant veut du sang, des combats, des passions atroces. Un peuple voluptueux veut de la musique et des danses [...]. Il faut, pour leur plaire, des spectacles qui favorisent leurs penchants, au lieu qu'il en faudrait qui les modérassent (*OC* V, p. 16-17).

À cette relativité culturelle ou nationale se conjugue une relativité individuelle, ordonnée selon les critères de l'âge, du sexe ou du caractère. Aussi Rousseau rend-il hommage à la thèse classique selon laquelle « il ne faut pas disputer des goûts ». Du physique au moral, la position sceptique fait valoir ses droits : du goût l'on ne peut disputer, et toute prétention à l'universalité demeure semble-t-il infondée. Dans l'article « Goût » du *Dictionnaire de musique*, Rousseau invoque la disposition naturelle des organes sensoriels et la singularité des tempéraments qui détermine les sources de l'agrément :

> Chaque homme a un goût particulier, par lequel il donne aux choses qu'il appelle belles et bonnes, un ordre qui

n'appartient qu'à lui. L'un est plus touché des morceaux pathétiques, l'autre aime mieux les airs gais [...]. L'on cherchera la simplicité dans la mélodie, l'autre fera cas des traits recherchés ; et tous deux appelleront élégance le goût qu'ils auront préféré. Cette diversité vient tantôt de la différente disposition des organes, dont le goût enseigne à tirer parti ; tantôt du caractère particulier de chaque homme, qui le rend plus sensible à un plaisir ou à un défaut qu'à un autre. Dans tous ces cas, chacun n'ayant que son Goût à opposer à celui d'un autre, il est évident qu'il n'en faut point disputer » (*OC* V, p. 842).

Pour autant, l'auteur d'*Émile* ne s'en tient nullement à cette posture pyrrhonienne. Tout au contraire, il affirme que « le goût est naturel à tous les hommes ». Mais une objection se présente : comment expliquer que la norme du bon goût ne soit pas toujours constatée dans l'expérience ?

Ici comme ailleurs, la perversion de l'opinion publique est en cause. Le goût du plus grand nombre peut être dit « naturel », alors même que la norme du goût effectivement constatée apparaît comme « dénaturée » en société. L'analogie avec la morale est précieuse. En société, le dictamen de la conscience ne se fait pas toujours entendre : « S'il parle à tous les cœurs, pourquoi donc y en a-t-il si peu qui l'entendent ? Eh ! c'est qu'il nous parle la langue de la nature, que tout nous a fait oublier. La conscience est timide, elle aime la retraite et la paix ; le monde et le bruit l'épouvantent, les préjugés dont on la fait naître sont ses plus cruels ennemis, elle fuit ou se tait devant eux » (p. 601). De même que le risque est d'étouffer dans le monde la voix de la conscience, le risque est d'étouffer en société l'instinct du goût. De même que le bien n'est aimé que par ceux dont le sentiment n'est pas altéré par le préjugé, de même le beau dans l'art n'est-il apprécié que par ceux qui ont préservé la pureté originelle du sentiment.

L'analyse de Rousseau porte dès lors sur ces causes de la dénaturation du goût. Ces causes sont relatives à la sensibilité, largement informée par l'éducation ; la « culture » et la « forme » du goût dépendent de déterminants nationaux et sociaux. D'où l'énoncé des conditions de la culture du bon goût : il faut vivre dans des sociétés nombreuses pour opérer de multiples comparaisons ; « il faut des sociétés d'amusement et d'oisiveté » régies par le plaisir plutôt que par l'intérêt ; enfin, « il faut des sociétés où l'inégalité ne soit pas trop grande, où la tyrannie de l'opinion soit modérée, et où règne la volupté plus que la vanité ». Cette fois, l'explication s'inscrit en faux contre les théories dominantes du temps : le véritable risque est en effet que « la mode étouffe le goût » lorsque le plaisir est orienté par le désir de distinction, car l'amour-propre valorise la rareté et donne un prix arbitraire aux choses (p. 457). En un mot, l'arbitraire l'emporte dès lors que le goût est déterminé par l'amour-propre, mis au service de la *distinction sociale* : le plaisir esthétique satisfait ici la vanité plutôt que la volupté. Ce principe sera repris un peu plus loin au livre IV dans la fiction du « si j'étais riche ». À certains égards, *Émile* reprend de manière plus subtile la diatribe du premier *Discours* : le processus de dégénérescence du goût associé à l'amour-propre pervertit la création en ravalant le génie aux attentes des classes dominantes ou des instances d'arbitrage des réputations qui forment le « public » de l'art (p. 21-22).

Esthétique et politique

Ce mécanisme explique pourquoi dans une société civile corrompue par l'inégalité, « il n'est plus vrai que le bon goût est celui du plus grand nombre ». Dans ce cas, le goût *change d'objet* sous l'influence du préjugé social et de l'aliénation qu'il engendre. L'élite dominante dicte le goût, qui ne suit plus ses vrais principes : « Alors la multitude n'a plus de jugement à elle, elle ne juge plus que d'après ceux qu'elle croit plus éclairés qu'elle ; elle approuve, non ce qui est bien, mais ce qu'ils ont approuvé ». Rousseau met en lumière le phénomène mimétique qui conduit à la diffusion des normes du goût du haut au bas de la hiérarchie sociale. Afin d'éviter la corruption du goût, il importe donc de préférer la simplicité et d'éviter les perversions de l'opinion publique : cela rend raison de la supériorité de l'art des Anciens sur celui des Modernes.

Certes, une culture artistique est indispensable, comme en témoigne l'article « Goût » du *Dictionnaire de musique* :

> Mais il y a aussi un goût général sur lequel tous les gens bien organisés s'accordent ; et c'est celui-ci seulement auquel on peut donner le nom de goût. Faites entendre un concert *à des oreilles suffisamment exercées et à des hommes suffisamment instruits*, le plus grand nombre s'accordera, pour l'ordinaire, sur le jugement des morceaux et sur l'ordre de préférence qui leur convient. Demandez à chacun raison de son jugement, il y a des choses sur lesquelles ils la rendront d'un avis presque unanime : ces choses sont celles qui se trouvent soumises aux règles ; et *ce jugement commun est alors celui de l'artiste ou du connaisseur*. Mais de ces choses qu'ils s'accordent à trouver bonnes ou mauvaises, il y en a sur lesquelles ils ne pourront autoriser leur jugement par aucune raison solide et commune à tous ; et ce dernier jugement appartient à l'homme de goût. Que si l'unanimité parfaite ne s'y trouve pas, c'est que tous ne sont pas également bien organisés, que tous ne sont pas des gens de goût, et que les préjugés de l'habitude ou de l'éducation changent souvent, par des conventions arbitraires, l'ordre

des beautés naturelles. Quant à ce goût, on ne peut disputer, parce qu'il n'y en qu'un qui soit le vrai : mais je ne vois guère d'autres moyens de terminer la discussion que celui de compter les voix, quand on ne convient pas même de celle de la Nature (p. 842-843).

Rousseau n'exclut pas qu'il faille cultiver le goût ; mais il soutient qu'il faut savoir s'arrêter à temps, pour que le goût, élément de communication entre les hommes, ne devienne pas principe d'exclusion. La jouissance doit demeurer inclusive : « Il faut perfectionner par leurs soins [celui des gens du monde] l'instrument qui juge en évitant de l'employer comme eux » (p. 674). La solution proposée par l'*Émile* est donc analogue à celle du *Contrat social* (II, 3) : il faut que chaque homme n'opine que d'après lui, sans déférence hiérarchique. Il convient d'éviter les influences pernicieuses qui corrompent le jugement sur le beau comme elles peuvent corrompre le jugement sur le bien commun : « Dans tous les temps, faites que chaque homme ait son propre sentiment ; et ce qui est le plus agréable en soi aura toujours la pluralité des suffrages » (p. 672). Pour que la norme « naturelle » du goût coïncide avec la norme sociale, il faut ôter ce qui peut altérer l'expression de la nature.

Le parallèle avec la politique est éclairant. Dans le *Contrat social*, Rousseau tente d'exhiber les conditions pour que l'expression réelle de la volonté de tous ou du moins de la majorité coïncide avec la volonté générale du corps politique. Dans la société bien ordonnée, la volonté générale est perçue par chacun, et il ne faut que du « bon sens » pour la voir et la suivre. Le processus d'approximation de la volonté générale lors du vote est facile, dès lors que certaines conditions sont réunies : il faut que les citoyens soient « suffisamment informés », mais aussi qu'ils soient isolés au sens de dégagés de toute influence ou communication parasite qui pourraient perturber leur jugement rationnel en faveur du corps tout entier. En ce sens, moins les « sociétés partielles » et les factions partiales influent sur le citoyen, meilleure sera l'approximation faite par chacun de la volonté générale (II, 3 ; IV, 1). Comme le montreront les textes de politique appliquée de Rousseau (*Corse* et *Pologne*), l'unanimité requiert non seulement l'homogénéité des mœurs mais aussi la neutralisation du prestige des riches. À l'inverse, l'inégalité des fortunes et des statuts dissout l'éthique publique : c'est alors que le bien du tout n'apparaît plus avec évidence à tous les citoyens. Dans une société polarisée par les inégalités, chacun tend à préférer son intérêt particulier ou un intérêt de corps à l'intérêt public ; les délibérations redeviennent litigieuses, et le bien commun n'est plus le résultat des délibérations publiques. La déférence hiérarchique perturbe le vote. Dans ce cas, l'erreur s'introduit parce que le jugement change d'objet. La faute que commet le citoyen lorsqu'il élude la volonté générale est « de changer l'état de la question » et de répondre autre chose que ce qu'on lui demande : « En sorte qu'au lieu de dire par son suffrage, *il est avantageux à l'État*, il dit, *il est avantageux à tel homme ou à tel parti que tel ou tel avis passe* » (IV, 1).

Rousseau donne à cette thèse un équivalent dans le champ esthétique : la société doit être relativement égalitaire pour que l'homogénéité des goûts et leur justesse soient avérées, et que l'on préfère, comme il le suggèrera plus loin, la simplicité conforme à la nature au raffinement luxueux d'un art dénaturé. La corruption intervient lorsque la question à résoudre par le jugement de goût change d'objet : l'homme ne se demande plus dans sa décision d'attribution du mérite d'une œuvre si elle lui plaît, mais si elle plaît à tel homme, à telle femme ou à telle autorité sociale. La « multitude » en vient alors à approuver non ce qui est plaisant, mais ce qui a été approuvé par ceux qu'elle croit plus éclairés qu'elle : d'où l'approbation de ce qui paraît luxueux et coûteux, d'où le goût pour ce qui contrarie plutôt que pour ce qui imite simplement la nature. Il faut donc des conditions socio-politiques pour que priment les normes naturelles du goût. Rousseau définit ainsi une forme d'esthétique favorable au goût des Anciens. Cette esthétique de la sensibilité récuse la logique exclusive de la vanité en défendant une conception non instrumentale de la culture, susceptible de procurer des plaisirs non exclusifs, qui unissent les hommes au lieu de les séparer.

Le garant des promesses

Enfin, l'éducation morale d'Émile ne peut s'achever avant qu'il soit devenu un être d'obligation, capable de respecter ses engagements. Dans *Le Principe d'obligation*, Bruno Bernardi a fait écho à cette nécessité d'une genèse du sentiment d'obligation, qu'il soit moral ou politique – par où Rousseau se démarque du jusnaturalisme moderne[1]. Nous souhaiterions poursuivre ici l'une de ses pistes. Au cœur du livre IV d'*Émile*, le gouverneur doit préparer son élève à assumer l'engagement le plus difficile qui soit : celui du mariage, dans une pensée qui n'admet pas le divorce. Pour Rousseau, la fidélité dans l'union monogame exclusive apparaît comme la plus sainte des lois, ancrée dans la nature et devenu « sacrée ». Mais pourquoi un serment serait-il inviolable s'il n'est pas un sacrement ?

1. Voir B. Bernardi, *Le Principe d'obligation*, Paris, Vrin, 2007, p. 285-312.

Présenté « non seulement comme la plus douce des sociétés, mais comme le plus inviolable et le plus saint de tous les contrats », le mariage n'est pas envisagé par Rousseau comme un sacrement sanctifié par la foi, mais comme un lien naturel fortifié par la convention. Aussi doit-il déployer d'ingénieuses ressources afin d'expliquer pourquoi ce lien indissoluble n'est pas une contrainte extérieure s'imposant à la volonté. Comment se donner sans retour dans le mariage sans que ce don de soi et la fidélité qui l'accompagne ne soient considérés comme de purs sacrifices ? Comment susciter une véritable prise sur le cœur et un attachement réel qui discipline le désir ? Enfin, peut-on espérer dompter le penchant à la débauche qui fait suite à l'irruption du désir ? Si Rousseau est persuadé de la vanité des sermons et des leçons morales, il n'envisage en aucun cas un prêche destiné à faire respecter à Émile un engagement de chasteté avant le mariage. Mais il ne suffit pas non plus de confronter l'élève à des tableaux repoussants de la débauche et des maladies mortelles qui menacent ses adeptes. Faire peur au jeune homme est certes indispensable, si l'on veut le dissuader d'être libertin ; mais il faut d'autres stratagèmes. Aussi Rousseau met-il à l'épreuve la genèse du sentiment d'obligation. D'où vient-il, si ce n'est des passions elles-mêmes ? Comment apparaît le sujet pratique, capable d'engagement ?

Cette difficulté est au cœur du livre IV où Rousseau suggère un pacte entre le gouverneur et l'élève, destiné à éviter que l'adolescent ne cède à la tentation de ses furieux désirs (IV, p. 652-654). Pour qu'un seul égarement du cœur ne suffise pas à anéantir des années d'efforts éducatifs, il faut que l'adolescent consente à respecter les prohibitions qui frustreront son désir. Le pacte de chasteté est un pacte de soumission ; il aura pour fin essentielle de faire durer la virginité d'Émile alors qu'il a entre quinze et vingt ans. Non content de donner le change à ses sens en le détournant du désir qui l'assaille, par la chasse et d'autres travaux de force qui arrêtent l'envol de l'imagination, le gouverneur doit le lier par un serment. Dans l'émotion et l'affection, avec la gravité qui correspond à ce moment solennel, le gouverneur fera comprendre à Émile que pour respecter son devoir et rester chaste jusqu'au mariage, il doit s'en remettre aux décisions de son maître et lui donner, pour ainsi dire, les « pleins pouvoirs ».

Au « moment critique » où le gouverneur risque d'être confronté au « torrent » des désirs et des passions amoureuses, la crise appelle un changement de méthode. Désormais, l'éducation doit devenir consciente d'elle-même. Si de nouveaux rapports d'amitié se créent entre le maître et son disciple, leur base n'est pas égalitaire ; une asymétrie persiste car l'un, le gouverneur, « sait » ce que l'autre, le jeune homme, ignore encore – pour l'essentiel, les effets pernicieux du libertinage.

Le conseil de Rousseau au gouverneur intervient donc à un moment charnière de l'éducation morale. Dans un passage difficile, il formule le contrat que le jeune homme doit accepter au moment où le gouverneur prétend, par un faux-semblant utile, vouloir se décharger de sa mission d'éducation. Ce pacte se donne apparemment comme un acte de servitude volontaire, ou « d'assujettissement ». Pour se « protéger du mal » en situation de tentation, l'adolescent doit être « forcé à être libre ». Il doit s'en remettre librement à la dépendance totale à la volonté du gouverneur, pour que celui-ci le contraigne à rester son propre maître :

Ô mon ami, mon protecteur, mon maître, reprenez l'autorité que vous voulez déposer au moment qu'il m'importe le plus qu'elle vous reste ; vous ne l'aviez jusqu'ici que par ma faiblesse, vous l'aurez maintenant par ma volonté, et elle m'en sera plus sacrée. Défendez-moi de tous les ennemis qui m'assiègent, et surtout de ceux que je porte avec moi, et qui me trahissent ; veillez sur votre ouvrage, afin qu'il demeure digne de vous. Je veux obéir à vos lois, je le veux toujours, c'est ma volonté constante ; si jamais je vous désobéis, ce sera malgré moi : rendez-moi libre en me protégeant contre mes passions qui me font violence ; empêchez-moi d'être leur esclave, et forcez-moi d'être mon propre maître en n'obéissant point à mes sens, mais à ma raison (p. 651-652).

Le paradoxe est plus saisissant encore que dans le *Contrat social* : comment cet acte de servitude volontaire peut-il être compatible avec le fait qu'Émile a été éduqué dans l'amour le plus pur de la liberté (p. 536) ? Corrélativement, comment cette *aliénation totale* à la volonté du maître peut-elle garantir la liberté ? Le peut-elle quand les périls sont les passions naissantes qui vont assaillir le jeune homme comme une tempête déchaînée ? Le peut-elle si la liberté d'Émile le conduit à vouloir rompre son engagement, à se cabrer contre ses obligations, à être tenté de trahir sa promesse ? Il s'agit certes de se protéger des « ennemis » (ici intérieurs) ; mais cette sûreté n'est-elle pas trop chèrement acquise, au prix de la liberté – ce qu'il fallait précisément éviter ?

Au livre II, Rousseau s'était déjà demandé d'où viennent l'aptitude à promettre et la conscience de ses obligations. Après la leçon de choses sur la propriété, une mise en scène avait contribué à faire naître dans l'esprit de l'enfant la première véritable maxime morale : l'idée du respect des conventions et des obligations. C'est alors l'enfant qui proposait au gouverneur un contrat, comme en témoignait le gouverneur conseillé par Rousseau :

> Vous l'accepterez [la convention proposée par l'enfant] à l'instant en lui disant : C'est très bien pensé ; *nous y gagnerons tous deux*, que n'avez-vous eu plus tôt cette bonne idée ! Et puis, sans lui demander ni protestation ni confirmation de sa promesse, vous l'embrasserez avec joie et l'emmènerez sur-le-champ dans sa chambre, regardant cet accord comme sacré et inviolable autant que si le serment y avait passé. Quelle idée pensez-vous qu'il prendra, sur ce procédé, de la foi des engagements et de leur utilité ? (p. 334, n.s.)

Au livre II, l'entrée anticipée dans le monde moral est donc liée au moment de ce premier serment. Mais à l'âge où la nature conduit l'enfant par la loi de la nécessité, le sens de l'obligation ne peut émerger pleinement : car un enfant ne peut réellement promettre. Il ne sait pas ce qu'il fait quand il s'engage : « quand il viole ses engagements, il ne fait rien contre la raison de son âge » (p. 336).

Or la situation d'Émile adolescent est différente : il est censé savoir ce qu'il fait en s'engageant. Telle est la raison pour laquelle Rousseau fait intervenir l'étrange pacte remettant la direction de conscience au gouverneur. Ce pacte prépare le moment de la moralité, qui ne sera atteint que plus loin, lorsqu'Émile accèdera à l'aptitude à vaincre ses passions (p. 818). Au livre IV en revanche, le devoir de respecter ses engagements n'est ni un devoir d'enfant, ni une obligation d'homme au sens fort ; c'est un devoir envers autrui, du moins envers celui qui, par son statut privilégié, devient en quelque sorte le *garant des promesses*.

À l'adolescence, la motivation qui conduit Émile est la gratitude à l'égard de son gouverneur. Un peu plus tôt, l'élève a découvert l'étendue de sa dette : il doit au gouverneur le soin de sa vie et tout son bonheur. Dès lors, cette gratitude devient le ressort de l'éducation morale. Si le jeune homme consent en pleine confiance à donner les pleins pouvoirs au gouverneur, c'est parce qu'il a reçu au préalable d'immenses bienfaits de lui. Cette soumission est rationnelle et non sacrificielle. Rousseau ne peut être accusé d'avoir favorisé la servitude volontaire qu'il dénonce par ailleurs dans le *Contrat social* (I, 4) contre Grotius et son pacte d'esclavage : dans l'*Émile*, la bienveillance passée du gouverneur est le gage de sa valeur morale – il est un ange gardien qui pourra désormais devenir le garant des promesses.

Comment garantir la nouvelle alliance qui doit conduire Émile vers la liberté ordonnée et non vers la licence ? Comment l'ancrer si fermement que l'adolescent ne pourra pas se révolter au moment où il éprouvera la contrainte du gouverneur comme une « tyrannie » à l'égard de son désir ? Comment lui donner le poids d'une obligation intangible, alors qu'Émile, dans le feu des passions, ne voudra sans doute pas écouter la raison ?

Pour sceller le serment, le gouverneur doit d'abord donner du « poids » à son discours. Afin d'éviter la « raison trop nue », afin de la « revêtir d'un corps », il usera de l'éloquence des signes, de « l'air sage et grave », d'un ton imposant et d'une grosse voix. Mais le gouverneur doit aussi rappeler à Émile qu'il est libre de disposer de ses volontés. C'est en rappelant à l'adolescent qu'il n'est pas corrompu, selon une méthode analogue à celle du Vicaire savoyard à l'égard du jeune fugitif, que le gouverneur pourra le préserver du mal. Rousseau conseille au gouverneur le discours suivant :

> Vous lui direz donc : « jeune homme, vous prenez légèrement des engagements pénibles ; il faudrait les connaître pour être en droit de les former : vous ne savez pas avec quelle fureur les sens entraînent vos pareils dans le gouffre des vices, sous l'attrait du plaisir. Vous n'avez point une âme abjecte, je le sais bien ; vous ne violerez jamais votre foi ; mais combien de fois peut-être vous vous repentirez de l'avoir donnée ! combien de fois vous maudirez celui qui vous aime, quand, pour vous dérober aux maux qui vous menacent, il se verra forcé de vous déchirer le cœur ! (p. 652)

À cet égard, le risque ne serait pas que le jeune homme trahisse la confiance que l'on a mise en lui, mais plutôt qu'il maudisse celui qui l'a obligé à promettre – que son amitié pour le gouverneur se transforme en haine. Le gouverneur, dans cette situation, serait « forcé » pour le dérober aux maux de « déchirer le cœur de son élève ». Telle est la raison pour laquelle le précepteur invoque Ulysse et les sirènes :

> Tel qu'Ulysse, ému du chant des Sirènes, criait à ses conducteurs de le déchaîner, séduit par l'attrait des plaisirs, vous voudrez briser les liens qui vous gênent ; vous m'importunerez de vos plaintes ; vous me reprocherez ma tyrannie quand je serai le plus tendrement occupé de vous ; en ne songeant qu'à vous rendre heureux, je m'attirerai votre haine (p. 652).

L'image d'Ulysse désireux de se faire enchaîner pour résister à la tentation du chant des sirènes est évocatrice : la volonté d'Émile accepte de s'enchaîner en anticipant ses faiblesses futures. Pour que le « penchant au mal » ne soit pas indomptable, il faut remédier par avance à l'acrasie, prévenir la faiblesse de la volonté. Tel est le dispositif typique de l'éducation morale, dont la *Nouvelle Héloïse* fournit de multiples exemples : il s'agit de faire en sorte que, par la disposition des choses, devoirs et désirs ne puissent se contredire. Conformément au grand principe du « matérialisme du sage », les dispositifs écartent la tentation sans solliciter la seule force de la volonté.

Mais le risque existe néanmoins : que le maître devienne « odieux » à force de contrarier les passions de son disciple. Le gouverneur va donc prétendre sacrifier son aspiration à être aimé ; et par la force de l'exemplarité morale, c'est son propre sacrifice qui va conditionner les sacrifices futurs d'Émile. Car celui qui est le plus obligé n'est pas celui qu'on croit. Le gouverneur aurait voulu se décharger de la tâche ingrate consistant à frustrer son élève ; mais il n'en fait rien. Dans son discours, le « nous » soude dans l'adversité deux êtres unis par le lien sacré d'une dette morale. Le jeune homme sera d'autant plus loyal qu'il verra son gouverneur engagé corps et âme à son service, voué depuis l'enfance à son seul soin.

Le but est de persuader Émile de « signer » le contrat de libre soumission sans faire intervenir le garant divin des serments. L'adolescent consent à renouveler sa confiance au gouverneur parce qu'il est désireux de ne pas perdre son guide spirituel et sa boussole morale. Surtout, il prend conscience par l'usage de sa raison des vertus du paternalisme alors que l'expérience lui manque. Rousseau conseille à nouveau le gouverneur qui devra se saisir de ce moment pour passer de la sévérité à la douceur :

> Quand le moment sera venu, et qu'il aura, pour ainsi dire, signé le contrat, changez alors de langage, mettez

autant de douceur dans votre empire que vous avez
annoncé de sévérité. Vous lui direz : Mon jeune ami,
l'expérience vous manque, mais j'ai fait en sorte que la
raison ne vous manquât pas. Vous êtes en état de voir
partout les motifs de ma conduite ; il ne faut pour cela
qu'attendre que vous soyez de sang-froid (p. 653).

Même si l'analogie avec le contrat social n'est
qu'approximative, Rousseau déploie jusqu'au paroxysme
le paradoxe de la servitude volontaire. Tout en passant de
la solennité à la tendresse, le gouverneur formalise l'échange
avantageux qui résulte de l'aliénation totale de son élève :
« Vous promettez d'être docile et moi je promets de n'user
de cette docilité que pour vous rendre le plus heureux des
hommes ». Charmé par l'éloquence de son maître, Émile
consent alors. Car le gouverneur lui promet, en échange
de sa soumission, le plus grand des biens, devenir « le plus
heureux des hommes ».

Il reste néanmoins un doute face à cette mise en scène :
le gouverneur serait-il un apprenti-dictateur ? L'hyperbole
(« le plus heureux des hommes ») pourrait être interprétée
comme une sinistre manipulation. Dans un très bel article,
Louis Guerpillon s'interroge donc sur le risque du pacte[1].
Nous savons que le *Contrat social* justifiera le « forcer à
être libre » du fait que le citoyen participe, par la loi, à la
formation de la volonté générale ; il reste à élucider les
raisons pour lesquelles l'adolescent accepterait d'être *forcé
à être libre*. Serait-ce l'indice qu'Adorno avait vu juste,

1. L. Guerpillon, « Le naturel chez La Boétie et dans l'*Émile* de
Rousseau », 7ᵉ Rencontres La Boétie de Sarlat, « La Boétie et Rousseau »,
organisé par A. Charrak et L. Gerbier, Centre culturel de Sarlat, 23, 24
et 25 novembre 2016. Nous remercions L. Guerpillon de nous avoir fait
part de sa communication.

et que l'autonomie des Lumières n'est au fond qu'une forme d'aliénation, une introversion du sacrifice[1]?

À ceci près que ce pacte n'est masochiste qu'en apparence. D'une part, le gouverneur n'abusera pas de son « empire » par une sévérité disproportionnée ; il s'engagera par des clauses strictes à n'user de son autorité qu'à certaines conditions. Au moment de consentir au pacte, Émile est déjà rationnel : il sait juger des motifs bienveillants du gouverneur et n'a besoin que d'attendre de retrouver calme et sang-froid pour être en mesure de bien juger de son intérêt propre. Surtout, le gouverneur doit rendre des comptes. Loin de donner un chèque en blanc, le jeune homme reste le juge en dernier ressort de ce qui le concerne :

> Commencez toujours par obéir, et puis demandez-moi compte de mes ordres ; je serai prêt à vous en rendre raison sitôt que vous serez en état de m'entendre, et je ne craindrai jamais de vous prendre pour juge entre vous et moi. Vous promettez d'être docile, et moi je promets de n'user de cette docilité que pour vous rendre le plus heureux des hommes. J'ai pour garant de ma promesse le sort dont vous avez joui jusqu'ici. Trouvez quelqu'un de votre âge qui ait passé une vie aussi douce que la vôtre, et je ne vous promets plus rien » (p. 653).

Cette clause est précisément celle que le livre V donnera comme condition du contrat : « un vrai contrat, dans lequel chacun des deux contractants, n'ayant point en cette qualité de supérieur commun, restent leur propre juge quant aux conditions du contrat »[2]. À ce titre, le pacte du gouverneur

---

1. M. Horkheimer, T. W. Adorno, « Ulysse, ou mythe et raison », dans *La dialectique de la raison*, trad. E. Kaufholz, Paris, Gallimard, 1974, p. 58-91.
2. *Émile*, V, p. 839. Voir L. Guerpillon, « Le naturel chez La Boétie et dans l'*Émile* de Rousseau », art. cit.

et de son disciple reste fondé sur la réciprocité qui seule rend l'engagement admissible, car fondé sur l'avantage mutuel.

En dernière instance, le gouverneur n'est donc pas un tyran : ses prohibitions ne relèvent pas des choix d'un monarque absolu et capricieux, mais d'une autorité rationnelle. La promesse d'être « docile en tout » n'est pas analogue à celle de l'obéissance passive dans les monarchies de droit divin puisque, comme dans le cas du législateur, il existe un marqueur empirique de la « grande âme » du gouverneur, qui témoigne de son engagement pour le bien d'autrui. Le seul gage sensible est le bonheur terrestre. Émile a eu jusqu'alors une vie douce et plaisante ; il a joui d'un sort aussi heureux que possible : c'est cette jouissance procurée par son ange gardien qui est le « garant » des promesses.

L'expédient

Il faut prendre, pour finir, la mesure des conséquences de ce « quasi-contrat ». Car il ne s'agit pas pour le gouverneur de chaperonner Émile dans le monde ; la stratégie de l'éducation morale consistera plutôt à faire en sorte que le jeune homme ne désire plus le libertinage. Devenu confident des amours du jeune homme, le gouverneur pourra être l'« arbitre » de ses plaisirs ; au lieu de jouer au sermonneur, il favorisera ses jouissances. À peine investi des pleins pouvoirs, il abdiquera la dureté de l'empire qu'il incarne et se présentera non comme un fâcheux dominateur, mais comme un pourvoyeur d'épouse.

Telle est en effet la stratégie choisie : il faut à présent une femme à Émile. Au lieu de contrer en vain la passion par la raison, mieux vaut, selon Rousseau, substituer à l'amour purement physique un amour qui soit également moral. Loin d'une sagesse sévère et de « tristes maximes », le gouverneur promettra un amour non libertin, une passion qui promet un plaisir infiniment supérieur au libertinage. La tentation de la débauche ne sera pas domptée par une fausse sagesse aride qui imposera des devoirs sans charme, mais par un amour puissant. Émile devra trouver à terme une autre chaîne que la chair, celle d'un authentique attachement : « en lui faisant sentir quel charme ajoute à l'attrait des sens l'union des cœurs, je le dégoûterai du libertinage, et je le rendrai sage en le rendant amoureux » (p. 654). La leçon de sagesse est inédite : loin de percevoir dans les « désirs naissants » du jeune homme un obstacle aux leçons de la raison, Rousseau y voit « le vrai moyen de le rendre docile ». Fil conducteur de la *Nouvelle Héloïse*, la leçon est réitérée dans l'*Émile* : « On n'a de prise sur les passions que par les passions ; c'est par leur empire qu'il faut combattre leur tyrannie, et c'est toujours de la nature elle-même qu'il faut tirer les instruments propres à la régler » (*ibid.*).

Contrairement aux théologiens et à certains moralistes, Rousseau ne redoute donc pas l'érotisme ; mais contrairement aux naturalistes comme Buffon ou aux matérialistes comme Diderot, Duclos voire Sade, il refuse de borner les délices au plaisir physique et ne renie pas l'amour monogame[1]. Il ne s'agit en aucun cas pour le gouverneur de prêcher la continence. C'est par le plaisir que l'on gouverne le désir, par la passion et l'attachement que l'on se donne le levier de la moralisation, car on n'a de prise sur les passions que par elles. Mais cette moralisation du désir est associée au mérite moral : les affinités doivent devenir électives. Avec

---

1. Voir C. Habib, *Le Consentement amoureux*, Paris, Hachette, 1998.

ce nouvel objet en tête (trouver une compagne qui convienne à Émile), une partie essentielle de l'éducation s'achève. La conclusion du livre IV en fait état ; le gouverneur et son disciple doivent désormais fuir la ville où l'élue de son cœur ne se trouvera pas : « Adieu, Paris ; nous cherchons l'amour, le bonheur, l'innocence ; nous ne serons jamais assez loin de toi » (p. 691).

CHAPITRE V

LE LIVRE V : L'ÉDUCATION POLITIQUE

Nous ne traiterons pas ici de la question polémique de la « nature » et du rôle des femmes, ni de l'éducation de Sophie exposée au livre V d'*Émile*. Non qu'elle ne soit pas philosophique ; mais pour des raisons évidentes, il est devenu difficile de lire les textes de Rousseau sans surimposer une grille de lecture qui n'était pas la sienne[1]. Nous nous contenterons d'aborder certains enjeux centraux de la querelle des femmes, avant d'en venir à la question originale de la division genrée du travail scientifique.

Ce dernier élément importe au plus haut point : la morale expérimentale inventée dans l'*Émile* résulte d'une collaboration étroite des deux moitiés de l'humanité. La science de l'homme est inventée par les hommes *et* les femmes. Dès lors, la division genrée du travail scientifique révèle le sens de la philosophie morale elle-même. La philosophie morale doit devenir expérimentale, ne pas séparer descriptions et prescriptions. Ce projet commun à Hume et à d'autres auteurs du siècle se traduit dans l'*Émile*

---

1. Sur cette question controversée, qui a suscité tant de lectures divergentes de la part des féministes elles-mêmes, nous nous permettons de renvoyer à notre ouvrage, *Au Prisme de Rousseau : usages politiques contemporains*, Oxford, Voltaire Foundation, 2011, chap. 8.

de manière singulière. La critique de la science morale du droit naturel conduit à repenser le statut des vérités pratiques. Ces vérités ne sont pas des « axiomes » auxquels on accèderait par déduction à partir de la nature raisonnable et sociable de l'humanité, mais des « principes » auxquels on parvient à partir de l'observation de la diversité des hommes. Enfin, l'approche par les « principes » ne concerne pas seulement la morale, mais aussi la politique qui doit voir son statut précisé. Comment intégrer les principes du droit politique posés dans le *Contrat social* à l'éducation du jeune homme qui doit se fixer avec sa famille et demeurer libre ? Comment s'exprimera sa citoyenneté chez les peuples modernes, alors même qu'il ne pourra être membre d'un corps politique républicain ?

LA VERTU DES FEMMES

Nul n'ignore que l'*Émile*, en son livre V, offre un portrait de « la femme », Sophie, vouée à devenir la compagne et l'épouse d'Émile, la mère de ses enfants. Certaines lectures féministes se sont indignées de ce que Rousseau, misogyne et phallocrate, prête sa plume aux pires préjugés naturalistes et traditionalistes. Rousseau aurait rationalisé l'oppression des femmes, leur manque d'éducation, leur ségrégation et leur séparation d'avec les hommes, leur exclusion de la sphère publique et politique. Plus encore, Rousseau semble être revenu sur les principes mêmes de sa philosophie en abordant la question des femmes. Comment le penseur de la liberté et de l'égalité, comment le critique de la méthode abstraite des penseurs jusnaturalistes a-t-il pu faire de la femme un être inférieur et soumis, un être régi par sa « nature », au point de contredire tous ses principes ?

Il y a là une véritable énigme : que l'auteur du *Discours sur l'origine et le fondement de l'inégalité parmi les hommes*, qui a consacré de célèbres développements à la critique du concept anhistorique de nature, ait pu assigner le sexe féminin à sa nature et en dériver toutes ses vertus, voilà qui pour le moins intrigue. Que le théoricien du *Contrat social*, soucieux de libérer les hommes de leurs fers, ait jugé bon de ne penser la femme que relative et soumise, ne peut qu'étonner la lectrice ou le lecteur moderne – d'autant que d'autres philosophes, en son temps (Poullain de la Barre au xviie siècle, Montesquieu et Diderot ou d'Alembert au xviiie, avant même Condorcet), avaient porté une conception plus égalitaire.

Il convient d'abord de revenir au second *Discours*, qui propose une vision historique de la famille et du rôle des femmes en son sein. Si l'état de nature est de prime abord un état d'égalité et de liberté primitive, y compris entre les sexes, l'apparition de la propriété privée et de la division du travail, de l'agriculture et de la métallurgie, introduisent un tournant : le début de la servitude et de l'exploitation des hommes est également celui de la servitude et de l'exploitation des femmes. Après l'âge d'or des cabanes où apparaît la famille nucléaire patriarcale, Rousseau introduit une division du travail entre les sexes. Alors qu'auparavant les deux sexes menaient des vies semblables, les femmes deviennent désormais plus sédentaires et s'accoutument à garder la cabane et les enfants, alors que les hommes partent au loin chercher la subsistance commune[1]. Cette division du travail, bien sûr, signifie que la moitié féminine du genre humain n'est plus autosuffisante. L'homme se voit assigner le travail à l'extérieur de la

---

1. *DOI*, p. 168.

maison ; les biens de la famille appartiennent au père qui, loin d'être un despote, accorde son héritage aux enfants qui l'ont mérité par leur obéissance à ses volontés[1].

Or dans l'*Émile*, Rousseau considère que la famille nucléaire est une institution naturelle, que la monogamie est son destin et que la femme, au sein de cette famille, se voit assigner son rôle du fait de sa position dans le processus sexuel et procréatif. Rousseau commence par examiner les similarités et les différences : « En tout ce qui ne tient pas au sexe, la femme est homme : elle a les mêmes organes, les mêmes besoins, les mêmes facultés ; la machine est construite de la même manière, les pièces en sont les mêmes, le jeu de l'une est celui de l'autre, la figure est semblable ; et, sous quelque rapport qu'on les considère, ils ne diffèrent entre eux que du plus au moins. En tout ce qui tient au sexe, la femme et l'homme ont partout des rapports et partout des différences : la difficulté de les comparer vient de celle de déterminer dans la constitution de l'un et de l'autre ce qui est du sexe et ce qui n'en est pas » (V, p. 693). Là où le sexe est concerné, hommes et femmes sont complémentaires et différents ; leur modèle de perfection est donc contrasté : un homme parfait et une femme parfaite ne doivent pas plus se ressembler d'esprit que de visage. Cela vaut aussi pour les qualités attendues de l'un, actif, et de l'autre relative et passive. Lorsqu'il conçoit l'acte sexuel comme un acte où l'homme attaque et où la femme se défend, l'auteur d'*Émile* rend nécessaires la pudeur et la chasteté des femmes, mais aussi leur patience face à la domination masculine, car la pudeur a l'effet paradoxal de susciter le désir, et que « le genre humain

1. *DOI*, p. 182.

périrait par la voie même qui aurait dû le conserver » si la femme ne restreignait pas le désir même qu'elle excite.

En définitive, Rousseau a donc conçu un différentialisme hiérarchique. Hommes et femmes sont faits l'un pour l'autre, mais leur dépendance réciproque n'est pas égalitaire : selon la formule d'*Émile*, les hommes dépendent des femmes pour la satisfaction de leurs désirs, les femmes des hommes pour celle de leurs besoins autant que de leurs désirs ; elles sont à la merci du prix que les hommes donnent à leurs charmes et à leurs vertus. Telle est la raison pour laquelle les femmes doivent supporter l'injustice : « La première et la plus importante qualité d'une femme est la douceur : faite pour obéir à un être aussi imparfait que l'homme, souvent si plein de vices, et toujours si plein de défauts, elle doit apprendre de bonne heure à souffrir même l'injustice et à supporter les torts d'un mari sans se plaindre » (p. 710-711).

Pour autant, on aurait tort d'en conclure que les femmes sont reléguées à un rôle secondaire. Tout au contraire : non seulement Rousseau s'attache, dans *Émile* comme dans la *Nouvelle Héloïse*, à décrire leur « empire » sur les hommes et leur gouvernement de la famille, mais il leur confère de manière indirecte un rôle dans la vie politique : les mœurs publiques ne se réforment qu'à partir des mœurs domestiques. « Chastes gardiennes des mœurs »[1], les femmes en tant que mères jouent un rôle politique majeur, quoiqu'indirect : « Comme s'il ne fallait pas une prise naturelle pour former les liens de convention ! comme si l'amour qu'on a pour ses proches n'était pas le principe de celui que l'on doit à l'État ! comme si ce n'était pas par la petite patrie, qui est la famille, que le cœur s'attache à

1. *DOI*, p. 120.

la grande ! comme si ce n'était pas le bon fils, le bon mari, le bon père, qui font le bon citoyen » (p. 700). Rousseau congédie ainsi le modèle platonicien de la *République* : l'extension progressive de l'amour de soi à l'amour des lois (de la patrie) suppose la médiation de la famille nucléaire où s'opèrent la transmission des mœurs et la formation originaire des affects.

Quant à l'empire des femmes, il se conçoit selon un modèle politique, en usant du vocabulaire du gouvernement, qui ne doit pas usurper la souveraineté (et ici méconnaître « la voix du chef »). La femme dispose de l'autorité dans la société familiale, en usant de tous les ressorts qui sont les siens :

> Il y a bien de la différence entre s'arroger le droit de commander, et gouverner celui qui commande. L'empire de la femme est un empire de douceur, d'adresse et de complaisance ; ses ordres sont des caresses, ses menaces sont des pleurs. Elle doit régner dans la maison comme un ministre dans l'État, en se faisant commander ce qu'elle veut faire. En ce sens il est constant que les meilleurs ménages sont ceux où la femme a le plus d'autorité : mais quand elle méconnaît la voix du chef, qu'elle veut usurper ses droits et commander elle-même, il ne résulte jamais de ce désordre que misère, scandale et déshonneur (p. 766-767).

LA DIVISION GENRÉE DU TRAVAIL SCIENTIFIQUE

Sur la part qu'ont les femmes aux sciences, le texte décisif se situe au premier tiers environ du livre V, après la description de la différence sexuelle et avant le retour de la narration romanesque proprement dite (p. 736-737). En amont de ce passage, la raison semble introduite comme une instance d'arbitrage : elle doit arbitrer entre la règle de l'opinion (à laquelle la femme devrait, plus que l'homme, se soumettre) et la règle du sentiment intérieur, suprême juge de la morale. La raison des femmes se donne d'abord, en morale, comme un arbitre. Il faut que la femme puisse juger ses juges : « Il leur importe donc [aux femmes] de cultiver une faculté qui serve d'arbitre entre les deux guides, qui ne laisse point égarer la conscience et qui redresse les erreurs du préjugé. Cette faculté est la raison ». Mais Rousseau n'énonce ce jugement sur la raison redresseuse de torts et de préjugés que pour revenir immédiatement sur ses pas, et interroger l'aptitude des femmes à posséder cette faculté : « mais à ce mot que de questions s'élèvent ! Les femmes sont-elles capables d'un solide raisonnement ? Importe-t-il qu'elles le cultivent ? Le cultivent-elles avec succès ? Cette culture est-elle utile aux fonctions qui leur sont imposées, et est-elle compatible avec la simplicité qui leur convient ? » (p. 730).

À l'occasion de cette salve de questions, qui concerne aussi bien la capacité rationnelle des femmes que l'utilité de leur éducation, Rousseau va donc interrompre la trame narrative et discursive du livre V pour introduire une brève dissertation sur la raison des femmes et sur l'éducation qui leur convient au regard de leur fonction conjugale, familiale et sociale. Cette fonction donne lieu en effet à trois raisons de cultiver sa raison.

Le besoin de raison, chez les femmes, surgit de la nécessité d'éclairer leur conscience : la pratique des devoirs suppose l'aptitude à bien juger. Mais la raison des femmes a également une seconde fonction. Car Rousseau le stipule : la femme doit plaire et mériter l'estime des hommes, ne jamais les déshonorer, ce qui suppose une connaissance fine des usages, des institutions et des passions. Enfin,

Rousseau assigne à la raison des femmes une fonction qui n'est ni morale, ni sociale mais bel et bien vitale : les femmes doivent obtenir des hommes ce que leur faiblesse naturelle leur refuse ; elles dépendent des hommes pour leurs désirs *et* leurs besoins ; leur esprit doit donc savoir comment manipuler leurs instruments, à savoir l'esprit et le cœur des hommes qui leur seront utiles : « La présence d'esprit, la pénétration, les observations fines sont la science des femmes, l'habileté de s'en prévaloir est leur talent » (p. 734). Plus encore que les hommes, les femmes doivent connaître le lien entre les passions et leur expression, c'est-à-dire connaître les signes des passions, et la manière dont on peut en jouer par le langage des mots et des gestes, des regards, des airs et des tons[1].

Jusqu'où faut-il donc cultiver la raison pour que ses fonctions vitale, morale et sociale soient assurées ? Dans son *Traité de l'éducation des filles* (1687), Fénelon craignait de faire des précieuses ridicules : « Les femmes ont d'ordinaire l'esprit encore plus faible et plus curieux que les hommes ; aussi n'est-il point à propos de les engager dans des études dont elles pourraient s'entêter » (chap. 1). Mais comme compagnes et mères, les femmes doivent aussi être cultivées et éduquées – il s'agit de leur enseigner l'économie, la propreté, la religion mais aussi la lecture, l'écriture, l'arithmétique élémentaire, l'histoire ancienne, un peu de littérature, de musique et de peinture. Par là même, Fénelon va beaucoup plus loin que la coutume, puisque les historiens de l'Ancien Régime en France témoignent d'une éducation féminine le plus souvent limitée, lorsqu'elle existe, au chant, à la danse, à la couture,

---

1. Voir M. Rueff, *À coups redoublés. Anthropologie des passions et doctrine de l'expression chez Jean-Jacques Rousseau*, Mimesis, 2018.

à la broderie, à l'abécédaire et au catéchisme. On pourrait également citer Mme de Lambert, qui recommande en outre l'étude des sciences, du latin et de la philosophie nouvelle[1].

Or l'auteur d'*Émile*, pour sa part, voit les choses tout autrement. Un peu plus tôt dans le livre V, il affirme que *l'esprit a un sexe* et qu'il existe une « science des femmes ». Cette science des femmes est celle qui leur est propre, en un premier sens ; mais en un autre sens, c'est aussi une science que font les femmes, ou du moins auxquelles elles contribuent. Quel est donc au juste le rôle des femmes dans l'édifice des sciences ?

La science des femmes

En premier lieu, Rousseau pose comme une « maxime » de sa philosophie, le fait qu'il existe une différence entre ce qui est du ressort des hommes et ce qui est du ressort des femmes dans le champ de la science : « La recherche des vérités abstraites et spéculatives, des principes, des axiomes dans les sciences, tout ce qui tend à généraliser les idées n'est point du ressort des femmes, leurs études doivent se rapporter toutes à la pratique » (p. 736).

Cette affirmation, pour nous choquante[2], rejoint un topos séculaire en récusant l'égalité et l'identité entre hommes et femmes du point de vue de l'esprit ou de l'accès

---

1. Dans un dialogue critique avec Fénelon, Mme de Lambert avait donné dans son *Avis d'une mère à sa fille* (composée dans la décennie 1690) ce conseil tout en préconisant pour les sciences une « pudeur tout aussi tendre que sur les vices » (Mme de Lambert, *Avis d'une mère à sa fille*, Paris, 1726, p. 146). Voir F. Guénard, *Rousseau et le travail de la convenance, op. cit.*, p. 220-244.

2. Voir S. M. Okin, *Women in Western Political Thought*, Princeton, Princeton University Press, 1992, p. 97-194.

au savoir : les femmes ne seraient pas compétentes dans le domaine de l'art de généraliser les idées et ne pourraient de ce fait rechercher un certain type de vérités, « abstraites et spéculatives » ou encore principielles et axiomatiques. Leur domaine propre serait la pratique, et leur raison, raison pratique, comme le suggère Rousseau un peu plus haut, en un sens instrumental et non kantien : « La raison des femmes est une raison pratique qui leur fait trouver très habilement les moyens d'arriver à une fin connue, mais qui ne leur fait pas trouver cette fin ». L'accusation est d'autant plus grave, semble-t-il, que le travail intellectuel consiste précisément en un travail de généralisation. La raison n'est légitime que si elle généralise de manière adéquate, et l'art de généraliser est l'un des plus périlleux qui soit. C'est tout ce qui distingue raison et ratiocination[1].

Il faut donc bien comprendre, dans le contexte d'un empirisme rénové, ce que devient la question de la raison des femmes. Quelques pages plus haut, Rousseau était entré en guerre contre les « maximes de la philosophie moderne » et de la culture française des salons, ouverte aux femmes savantes ; il avait fait allusion à Ninon de l'Enclos. Avec cette égérie du siècle précédent, femme de lettres et salonnière de talent, collectionneuse d'amants, Rousseau récuse la posture égalitaire elle-même, prônée au nom de l'identité des qualités et des facultés entre femmes et hommes par d'Alembert, Helvétius et Diderot. Il faut rappeler à cet égard que Rousseau a été aux premières loges de la Querelle des femmes, puisque, en tant que secrétaire de Mme Dupin entre 1745 et 1751, il a recherché

---

1. « L'art de raisonner n'est point la raison, souvent il en est l'abus. La raison est la faculté d'ordonner toutes les facultés de notre âme convenablement à la nature des choses et à leurs rapports avec nous » (p. 1090).

en bibliothèque et compilé pour elle une documentation protéiforme en vue de la rédaction d'un *Ouvrage sur les femmes* (resté inachevé). Cet ouvrage, pour défendre l'égalité des sexes, devait aborder toutes les thématiques médicales, historiques, philosophiques et pédagogiques. Mme Dupin y affirmait notamment qu'il fallait donner aux femmes la même éducation qu'aux hommes et leur permettre d'accéder à toutes les fonctions, scientifiques ou politiques. On peut donc comparer, pour mémoire, les thèses de Rousseau à celles de Poullain de la Barre et à celles de Malebranche avec lequel Rousseau, semble-t-il, instaure un dialogue implicite dans *Émile*.

Pour Poullain de la Barre, l'aptitude de la femme à exercer son entendement est égale à celle de l'homme, parce que son esprit est indépendant des fonctions corporelles qui, dans l'ordre de la sexualité, lui sont particulières : selon une certaine version rigide du dualisme cartésien, les différences de morphologie et de physiologie ne peuvent influer sur les capacités de l'esprit. Poullain prétend ainsi réduire la différence des sexes aux seules fonctions de la génération et affirme l'égalité, sinon l'identité, des esprits. C'est bien à tort selon Poullain que, chez la plupart des philosophes, la définition de la femme trouve sa formulation dans l'énoncé de ses fonctions comme la maternité ou les soins domestiques. L'infériorité des femmes est un préjugé hérité et transmis, une soumission déraisonnable à l'autorité des anciens penseurs et même des jurisconsultes modernes qui ont confondu la coutume avec la nature. Il n'y a donc pas de nature féminine, même s'il existe en société une condition – historique – des femmes. À ce titre, il faut retracer une histoire conjecturale, qui établit que les hommes ont pris avantage des suites de la grossesse pour abuser de cette faiblesse temporaire et dominer en imposant la division du travail et le confinement domestique. *In fine*, on peut donc comprendre pourquoi les femmes n'ont point de part aux sciences. Tout tient à l'histoire institutionnelle et sociale des sciences ; quand on créa des Académies, on n'appela pas les femmes à y entrer : « elles furent de cette sorte exclues des sciences, comme elles l'étaient du reste »[1]. Dans *De l'égalité des sexes* comme dans *De l'éducation des dames*, Poullain est catégorique : parce que « le cerveau de celles-ci [les femmes] est entièrement semblable au nôtre », elles sont tout aussi aptes à exceller dans les sciences, physiques ou morales[2]. Cette position égalitaire connaît bien sûr de nombreuses variantes au XVIIe et au XVIIIe siècle.

Or dans l'*Émile*, Rousseau prend le contrepied de cette défense de l'égalité fondée sur le dualisme âme/corps, tout en critiquant, du même mouvement, la thèse de l'égalité des sexes fondée sur le monisme matérialiste. Contre le matérialisme, Rousseau refuse que la « nature » s'élucide uniquement en termes de lois physiques des corps. Mais contre le dualisme substantiel, il affirme aussi les effets sur l'esprit de la *sensibilité*. Enfin, de même qu'il ne conçoit pas (contrairement à d'Alembert) d'histoire des sciences axée sur les grands savants, il omet la galerie des femmes illustres, scientifiques exceptionnelles minorées ou occultées[3]. Curieusement, alors que le second *Discours* avait usé de la méthode conjecturale pour remettre en cause

1. Poullain de la Barre, *De l'égalité des deux sexes*, Paris, Fayard, 1984, p. 69 ; Paris, Vrin, 2011. Voir M.-F. Pellegrin, « La science parfaite. Savants et savantes chez Poullain de la Barre », *Revue philosophique de la France et de l'étranger*, 2013/3, tome 138, p. 377-392.

2. *Ibid.*, p. 101-104.

3. L. Schiebinger, *The Mind has no Sex? Women in the Origins of Modern Science*, Cambridge, Harvard University Press, 1989, p. 20-24.

l'usage idéologique du concept de nature dans le droit naturel moderne, Rousseau abandonne cette méthode dans l'*Émile*. Loin de démystifier la naturalisation des inégalités et d'historiciser les effets de domination, il part de la nature des femmes pour en conclure à leurs inaptitudes. C'est de l'union hommes/femmes que procède le sens de la différence sexuelle, et c'est de cette union qu'il faut repartir pour cerner ce qu'est la raison des femmes, en renonçant, écrit Rousseau, aux « vaines » spéculations de la Querelle.

Qu'en conclure ? Rousseau n'affirme certes pas que les femmes sont inaptes à toute connaissance rationnelle, ni que leurs tâches domestiques excluent pour elles tout travail scientifique (elles ne doivent pas seulement apprendre à coudre ou à filer ni devenir les servantes de l'homme ; elles doivent penser et juger). Simplement, Rousseau distingue dans la science elle-même deux fonctions complémentaires qui tiennent à la méthode expérimentale : il faut découvrir les principes, mais cela ne peut se faire, dans un cadre empiriste et non innéiste, sans observation ; seules les « hypothèses » conçues à partir de l'expérience peuvent être des « principes ». Autrement dit, c'est parce que la science ne peut être qu'expérimentale qu'elle requiert à la fois le travail spéculatif jugé propre aux hommes et l'observation empirique assignée aux femmes. Un peu plus haut, Rousseau avait décrit la société harmonieuse formée par l'homme et la femme comme une « personne morale dont la femme est l'œil et l'homme le bras ». À cet égard, il faut éviter de projeter sur Rousseau la défense de l'excellence de l'homme et de l'infériorité de la femme au regard de la *supériorité du savoir spéculatif* sur le savoir d'observation empirique ; car précisément, l'auteur d'*Émile* n'a de cesse de critiquer un tel savoir abstrait ou un tel esprit de système qui serait délié de l'expérience ; il n'a de cesse de montrer l'inanité d'une science de signes et non de choses, d'une connaissance qui s'autoriserait à aller au-delà des données de l'expérience.

Pour autant, on pourra objecter que l'auteur d'*Émile* naturalise de manière fautive et naïve ce qu'il faut historiciser – ce que soulignera Mary Wollestonecraft. Aussi faut-il préciser le rapport entre l'ordre biologique et l'ordre épistémique. Rousseau, en effet, est tout aussi opposé à la thèse malebranchiste qu'à celle de certain(e)s « féministes » de son temps. Pour Malebranche, l'inaptitude des femmes à la réflexion abstraite et à la déduction spéculative tient à leurs particularités physiologiques et notamment aux fibres molles de leur cerveau – ce qui permet d'affirmer la supériorité de l'homme indexée sur la supériorité de la métaphysique. Le malebranchisme exclut les femmes d'une raison déliée de l'imagination ; or l'imagination féminine ne parvient pas à traverser ce que Malebranche nomme « l'écorce des choses » ; cela tient à un manque de vigueur ou de force des fibres de leur cerveau, mais aussi à une forme de distraction ; une « bagatelle » peut détourner les femmes de la recherche de la vérité :

> La délicatesse des fibres du cerveau est une des principales causes qui nous empêchent de pouvoir apporter assez d'application pour découvrir les vérités un peu cachées. Cette délicatesse se rencontre ordinairement dans les femmes, et c'est ce qui leur donne cette grande intelligence, pour tout ce qui frappe les sens. C'est aux femmes à décider des modes, à juger de la langue, à discerner le bon air et les belles manières. Elles ont plus de science, d'habileté et de finesse que les hommes sur ces choses. Tout ce qui dépend du goût est de leur ressort, mais pour l'ordinaire elles sont incapables de pénétrer les vérités

un peu difficiles à découvrir. Tout ce qui est abstrait leur est incompréhensible[1].

Quoiqu'il reprenne certains passages de Malebranche, Rousseau refuse paradoxalement l'ordre biologique, épistémique et ontologique qui consiste à assigner aux femmes des fibres délicates pour les exclure de la recherche de la vérité qui est seul considéré comme noble. La critique porte à la fois sur la dignité éminente de la métaphysique et sur la possibilité d'un entendement « pur », abstrait des sens et de l'imagination, seul capable d'atteindre la vérité. Les fibres, aussi molles soient-elles, n'excluent rien. Autrement dit, c'est au nom d'une tout autre conception de la « recherche de la vérité » que celle de Malebranche que Rousseau déploie son argument différentialiste. Une fois récusée la hiérarchie relative à l'excellence ou à la « dignité » du savoir spéculatif, Rousseau refuse tout autant la hiérarchie qui serait susceptible de faire conclure à l'infériorité de la raison féminine en raison de son caractère simplement « pratique ». De même refuse-t-il, dans le sillage de Condillac la valorisation du système abstrait. Qu'est-ce à cet égard qu'un bon système ? Pour Condillac, les bons systèmes sont ceux qui saisissent l'enchaînement des phénomènes et remontent « jusqu'à ceux dont plusieurs autres dépendent », sans prétendre découvrir de causes premières[2]. Mais Condillac s'en tient alors à la physique et à la politique : or c'est entre les deux que se situe ici Rousseau en incluant à son programme la « morale expérimentale ».

---

1. Malebranche, *De la recherche de la vérité*, M.-F. Pellegrin (éd.), livre II, parties 2 et 3, Paris, GF-Flammarion, 2006, II, chap. 1, section 1, « De l'imagination des femmes », p. 9-10.

2. Condillac, *Traité des systèmes*, Paris, Fayard, 1991, chap. XVI.

Pour Rousseau, la raison des femmes, lorsqu'elle ne s'applique pas à la morale, doit « tendre à l'étude des hommes ou aux connaissances agréables qui n'ont que le goût pour objet ». Le goût plutôt que les sciences ? « quant aux ouvrages de génie, ils passent leur portée ; elles n'ont pas non plus assez de justesse et d'attention pour réussir aux sciences exactes » (p. 737). Ni le génie, ni les sciences exactes : au nom de la complémentarité vitale et conjugale, Rousseau refuse aux femmes tout un pan du savoir pour les cantonner à l'arbitrage du goût qui requiert les qualités d'observation fine et de « sensibilité » dont elles sont prétendument dotées. Mais là encore, il faut être sensible à l'originalité de l'argumentation rousseauiste. Ainsi faut-il être attentif aux raisons qui conduisent à ne pas laisser aux femmes l'accès aux connaissances physiques. Pourquoi sont-elles exclues de la recherche sur les corps ? C'est que la physique est dynamique et non statique, alors que la femme est selon Rousseau moins mobile que l'homme, et vouée à être recluse. Les lois de la nature ne peuvent être découvertes que par celui qui en a besoin pour exercer sa puissance d'agir. L'étude des corps est celle des *rapports* entre corps en mouvement ; or la femme est moins propre à les discerner. On le sait depuis les premiers livres d'*Émile* : c'est la motion du corps propre qui permet de saisir les choses extérieures comme plus ou moins éloignées, de leur accorder dimensions et figure. De ce fait, l'enfant n'apprend pas la science, « il l'invente ». Contrairement à ce que peut croire Émilie du Châtelet, la sédentarité des femmes les empêche donc d'être physiciennes. Un peu plus loin, l'éducation scientifique de Sophie sera d'ailleurs vite expédiée : « L'art de penser n'est pas étranger aux femmes, mais elles ne doivent faire qu'effleurer les sciences de raisonnement. Sophie conçoit tout et ne retient pas grand-chose. Ses plus grands progrès sont dans la morale et les choses du goût ; pour la physique elle n'en retient que quelque idée des lois générales et du système du monde » (p. 791).

Mécanique morale et morale expérimentale

Mais si la femme est jugée inapte à la mécanique physique, elle s'avère experte en mécanique morale. La femme « ne voit rien au-dehors », mais elle est vouée à voir « au-dedans » : son terrain de jeu expérimental est le cœur ou l'intériorité. Selon la méthode de l'*Émile*, la raison ne se développe que lorsqu'elle possède un domaine d'application et c'est donc à partir de l'*objet* du savoir que son *sujet* est défini. Dès lors, la faiblesse des femmes se renverse dialectiquement en force : la femme peut juger des mobiles qu'elle « peut mettre en œuvre pour suppléer à sa faiblesse » (p. 737) – mobiles qui sont précisément les passions. Autrement dit, alors que le principe du mouvement des hommes est en eux-mêmes, dans leur vigueur naturelle, le principe de mouvement des femmes est hors d'elle. On peut les dire *hétéromobiles* : les femmes doivent utiliser un instrument qui est aussi un « suppléant » ou un « supplément » (l'homme et ses passions) pour parvenir à leurs fins et faire vouloir aux hommes, par leur art, ce qui leur plaît. C'est ici que leur faiblesse peut se retourner en force. La femme sait faire agir l'homme à son profit : « Sa mécanique à elle est plus forte que la nôtre, tous ses leviers vont ébranler le cœur humain » (p. 737).

Les passions féminines ont besoin de connaître les passions masculines pour se satisfaire. La science des femmes est la manipulation : « il faut donc qu'elle étudie à fond l'esprit de l'homme, non par abstraction l'esprit de l'homme en général, mais l'esprit des hommes qui

l'entourent, l'esprit des hommes auxquels elle est assujettie,
soit par la loi, soit par l'opinion » (p. 737). Pour les femmes,
les relations sociales supposent d'activer la volonté des
hommes, de trouver les points d'appui (d'emprise, ou
d'empire) qui permettront l'exécution de leurs desseins.
Ainsi le savoir d'observation propre aux femmes exige-t-il
un apprentissage spécifique de la manipulation, c'est-à-dire
du retournement de la faiblesse en force, qui caractérise
la mécanique morale des femmes. La complémentarité
fonctionnelle du couple permet l'élaboration en acte de la
morale expérimentale. Pour Rousseau, la femme intervient
en amont et en aval de la découverte des principes, à la
fois pour fournir les observations nécessaires à l'induction
et pour procéder à la vérification. Ce texte est crucial :
« c'est à elles [aux femmes] à faire l'application des
principes que l'homme a trouvés, et c'est à elles de faire
les observations qui mènent l'homme à l'établissement
des principes » (p. 736).

Si les femmes ne peuvent être philosophes au sens
spéculatif du terme, elles peuvent être en prise avec la
matière première de la science morale, c'est-à-dire
l'expression des passions et l'éloquence des sentiments.
Leur compétence complète l'expertise masculine dans le
travail de la science : « Ils philosopheront mieux qu'elle
sur le cœur humain ; mais elle lira mieux qu'eux dans le
cœur des hommes » (p. 737). Lire le monde, ce n'est pas
pour les femmes lire le grand livre de la nature, mais lire
les cœurs et les mœurs, décrypter les signes des affections
morales, les expressions sensibles – en discours, en actions,
en gestes, en regards, en signes – des passions. Telle est
la maxime dont nous étions partis, qui explique la part que
prennent les femmes à la recherche de la vérité : « C'est
aux femmes à trouver *pour ainsi dire* la morale expérimentale,

à nous à la réduire en système » (p. 737). Ce qui était d'abord énoncé comme supériorité de l'homme devient donc complémentarité. Rousseau oppose l'esprit au génie : « La femme a plus d'esprit, et l'homme plus de génie ; la femme observe, et l'homme raisonne » (*ibid.*).

En dernière instance, le genre humain différencié en ses deux sexes accède ainsi au savoir le plus accompli dont l'humanité soit capable, à savoir la science de l'homme elle-même, au sens générique cette fois : « de ce concours résultent la lumière la plus claire et la science la plus complète que puisse acquérir de lui-même l'esprit humain, la plus sûre connaissance, en un mot, de soi et des autres qui soit à la portée de notre espèce » (p. 737). L'originalité de cette thèse doit être soulignée : c'est désormais la morale expérimentale qui est dite « plus complète » et « plus sûre » que la physique elle-même. Elle constitue le but ultime de l'acquisition du savoir dans une « théorie de l'homme » bien ordonnée – ordonnée par la pratique et « ce qui importe » à l'humanité.

LES LEÇONS DE DROIT POLITIQUE

Nous aborderons, pour finir, un autre lieu théorique majeur du livre V, qui étudie, après les rapports physiques avec les autres êtres et les rapports moraux avec les autres hommes, les « rapports civils » d'Émile avec ses concitoyens (V, p. 833). Désormais jeune homme et presque majeur, le jeune homme doit « se considérer par ses rapports civils avec ses concitoyens » et se concevoir comme « membre de l'État » (p. 823). L'étude des rapports civils commence par un long discours du gouverneur ; elle s'achève par les voyages et une leçon de politique selon les principes du *Contrat social*.

Le discours du gouverneur (p. 833-849) succède à une leçon sur l'art de bien voyager ; il comprend le résumé des principes du droit politique qui permettront à Émile de bien juger des gouvernements. Ce discours s'amorce par une mise en garde, qui affirme qu'Émile va devoir désormais se gouverner lui-même. Approchant de la majorité juridique (vingt-cinq ans en France à l'époque), il va devoir prendre soin de ses biens et devenir maître de sa personne. Il va se retrouver « seul dans la société, dépendant de tout », même de son « patrimoine » (p. 833). Rousseau ne néglige donc pas ici la protection de la propriété privée : riche héritier, le jeune homme va gérer ses affaires. Il n'aura rien d'un anarchiste. Avant de se marier, il devra notamment choisir « quel homme » il veut être et comment faire vivre matériellement sa famille sans dépendre du caprice d'autrui, sans se mettre à la merci des puissants. Aussi le gouverneur n'omet-il pas une leçon accélérée sur les diverses manières de faire fructifier son patrimoine (par les charges publiques, le commerce ou la finance, le statut de mercenaire) ; mais la meilleure méthode, selon lui, est celle qui permet de « vivre indépendant avec ce qu'on aime » (p. 834).

Est-ce toutefois si simple ? Avec une petite métairie, le jeune homme espère satisfaire ses modestes aspirations. Peu importe où il vive : « Sophie et mon champ, et je serai riche » (p. 835). Il reste que le gouverneur est plus lucide. Car ce champ sera toujours menacé par l'oppression du pouvoir, par des impôts ou des procès. Aussi le jeune homme doit-il éviter à tout prix de résider dans un pays doté d'un « gouvernement violent » ou d'une « religion persécutante » ; il doit se protéger des « vexations des grands et des riches » (*ibid.*). Ainsi se justifie la nécessité de partir deux ans en voyage : il faut trouver un « asile en Europe » où Émile puisse vivre heureux avec sa famille,

« à l'abri des dangers » (p. 836). Mais avant de partir, encore doit-il être théoriquement armé pour bien juger ; c'est le sens des leçons issues du *Contrat social* ou plutôt, sans doute, des *Institutions politiques*[1].

Avant d'en venir à cette leçon de politique, il faut souligner qu'elle sera suivie d'un second discours du gouverneur, en réponse au choix d'Émile de se fixer de manière à conserver à la fois sa richesse et sa liberté. Désireux de « rester ferme à [sa] place », le jeune homme revendiquera alors, dans son premier discours de jeune idéaliste, le fait de ne pas s'accrocher à son héritage s'il devient contradictoire avec sa liberté : « Riche ou pauvre je serai libre » (p. 856). Pétri de désintéressement et tout à son amour pour Sophie, Émile est tenté par une sagesse philosophique épurée ; stoïcien en herbe, il se voudrait citoyen du monde. Brisant toutes les « chaînes », il serait ainsi vertueux n'importe où sur la terre. Sa liberté serait liberté d'indépendance. Le premier moment de son discours valorise une telle liberté contre la servitude de l'opinion publique :

> Pour moi toutes les chaînes de l'opinion sont brisées […]. Voilà, mon père, à quoi je me fixe. Si j'étais sans passions, je serais, dans mon état d'homme, indépendant comme Dieu même, puisque, ne voulant que ce qui est, je n'aurais jamais à lutter contre la destinée. Au moins je n'ai qu'une chaîne, c'est la seule que je porterai jamais, et je puis

---

1. Voir B. Bernardi, « La leçon de morale politique de l'*Émile* », dans *L'Émile de Rousseau : regards d'aujourd'hui*, A.-M. Hans-Drouin, M. Fabre, D. Kambouchner, A. Vergnioux (éd.), Paris, Hermann, 2013, p. 383-399, et « La rédaction de l'*Émile* et le tournant du droit politique dans la pensée de Rousseau », dans *La Fabrique d'Émile. Commentaire des Manuscrits Favre*, F. Brahami, L. Guerpillon (éd.), Paris, Vrin, 2022.

> m'en glorifier. Venez donc, *donnez-moi Sophie, et je suis libre* (p. 857, n.s.).

Mais le gouverneur n'est pas partisan d'une vertu morale pure, qui négligerait son ancrage social et politique. À l'injonction d'Émile, il répond en évoquant ce que serait, dans l'absolu, le discours du sage qui n'a cure de ce qui ne dépend pas de lui. Pour le sage, seules les dispositions du cœur importent. Il faut suivre les lois de la conscience et ne pas se soucier du gouvernement où l'on vit :

> C'est en vain qu'on aspire à la liberté sous la sauvegarde des lois. Des lois ! où est-ce qu'il y en a, et où est-ce qu'elles sont respectées ? Partout tu n'as vu régner sous ce nom que l'intérêt particulier et les passions des hommes. Mais les lois éternelles de la nature et de l'ordre existent. Elles tiennent lieu de loi positive au sage ; elles sont écrites au fond de son cœur par la conscience et par la raison ; c'est à celles-là qu'il doit s'asservir pour être libre ; et il n'y a d'esclave que celui qui fait mal, car il le fait toujours malgré lui. La liberté n'est dans aucune forme de gouvernement, elle est dans le cœur de l'homme libre ; il la porte partout avec lui. L'homme vil porte partout la servitude. L'un serait esclave à Genève, et l'autre libre à Paris (p. 857).

Le gouverneur refuse pourtant de s'en tenir aux « lois éternelles de la nature et de l'ordre » pour ancrer la vie éthique de son disciple. Sa réponse trahit les limites de l'approche stoïcienne ; il écarte le « désintéressement outré » et le cosmopolitisme pur. Qui n'a pas de patrie a du moins un pays :

> O Émile ! où est l'homme de bien qui ne doit rien à son pays ? Quel qu'il soit, il lui doit ce qu'il y a de plus précieux pour l'homme, la moralité de ses actions et l'amour de la vertu [...]

Ne dis donc pas : que m'importe où je sois ? Il t'importe d'être où tu peux remplir tous tes devoirs ; et l'un de ces devoirs est l'attachement pour le lieu de ta naissance. Tes compatriotes te protégèrent enfant, tu dois les aimer étant homme. Tu dois vivre au milieu d'eux, ou du moins en un lieu d'où tu puisses leur être utile autant que tu peux l'être, et où ils sachent où te prendre si jamais ils ont besoin de toi (p. 857-858).

Ce célèbre discours permet de comprendre pourquoi Émile, du fait de sa dette morale et sociale, ne peut être un homme sans obligations[1]. Il permet également de saisir qu'il faut désormais joindre la sociabilité à la citoyenneté[2]. Par la bouche du gouverneur, Rousseau établit que la liberté absolue est illusoire, que l'autonomie pure est factice ; il existe de bonnes raisons de vivre avec les hommes et de s'enraciner, en choisissant un lieu propice où se trouver à l'abri des vexations des puissants. L'homme de la nature doit devenir l'homme de l'homme et s'attacher à un lieu. Ce sont les lois protectrices de son « champ » et de sa famille qui devront conduire Émile à choisir son lieu de vie.

La question, comme pour le choix du métier, est en effet pragmatique : comment décider de l'installation du couple et de la famille ? Selon Rousseau, il existe une liberté d'émigrer car « chaque homme en devenant majeur et maître de lui-même devient maître aussi de renoncer au contrat par lequel il tient à la communauté en quittant le pays » (p. 833). Mais en même temps, il est nécessaire

---

1. Voir B. Bernardi, *Le Principe d'obligation : une aporie de la modernité politique*, Paris, Vrin-EHESS, 2007.
2. F. Guénard, « Devenir sociable, devenir citoyen. Émile dans le monde », *Archives de Philosophie*, vol. 72, n° 1, 2009, p. 9-29.

qu'Émile sache où résider[1]. Le rôle des voyages consiste précisément à devenir nomade un temps pour mieux savoir où se fixer ; l'enjeu en est immédiatement politique, car il est impossible d'être moralement libre sans être politiquement citoyen, même au sens faible du terme. C'est ce qu'Émile ignore d'abord, croyant pouvoir se contenter de Sophie et de sa liberté abstraite. Le jeune homme croyait pouvoir figurer l'homme sans attaches, sans obligations : « Que m'importe ma condition sur la terre ? que m'importe où que je sois ? Partout où il y a des hommes, je suis chez mes frères ; partout où il n'y en a pas, je suis chez moi ». Mais cette voie est une impasse[2]. L'homme est toujours obligé, toujours attaché. Il est illusoire de croire qu'il pourra n'être soumis qu'au joug de la nécessité, sans chaîne morale ou politique.

Telle est la raison pour laquelle il faudra s'instruire en matière de principes du droit politique, mais aussi d'expérience politique comparative (p. 836). Les voyages sont dotés d'une fonction épistémique : pour connaître « les hommes en général »[3], il faut pouvoir comparer les peuples et analyser la diversité empirique. Il faut déceler sous l'infinie diversité des lois et des mœurs ce qui constitue en propre l'humanité. Encore faut-il donc s'en remettre aux préceptes de la morale et de la politique expérimentales : seule l'expérience vécue permet de recenser les mœurs publiques et de collecter les maximes d'État. Tout en dialoguant implicitement avec la *Lettre sur les Anglais et*

---

1. Voir M. Launay, « Le livre V de *l'Émile* et le *Contrat Social* », dans *Jean-Jacques Rousseau, écrivain politique, 1712-1762*, Genève-Paris, Slatkine, 1989, p. 367-74 et p. 413-452.

2. Voir B. Bernardi, *Le Principe d'obligation, op. cit.*, p. 285-305.

3. *Émile*, p. 827. Les manuscrits témoignent des repentirs successifs avant de parvenir à cette formulation curieuse.

les Français et sur les voyages de Béat de Muralt (1728) qui intimait de renoncer au Grand Tour, corrupteur de la jeunesse, pour favoriser l'écoute de « l'instinct divin » qu'est la voix de la conscience[1], Rousseau ouvre un autre chantier : celui de l'usage qu'il peut faire, dans sa politique expérimentale, des analyses empiriques de *L'Esprit des lois*.

C'est en effet la référence à Montesquieu qui ouvre et qui clôt la section sur les voyages. Celui qui a analysé mieux que quiconque les causes physiques et morales de la diversité des peuples n'a pas pour autant mis à jour les principes du droit politique : « Le seul moderne en état de créer cette grande et inutile science eût été l'illustre Montesquieu. Mais il n'eut garde de traiter des principes du droit politique ; il se contenta de traiter du droit positif des gouvernements établis ; et rien au monde n'est plus différent que ces deux études » (p. 836). Pour autant, une fois acquise à Émile « l'échelle » des principes du droit politique, le disciple du gouverneur doit revenir au matériau empirique, et examiner la convenance des institutions politiques aux mœurs. Il faut savoir si les gouvernements européens sont corrompus afin de déterminer le meilleur pays où vivre : « Les rapports nécessaires des mœurs au gouvernement ont été si bien exposés dans le livre de *L'Esprit des Lois*, qu'on ne peut mieux faire que de recourir à cet ouvrage pour étudier ces rapports ». Une allusion aux *Lettres persanes* permet de réinterpréter le *topos* du grand livre du monde et de stigmatiser les préjugés des Français sur le reste du monde : « Quand le mot *Peut-on être Persan ?* me serait inconnu, je devinerais à l'entendre dire qu'il

1. Voir J. Morice, « Voyage et anthropologie dans l'*Émile* de Rousseau », *Revue de métaphysique et de morale*, vol. 77, n° 1, 2013, p. 127-142.

vient du pays où les préjugés nationaux sont le plus en règne » (p. 826). La formule subtile suggère que la satire de Montesquieu révèle le génie français, prompt à s'émerveiller de l'altérité, sans pour autant savoir l'estimer à sa juste valeur. En portant sa vue « au loin »[1] comme le réclame *L'Essai sur l'origine des langues*, il s'agit donc de savoir observer la diversité des sociétés, en préférant l'exploration des campagnes reculées au vain tour des grandes villes.

Les voyages sont ainsi intégrés à la politique expérimentale : Rousseau ne veut pas seulement qu'Émile détermine par lui-même ce qui est commun aux hommes « en général », à l'issue d'une opération de généralisation[2]. Il veut que le jeune homme puisse savoir où il devra prêter allégeance aux lois et se soumettre au gouvernement. Le but de l'étude des mœurs est déplacé : non plus parfaire sa culture artistique ou aiguiser son caractère, mais apprendre sur place et en personne « toutes les matières de gouvernement, de mœurs publiques, et de maximes d'État de toute espèce » (p. 836). Quel État privilégier ? Quel est le « meilleur régime », ou le moins mauvais, le plus conforme aux principes du droit politique ? Et comment établir les « droits de l'humanité » sans se laisser berner par les auteurs qui préfèrent faire leur cour aux princes plutôt que d'embrasser la cause du peuple (p. 837) ?

L'évaluation des vrais rapports civils s'effectue ici grâce à l'échelle des principes du droit politique précédemment apprise. Ce qui « doit être » permet d'évaluer « ce

---

1. *OC* V, p. 394. Voir C. Lévi-Strauss, *La Pensée sauvage*, dans *Œuvres*, « Bibliothèque de la Pléiade », Paris, Gallimard, 2008, p. 824.
2. Voir B. Bernardi, « "L'art de généraliser" : sur le statut de la généralité chez Rousseau », dans *Rousseau et la philosophie, op. cit.*, p. 155-169.

qui est ». On soulignera d'ailleurs que si seuls les pays d'Europe sont alors visités, il ne faut pas l'imputer à un eurocentrisme naïf dont Rousseau serait coupable ; pragmatiquement, le tour d'Europe est alors *ce qui importe* à Émile, désireux de trouver un asile où se fixer sans songer à l'Amérique. Le principe d'utilité ancré dans l'amour de soi prévaut : c'est dans l'Europe « policée » qu'Émile deviendra citoyen ; c'est en Europe, donc, qu'il devra découvrir où « l'homme abstrait » devra trouver un lieu particulier où installer sa famille et se sentir *chez lui*. Prêt à devenir « chef de famille » et « membre de l'État », le jeune homme de vingt-deux ans doit découvrir où existent ces « simulacres » de lois qui lui permettent du moins de vivre tranquille, à l'abri de la persécution religieuse et des vexations des grands.

Telle est sans doute la raison pour laquelle Rousseau introduit un autre livre décisif pour l'éducation politique d'Émile, *Les Aventures de Télémaque* de Fénelon. L'ouvrage décrit le voyage de Mentor et de son disciple explorant le monde à la recherche de la vertu, tout en dénonçant les méfaits de la guerre et du luxe. Il dépeint les pérégrinations d'un jeune homme et de son gouverneur à la recherche du meilleur gouvernement. Ainsi en sera-t-il aussi pour Émile, ce « Télémaque bourgeois »[1]. Mais Télémaque reste de l'ordre du mythe. Or le jeune homme doit se fixer en un lieu, sachant qu'il n'y a plus d'Eldorado sur la terre. Où pourra-t-on, par conséquent, fixer sa liberté sans l'aliéner ?

Un premier mouvement de défiance conduit Émile à rejeter partout l'empire corrompu des institutions et des lois, qui ne servent que l'intérêt des nantis. Pour le jeune homme plein d'ardeur morale, la conscience et les « lois

---

1. Voir J. Lenne-Cornuez, *Être à sa place*, *op. cit.*, p. 493.

éternelles de la nature » doivent se substituer aux lois positives défaillantes. Dans un contexte où il ne voit que des gouvernements pervertis, le jeune homme se voudrait plutôt « citoyen du monde », cosmopolite au bon sens du terme – celui de la « grande âme » qui se montre supérieure aux contingences des lieux et des siècles. Mais comme le souligne le gouverneur, la posture du sage isolé dans sa tour d'ivoire est intenable. La liberté morale ne peut être pure, déliée de tout engagement, indifférente à son effectuation dans le monde :

> Si je te parlais des devoirs du citoyen, tu me demanderais peut-être où est la patrie, et tu croirais m'avoir confondu. Tu te tromperais pourtant, cher Émile ; car qui n'a pas une patrie a du moins un pays. Il y a toujours un gouvernement et des simulacres de lois sous lesquels il a vécu tranquille. Que le contrat social n'ait point été observé, qu'importe, si l'intérêt particulier l'a protégé comme aurait fait la volonté générale, si la violence publique l'a garanti des violences particulières, si le mal qu'il a vu faire lui a fait aimer ce qui était bien, et si nos institutions mêmes lui ont fait connaître et haïr leurs propres iniquités ? (p. 858).

Il faut s'attarder sur ce texte controversé. Le discours du gouverneur est paradoxal. Comment juger qu'il importe « peu » que le contrat social soit ou non observé, que les intérêts particuliers règnent en lieu et place de la volonté générale, qu'il n'y ait qu'une violence publique pour contrer celle des particuliers ? On pourrait à bon droit s'étonner de l'apparente désinvolture avec laquelle le gouverneur congédie la question de l'application des principes du droit politique : Émile se contentera désormais d'un État qui procure la sûreté des personnes et des biens, et qui protège l'individu de la violence ? Se pourrait-il qu'un État hobbesien, ou au mieux lockien, vaille désormais un État républicain[1] ?

Un premier niveau de lecture pourrait laisser croire que la lecture hégélienne de Rousseau, le rapprochant de Locke, était fondée : seule la protection de l'intérêt particulier au sein de la société civile semble en jeu ici. Selon cette lecture, le gouvernement vise avant tout à protéger la personne et sa propriété ; pour peu qu'il soit « protégé » et tranquille, Émile n'a pas à se soucier de la justice des lois ; il peut se contenter d'un « simulacre ». Mais à l'évidence, il n'en est rien : Rousseau ne délivre pas ici, faute de mieux, une leçon lockienne. Certes, comme l'a montré J. Lenne-Cornuez, Émile est un citoyen lockien dans la mesure où le lien contractuel qui l'attache à la société est ancré dans le désir de conserver sa vie et ses biens, de préserver son héritage ; sa liberté, pleinement moderne, est définie non par sa participation à la souveraineté mais par son indépendance ; enfin, le lien qui l'unit au gouvernement implique une constante vigilance à l'égard des abus et vexations des puissants. Mais Rousseau reproche aussi à Locke de n'avoir pas pris en compte les conditions affectives du consentement, qui repose sur une conscience de sa dette morale à l'égard de l'humanité ou de la société[2].

Un second niveau de lecture s'impose donc : pour le gouverneur et son disciple, le désordre du monde social conduit à haïr l'injustice et à rechercher des institutions justes. Le *Contrat social* dont l'extrait a été proposé plus

---

1. Voir l'alternative posée dans la Lettre à Mirabeau du 26 juillet 1767, *Lettres philosophiques*, p. 168-169.
2. Voir J. Lenne-Cornuez, « Émile, citoyen lockien », dans *Rousseau et Locke. Dialogues critiques*, J. Lenne-Cornuez, C. Spector (éd.), Oxford University Studies on the Enlightenment, Liverpool, Liverpool University Press, 2022, p. 245-262.

tôt n'est pas relégué au statut d'utopie, au pays des Sévarambes ou au rang des chimères : il sert d'étalon à l'aune duquel juger des gouvernements existants. La fonction du « principe » est épistémique : en matière de politique, le principe sert à mesurer la distance entre la norme de légitimité et la réalité historique dégradée. S'il est impossible à Émile de vivre dans la cité du *Contrat*, du moins saura-t-il donc que l'État qu'il habite ne répond pas à ces exigences : à défaut de vouloir instaurer la justice et la liberté par la révolution, il éprouvera la haine de l'iniquité et de la servitude et tentera d'agir pour remédier aux situations d'oppression. À son rôle de « paladin » ou de Robin des bois, il substituera son rôle d'artisan de la cause du peuple.

Il reste qu'une déception ne peut manquer de saisir le lecteur : au regard des ardentes promesses du *Contrat social*, *Émile* semble livrer une leçon plus conservatrice. La notion de dette morale et sociale vis-à-vis de ses compatriotes, qui crée l'obligation à leur égard, étaye une maxime localiste : « Tes compatriotes te protégèrent enfant, tu dois les aimer étant homme. Tu dois vivre au milieu d'eux » (p. 858). Le jeune homme, qui s'est déjà découvert endetté à l'égard du gouverneur, l'est tout autant à l'égard de son pays d'enfance : il a été protégé et éduqué en sûreté. N'aurait-on effectué le détour par l'idéal que pour se contenter de ce plat retour au réel, et faudra-t-il renoncer à la légitimité politique pour satisfaire des convenances morales ? Le moralisme politique pourrait paraître ici contraire à toute politique selon les principes : il incite à en rabattre sur les exigences normatives pour mieux se satisfaire de l'existant. *Vivre parmi les siens* afin de pouvoir payer sa dette, telle semble être la seule leçon possible : celle d'une bienfaisance active, comme à Clarens dans la

Nouvelle Héloïse[1]. Mais l'obligation existe aussi envers l'État, qu'il faut servir s'il nous appelle – quitte à tout abandonner pour remplir avec intégrité sa fonction (p. 860).

En dernière instance, il convient de s'interroger sur le statut de l'extrait ou du « sommaire » du *CS* (p. 842, note), ouvrage publié un mois avant l'*Émile* : il recouvre certains chapitres des livres I, du livre II (6-7) et du livre III (notamment 1-3). Sans détailler systématiquement les différences, nous relèverons que la question du *gouvernement* devient ici centrale, de même que celle des *relations internationales*[2]. L'importance de la souveraineté n'est certes pas minorée ; mais il s'agit surtout de savoir si chaque particulier reste maître « de rompre le contrat quand il lui plaît, c'est-à-dire d'y renoncer pour sa part sitôt qu'il se croit lésé » (p. 840). Émile doit savoir à quel moment il doit prendre famille et bagages et partir au besoin en exil. Même si le résumé du *Contrat social* ou des *Institutions politiques* tend plutôt à lui enseigner que dans un État bien ordonné, le souverain ne lèse jamais les particuliers, il lui apprend aussi en filigrane qu'il doit se sentir libre d'émigrer. Sa liberté politique implique ce droit de fuir les persécutions – Rousseau semble, avant même l'incendie déclenché par *Émile*, pressentir à nouveau la nécessité de l'exil. Pour que l'obligation politique ne soit pas constituée d'engagements « absurdes, tyranniques et sujets aux plus énormes abus » (p. 841), ceux-ci doivent toujours pouvoir être rompus. Au moment de devenir citoyen, le jeune homme doit prendre conscience d'un principe décisif : « Ce n'est que par le séjour qu'il fait après l'âge de raison [dans son pays] qu'il est censé confirmer tacitement l'engagement qu'ont

---

1. Sur ce modèle, nous nous permettons de renvoyer à C. Spector, *Rousseau et la critique de l'économie politique*, Pessac, Presses Universitaires de Bordeaux, 2017, chap. 4.

2. À comparer au résumé des *LEM*, p. 807-808.

pris ses ancêtres. Il acquiert le droit de renoncer à sa patrie comme à la succession de son père » (p. 833). Libre de renoncer à son patrimoine, le jeune homme est politiquement libre : il peut toujours s'arracher de son lieu de résidence pour fuir la tyrannie. La liberté morale ne peut être complète – elle ne peut être *autonomie*, droit de n'être soumis qu'aux lois qu'on s'est soi-même données (*CS*, I, 8) – qu'à condition de s'adjoindre la liberté politique, fût-ce en ce sens limité. Sans être citoyen d'une République, Émile deviendra citoyen d'un État non despotique, quand bien même ce serait une monarchie. Il y sera du moins « à l'abri » (p. 835).

D'autres différences entre le *Contrat social* et l'extrait du gouverneur dans *Émile* doivent retenir l'attention. Si l'insistance sur le *gouvernement* s'explique là encore de manière pragmatique (Émile cherche où s'établir en Europe), l'importance nouvelle donnée aux *relations entre États* est, elle, liée à son statut de citoyen du genre humain. Elle trahit le fait que le jeune homme devra être formé à la vertu d'humanité ; il devra, on l'a dit, défendre les « droits de l'humanité ». Émile ne devra pas seulement respecter les devoirs du citoyen, mais ceux de l'homme en général. Or si l'histoire humaine révèle le règne de la violence et de la guerre, Rousseau entend mesurer ce désordre à l'aune des principes du droit de la guerre dont il a fourni les « vrais principes »[1]. Là où le *Contrat social* envisageait une conception particulariste de la vertu, *Émile* ouvre à une vision universaliste de la justice, définie comme amour de l'humanité.

---

1. Voir l'introduction de B. Bachofen et C. Spector aux *PDG*.

CONCLUSION

Émile fournit l'exposé de la morale expérimentale de Rousseau. Comme le révèle la fin de l'œuvre, « la morale expérimentale » résulte d'une division genrée du travail scientifique : aux femmes l'observation du cœur humain ; aux hommes, le soin de « la réduire en système » (p. 737). Cette science est « la plus complète que puisse acquérir de lui-même l'esprit humain ». La science de l'homme met en lumière les lois du cœur humain et les principes qui régissent la sensibilité morale. Elle est une science des « rapports » qui intègrent l'homme à son espèce et lui assignent sa juste place. Grâce à cette science nouvelle et systématique, Rousseau espère donner à ses contemporains la clé d'un nouvel art pédagogique, complément indispensable de l'art politique.

L'aporie initiale est ainsi en partie surmontée : il ne faut pas opposer trop radicalement la voie morale et la voie politique, *Émile* et le *Contrat social*. Mieux vaut envisager une complémentarité philosophique : là où le *Contrat social* livre les principes et les maximes du droit politique, l'*Émile* met à jour les principes et les maximes de la morale. L'amour de la patrie et l'amour de l'humanité sont deux voies distinctes, qui ne sont pas vouées à s'entrecroiser : le citoyen à l'antique doit être patriote, et souvent « dur aux étrangers » ; le citoyen moderne doit être un citoyen du monde, mais enraciné dans un contexte où sa vie morale peut se déployer sans entraves au sein d'une communauté. À l'issue de l'expérimentation inédite conçue par Rousseau, l'élève adviendra comme un « homme nouveau », prêt à régénérer les peuples corrompus d'Europe. Car l'acquisition de l'amour de l'humanité fera d'Émile un être prêt à combattre l'injustice et à assumer ses devoirs d'homme *et* de citoyen, conscient des « droits de l'humanité » et prêt à sacrifier ce qu'il a de plus cher pour les défendre[1].

Certes, le jeune homme ne pourra plus, comme le suggère Rousseau dans son dialogue liminaire avec Platon, reconquérir le sens plein des termes de « citoyen » et de « patrie ». S'il est citoyen, c'est en un sens singulier : il aura un « pays » où il pourra vivre en paix à l'abri des vexations des puissants, mais non une « patrie » où il contribuerait à la détermination de la volonté générale. Ayant « opté », le gouverneur a fait son choix : il a formé un homme apte au travail, à la vie sociale et à la vie de famille plutôt qu'un *erzats* de patriote. Mais la condition de l'homme moderne n'exclut pas une nouvelle figure de la citoyenneté. Ainsi l'énigme initiale est-elle partiellement résolue : si l'éducation publique est désormais hors d'atteinte, et si l'éducation domestique est le destin de l'homme moderne, il n'y a pas lieu de renoncer à toute forme de citoyenneté. Dans la *Lettre à d'Alembert*, Rousseau évoque le rôle des « cercles » pour désigner un lieu de sociabilité dont le rôle politique est majeur : à Genève, ces cercles entretiennent, bien mieux que les théâtres, l'amour

---

1. « Sophie, vous êtes l'arbitre de mon sort, vous le savez bien. Vous pouvez me faire mourir de douleur ; mais n'espérez pas me faire oublier les droits de l'humanité » (p. 812).

de la patrie. Dans son traité sur l'éducation qui livre sa théorie de l'homme, Rousseau esquisse plutôt la figure d'un citoyen ancré dans sa famille, y préparant, par une « prise naturelle », les liens de convention. Tel est l'apport décisif qui rend *La République* de Platon caduque. Citoyen et humain, Émile sera un cosmopolite enraciné, un exilé de l'intérieur, lucide sur les vices de ses semblables et la corruption des gouvernements européens. Mais son statut n'en fera pas une *conscience malheureuse* ni une *belle âme* : doté de bonnes mœurs et armé de bons principes, il sera plutôt le germe d'une régénération de l'humanité. S'il évite du moins le destin tragique et contrarié du personnage mis en scène dans *Émile et Sophie ou les Solitaires* qui le livrerait à l'errance et à la servitude, Émile sera le produit réussi d'une expérimentation inouïe donnée en modèle au genre humain. Face aux risques de révolution, en un âge de troubles et de crises, il sera le fervent défenseur des droits de l'homme *et* du citoyen.

BIBLIOGRAPHIE

Cet ouvrage étant plutôt destiné à un public d'étudiants en philosophie, la bibliographie consignée ici sera restreinte à une courte sélection d'ouvrages francophones.

I. *Textes de Rousseau*

L'édition de référence est celle de la Pléiade (introduite et commentée) :
– *Œuvres complètes*, « Bibliothèque de la Pléiade », Paris, Gallimard, t. IV, 1969.
– *Émile, ou De l'éducation*, Paris, Folio-Gallimard, 1995 (réimpression 2014).
– *La Profession de foi du Vicaire savoyard*, éd. B. Bernardi, Paris, GF-Flammarion, 2010, avec une annexe de G. Radica.
Émile, ou de l'éducation, en GF-Flammarion (Paris, 2009) annotée par A. Charrak, également très utile pour son annotation « conceptuelle ».
Émile, ou de l'éducation, livres I et II, annoté par P. Crétois, Paris, GF-Flammarion, 2021 (avec un dossier sur "L'enfance").

De Rousseau, on peut lire également :
Les *Lettres morales*, la Lettre à Voltaire, la Lettre à Franquières, dans Rousseau, *Lettres philosophiques*, Paris, Vrin, 1974.
Les Solitaires et le Manuscrit Favre (voir la Pléiade, qui ne le reproduit pas dans son intégralité)
Les textes pédagogiques autres que l'*Émile* (voir la Pléiade, t. IV)
Le second *Discours*, l'*Essai sur l'origine des langues*, le *Contrat social*.

– *Discours sur l'économie politique*, éd. B. Bernardi, Paris, Vrin, 2002.

– *Principes du droit de la guerre. Écrits sur la Paix Perpétuelle*, dans B. Bachofen, C. Spector (éd.), B. Bernardi, G. Silvestrini (éd.), Paris, Vrin, 2008.

– *Du contract social, ou Essai sur la forme de la République (Manuscrit de Genève)*, dans B. Bachofen, B. Bernardi, G. Olivo (éd.), Paris, Vrin, 2012.

– *Émile, Premières versions (manuscrits Favre)*, dans *Œuvres complètes*, t. XI, B. Bernardi, J. Swenson (éd.), Paris, Classiques Garnier, 2021.

II. *Les « interlocuteurs » de Rousseau*

D'ALEMBERT, *Discours préliminaire*, éd. M. Malherbe, Paris, Vrin, 2000.

BUFFON, *Œuvres*, « Bibliothèque de la Pléiade », Paris, Gallimard, 2007

CONDILLAC, *Traité des sensations*, Paris, Fayard, 1984.

– *Essai sur l'origine des connaissances humaines*, Paris, Vrin, 2014.

DIDEROT, *Pensées philosophiques*, Paris, GF-Flammarion, 2007.

HELVÉTIUS, *De l'esprit*, Paris, Fayard, 1988.

LOCKE, *Quelques pensées sur l'éducation*, trad. G. Compayré, Paris, Vrin, 1992.

MONTAIGNE, *Essais*, éd. P. Villey, Paris, P.U.F., 1992, I, 26.

III. *Commentaires de l'*Émile *en français*

BELAVAL Yvon, « La théorie du jugement dans l'*Émile* », dans *Jean-Jacques Rousseau. Problèmes et recherches*, Paris, 1964.

– « Rationalisme sceptique et dogmatisme du sentiment chez Jean-Jacques Rousseau », *Annales de la société Jean-Jacques Rousseau*, XXXVIII, 1969-1971.

BERNARDI Bruno, *Le Principe d'obligation : une aporie de la modernité politique*, Paris, Vrin, 2007.

– « Le tiers régime de la vérité dans la philosophie de Rousseau », dans *Éduquer selon la nature*, C. Habib (éd.), Paris, Desjonquères, 2011.

– « La leçon de morale politique de l'*Émile* », dans *L'Émile de Rousseau : regards d'aujourd'hui*, A.-M. Drouin-Hans, M. Fabre, D. Kambouchner, A. Vergnioux (éd.), Paris, Hermann, 2013, p. 383-399.

– « ÉMILE, Roman », dans *La Fabrique de l'*Émile. *Commentaires des manuscrits Favre*, F. Brahami, L. Guerpillon (éd.), Paris, Vrin, 2022.

– « La rédaction de l'*Émile* et le tournant du droit politique dans la pensée de Rousseau », dans *La Fabrique de l'*Émile. *Commentaires des manuscrits Favre*, F. Brahami, L. Guerpillon (éd.), Paris, Vrin, 2022.

BLOOM Allan, *L'Amour et l'Amitié*, trad. P. Manent, Paris, Fallois, 1996, chap. 1.

– « L'éducation de l'homme démocratique : Émile », trad. P. Manent. L'article est paru en deux parties : *Commentaire*, hiver 1978, p. 457-467 ; *Commentaire*, printemps 1979, p. 38-48.

BRAHAMI Frédéric, « Le plaisir d'être », dans *La Fabrique de l'*Émile. *Commentaires des manuscrits Favre*, F. Brahami, L. Guerpillon (éd)., Paris, Vrin, 2022.

BURGELIN Pierre, « L'éducation de Sophie », *Annales de la société J.-J. Rousseau*, XXXV, 1959-1962, Genève, Jullien, 1962, p. 113-130.

– *La philosophie de l'existence de Jean-Jacques Rousseau*, Paris, PUF, 1952.

CALORI François, « Qu'appelez-vous sentiment ? », dans *Philosophie de Rousseau*, B. Bachofen, B. Bernardi, A. Charrak, F. Guénard (éd.), Paris, Classiques Garnier, 2014, p. 215-232.

– « Quelques réflexions sur la fabrique de la 'Profession de foi du vicaire Savoyard' : à propos de la dualité des substances », dans *La Fabrique de l'*Émile. *Commentaires des manuscrits Favre*, F. Brahami, L. Guerpillon (éd.), Paris, Vrin, 2022.

CASSIRER Ernst, « L'unité dans l'œuvre de Rousseau », *Pensée de Rousseau*, Paris, Seuil, 1984, p. 41-65.

CHAMPY Flora, « "Se connoitre et se rendre sage aux dépends des morts" : du bon usage de l'histoire dans les manuscrits Favre », dans *La Fabrique de l'*Émile. *Commentaires des manuscrits Favre*, F. Brahami, L. Guerpillon (éd.), Paris, Vrin, 2022.

CHARRAK André, *Rousseau. De l'empirisme à l'expérience*, Paris, Vrin, 2013.

– « Nature, raison, moralité dans Spinoza et Rousseau », *Revue de métaphysique et de morale*, vol. 35, n° 3, 2002, p. 399-414.

– « *Descartes* et *Rousseau* », dans *Rousseau et la philosophie*, A. Charrak, J. Salem (éd.), Paris, Presses de la Sorbonne, 2004, p. 19-30.

CHÂTEAU Jean, *Jean-Jacques Rousseau. Sa philosophie de l'éducation*, Paris, Vrin, 1962.

CHAUVIER Stéphane, « Mémoire autobiographique et identité personnelles », dans *Rousseau et Locke. Dialogues critiques*, J. Lenne-Cornuez, C. Spector (eds.), Oxford University Studies on the Enlightenment, Liverpool, Liverpool University Press, 2022, p. 19-38.

CHOTTIN Marion, « L'éducation des sens dans *L'Émile* ou l'accomplissement du projet empiriste », dans *Philosophie de Rousseau*, B. Bachofen, B. Bernardi, A. Charrak, F. Guénard (éd.), Paris, Classiques Garnier, 2014, p. 85-97.

CITTON Yves, « La preuve par *l'Émile* : dynamique de la fiction chez Rousseau », *Poétique*, n° 100, 1994, p. 411-425.

DESCOMBES Vincent, « Transporter le moi », dans *Penser l'homme. Treize études sur Jean-Jacques Rousseau*, C. Habib, P. Manent (éd.), Paris, Garnier, 2013, p. 73-93.

– « Le moi d'Émile », dans *L'Émile de Rousseau : regards d'aujourd'hui*, A.-M. Drouin-Hans, M. Fabre, D. Kambouchner, A. Vergnioux (éd.), Paris, Hermann, 2013, p. 295-314.

EON Jeanine, « *Émile* ou le roman de la nature humaine », dans *Jean-Jacques Rousseau et la crise contemporaine de la conscience*, Paris, Beauchesne, 1980, p. 115-140.

GITTLER Bernard, « Sur deux dispositifs : comment trouver le "secret de l'éducation" », dans *La Fabrique de l'*Émile. *Commentaires des manuscrits Favre*, F. Brahami, L. Guerpillon (éd.), Paris, Vrin, 2022.

– « La reconnaissance de la religion naturelle. Enquête sur les lectures du Vicaire », dans *La Fabrique de l'*Émile. *Commentaires des manuscrits Favre*, F. Brahami, L. Guerpillon (éd.), Paris, Vrin, 2022.

GUÉNARD Florent, *Rousseau et le travail de la convenance*, Paris, Champion, 2004, chap. 1 à 4.

– « Devenir sociable, devenir citoyen. Émile dans le monde », *Archives de Philosophie*, vol. 72, n° 1, 2009, p. 9-29.

– « Morale et politique. La question de l'éducation naturelle dans l'*Émile* », *Philopsis*, http://www.philopsis.fr/IMG/pdf/rousseau-guenard-educa-naturelle.pdf

GUERPILLON Louis, « Moi commun et conscience de soi chez Rousseau », *Klesis*, 2016, n°34.

– « Métaphysique mal comprise », dans *La Fabrique de l'*Émile. *Commentaires des manuscrits Favre*, F. Brahami, L. Guerpillon (éd.), Paris, Vrin, 2022.

– « Comment l'esprit ne vient pas à l'idée », dans *La Fabrique de l'*Émile. *Commentaires des manuscrits Favre*, F. Brahami, L. Guerpillon (éd.), Paris, Vrin, 2022.

JIMACK Peter D., *La genèse et la rédaction de l'Émile de J.-J. Rousseau. Etude sur l'histoire de l'ouvrage depuis sa parution*, Studies on Voltaire, vol. XIII, 1960.

– « Les influences de Condillac, Buffon, Helvétius dans l'*Émile* », *Annales Jean-Jacques Rousseau*, t. XXXIV, 1956-1958, Genève, Jullien, 1958, p. 107-138.

KINTZLER Catherine, « J.-J. Rousseau et l'enfance », https://www.mezetulle.fr/jean-jacques-rousseau-et-lenfance/

LARMORE Charles, « Contexte intellectuel et vérité philosophique de la Profession de foi du Vicaire savoyard », dans *L'Émile de Rousseau : regards d'aujourd'hui*, A.-M. Drouin-Hans, M. Fabre, D. Kambouchner, A. Vergnioux (éd.), Paris, Hermann, 2013, p. 19-36.

LEFEBVRE Philippe, « Jansénistes et catholiques contre Rousseau. Sur les circonstances religieuses de la condamnation de l'*Émile* à Paris », *Annales de la société Jean-Jacques Rousseau*, t. XXXVII, 1966-1968, Genève, Jullien, 1968, p. 129-148.

LENNE-CORNUEZ Johanna, « Être à sa place. Intériorité et moralité dans l'*Émile* de Rousseau », *Annales de la Société Jean-Jacques Rousseau*, n°54, Éditions Georg, 2021, p. 301-324

– *Être à sa place. La formation du sujet dans la philosophie morale de Rousseau*, Paris, Garnier Classiques, 2021.

– « Émile, citoyen lockien », in *Rousseau et Locke. Dialogues critiques*, J. Lenne-Cornuez, C. Spector (eds.), Oxford University Studies on the Enlightenment, Liverpool, Liverpool University Press, 2022, p. 245-262.

– « Passion et fiction. Sur la philosophie romanesque de Rousseau à partir d'un passage du *manuscrit Favre* », *Dix-huitième siècle*, numéro 54, 2022.

– « Ma place dans l'ordre divin », dans *La Fabrique de l'*Émile. *Commentaires des manuscrits Favre*, F. Brahami, L. Guerpillon (éd.), Paris, Vrin, 2022.

– « La fabrique d'Émile : nommer, identifier, inventer », dans *La Fabrique de l'*Émile. *Commentaires des manuscrits Favre*, F. Brahami, L. Guerpillon (éd.), Paris, Vrin, 2022.

LITWIN Christophe, « La Théorie de l'homme entendue comme généalogie morale », dans *Penser l'homme. Treize études sur Jean-Jacques Rousseau*, C. Habib, P. Manent (éd.), Paris, Garnier, 2013, p. 55-69.

– « Amour de soi et pensée du néant Rousseau héritier de Malebranche ? », dans *Philosophie de Rousseau*, B. Bachofen, B. Bernardi, A. Charrak, F. Guénard (éd.), Paris, Classiques Garnier, 2014, p. 275-288.

– « Le supplément de lumières de la raison sensitive », dans *La Fabrique de l'*Émile. *Commentaires des manuscrits Favre*, F. Brahami, L. Guerpillon (éd.), Paris, Vrin, 2022.

Martin Christophe, *« Éducations négatives ». Fictions d'expérimentation pédagogique au dix-huitième siècle*, Paris, Garnier Classiques, 2010.

– « Les notes auctoriales dans l'*Émile* de Rousseau », dans *Notes. Études sur l'annotation en littérature*, J.-C. Arnould, C. Poulouin (éd.), Presses Universitaires de Rouen et du Havre, 2008.

– « De Locke à Rousseau : une révolution pédagogique », in *Rousseau et Locke. Dialogues critiques*, J. Lenne-Cornuez, C. Spector (eds.), Oxford University Studies on the Enlightenment, Liverpool, Liverpool University Press, 2022, p. 141-157.

Masson Pierre-Maurice (éd.), *La Profession de Foi du Vicaire Savoyard* (1914), Genève, Slatkine, 2011.

Morvan Anne, « Perfectibilité et premier âge de la vie », dans *La Fabrique de l'*Émile. *Commentaires des manuscrits Favre*, F. Brahami, L. Guerpillon (éd.), Paris, Vrin, 2022.

– « Vaines disputes et querelle des femmes », dans *La Fabrique de l'*Émile. *Commentaires des manuscrits Favre*, F. Brahami, L. Guerpillon (éd.), Paris, Vrin, 2022.

Radica Gabrielle, *L'Histoire de la raison, Anthropologie, morale et politique chez Rousseau*, Paris, Champion, 2008.

– « La pitié chez Rousseau », dans *Les Affections sociales*, F. Brahami (éd.), Besançon, Presses Universitaires de Franche Comté, 2008, p. 173-201.

Revel Arianne, « Faire usage du monde : éducation morale et spectacle mondain », dans *La Fabrique de l'*Émile. *Commentaires des manuscrits Favre*, F. Brahami, L. Guerpillon (éd.), Paris, Vrin, 2022.

Rueff Martin, « L'ordre et le système : l'empirisme réfléchissant de J.-J. Rousseau », dans *Rousseau : anticipateur–retardataire*, J. Boulad-Ayoub (éd.), Paris, L'Harmattan, 2000, p. 274-344.

– « Radicalement/Séparément. La théorie de l'homme de Jean-Jacques Rousseau et les théories contemporaines de la justice », dans *Morales et politique*, J. Dagen, M. Escola, M. Rueff (éd.), Paris, Champion, 2005, p. 457-623.

– « La doctrine des facultés de Jean-Jacques Rousseau comme préalable à la détermination du problème de la sensibilité », dans *Philosophie de Rousseau*, B. Bachofen, B. Bernardi, A. Charrak, F. Guénard (éd.), Paris, Classiques Garnier, 2014, p. 193-214.

– « Apprendre à voir la nuit », *Corpus* n° 43, été 2003, p. 139- 227;

– « *Donner furieusement à penser* – La théorie, le système et l'œuvre de Jean-Jacques Rousseau » *Agenda de la pensée contemporaine*, n° 7, avril 2007, p. 75-108

– « Les religions de Rousseau », *Les Annales Jean-Jacques Rousseau*, mai 2021, p. 135-182

– « Ce qu'est, comment se détermine la marche de la nature », dans *La Fabrique de l'*Émile. *Commentaires des manuscrits Favre*, F. Brahami, L. Guerpillon (éd.), Paris, Vrin, 2022.

– « Ouvrir et fermer la marche de la nature », dans *La Fabrique de l'*Émile. *Commentaires des manuscrits Favre*, F. Brahami, L. Guerpillon (éd.), Paris, Vrin, 2022.

SPECTOR Céline, « "Mais moi je n'ai point de jardin". La leçon sur la propriété d'*Émile* », dans *Éduquer selon la nature. Seize études sur* Émile *de Rousseau*, C. Habib (éd.), Paris, Editions Desjonquères, 2012, p. 26-37.

– « Y a-t-il un gardien des promesses? L'hétéronomie de la conscience dans l'*Émile* », dans *Penser l'homme*, C. Habib, P. Manent (éd.), Paris, Classiques Garnier, « L'Europe des Lumières », 2013, p. 167-182.

– *Rousseau et la critique de l'économie politique*, Presses Universitaires de Bordeaux, 2017, chap. 3 et 4.

– « L'inaliénabilité de la liberté », *dans Rousseau et Locke. Dialogues critiques*, J. Lenne-Cornuez, C. Spector (eds.), Oxford University Studies on the Enlightenment, Liverpool, Liverpool University Press, 2022, p. 181-207.

– « Marche de la nature et système du monde », dans *La Fabrique de l'*Émile. *Commentaires des manuscrits Favre*, F. Brahami, L. Guerpillon (éd.), Paris, Vrin, 2022

– « Rhétorique et pratique morale », dans *La Fabrique de l'*Émile. *Commentaires des manuscrits Favre*, F. Brahami, L. Guerpillon (éd.), Paris, Vrin, 2022

SWENSON Jimmy, « L'enfant discole : *Émile* avant Émile », dans *La Fabrique de l'*Émile. *Commentaires des manuscrits Favre*, F. Brahami, L. Guerpillon (éd.), Paris, Vrin, 2022.

VARGAS Yves, *Introduction à l'« Émile » de Rousseau*, Paris, P.U.F., 1995.

WORMS Frédéric, *Émile ou de l'éducation, livre IV*, commentaire, précédé d'un essai introductif : « Émile, ou la découverte des relations morales », Paris, Ellipses, 2001.

Rousseau et l'éducation. Études sur l'Émile, Québec, Sherbrooke, 1984.

Jean-Jacques Rousseau, Mémoire de la critique, textes réunis par R. Trousson, Paris, Presses de l'Université de Paris-Sorbonne, 2000, p. 281-295, 389-398.

Éduquer selon la nature. Seize études sur Émile *de Rousseau*, C. Habib (éd.), Paris, Editions Desjonquères, « L'esprit des lettres », 2012.

IV. *Brève sélection d'études sur Rousseau en langue française*

AUDI P., *Rousseau : une philosophie de l'âme*, Paris, Verdier, 2008.

– *Liberté, égalité, singularité. Rousseau en héritage*, Paris, Vrin, 2021.

BACZKO B., *Solitude et Communauté*, Paris, Mouton, 1974.

BACHOFEN B., *La Condition de la liberté. Rousseau, critique des raisons politiques*, Paris, Payot, 2002

BERNARDI B., *La Fabrique des Concepts. Recherches sur l'invention conceptuelle chez Rousseau*, Paris, Champion, 2006.

BOCCOLARI F., *La Voix passionnée. Force expressive et affections sociales dans* l'Essai sur l'origine des langues, Paris, L'Harmattan, 2021.

CARNEVALI B., *Romantisme et reconnaissance. Les figures de la conscience chez Rousseau*, Genève, Droz, 2011.

CHARRAK A., *Rousseau. De l'empirisme à l'expérience*, Paris, Vrin, 2013.

CHARRAK A. et SALEM J. (éd.), *Rousseau et la philosophie*, Paris, Presses de la Sorbonne, 2004.

DERATHÉ R., *Jean-Jacques Rousseau et la science politique de son temps*, rééd. Paris, Vrin, 1995.

GOLDSCHMIDT V., *Anthropologie et Politique. Les principes du système de Rousseau*, Paris, Vrin, 1983.

MANENT P., *Naissances de la politique moderne. Machiavel, Hobbes, Rousseau*, Paris, Payot, 1977, IIIe partie.

MASTERS R. D., *La Philosophie politique de Rousseau*, Lyon, ENS Editions, 2002.

MELZER A. M., *Rousseau. La bonté naturelle de l'homme*, Paris, Belin, 1998.

MENIN M., *La Morale sensitive de Rousseau. Le Livre jamais écrit*, Paris, L'Harmattan, 2019.

RUEFF M., *À coups redoublés. Anthropologie des passions et doctrine de l'expression chez Jean-Jacques Rousseau*, Sesto S. Giovanni, Mimesis, 2018.

– *Foudroyante pitié*, Sesto S. Giovanni, Mimésis, 2018.

SPECTOR C., *Au prisme de Rousseau. Usages contemporains du rousseauisme politique*, Oxford, Voltaire Foundation, 2011.

– *Rousseau. Les paradoxes de l'autonomie démocratique*, Paris, Michalon, « Le bien commun », 2015

STAROBINSKI J., *Jean-Jacques Rousseau. La transparence et l'obstacle*, Paris, Gallimard, 1971

TABLE DES MATIÈRES

Achevé d'imprimer en novembre 2022
La Manufacture - Imprimeur – 52200 Langres – Tél. : (33) 325 845 892
Imprimé en France – N° 221038 – Dépôt légal : décembre 2022